U0126981

国家社科基金
后期资助项目
GUOJIA SHEKE JIJIN HOUQI ZIZHU XIANGMU

日本泡沫经济再考

The Reconsideration of Japanese Bubble Economy

张季风　邓美薇　田　正　王菁华　著

社会科学文献出版社
SOCIAL SCIENCES ACADEMIC PRESS (CHINA)

国家社科基金后期资助项目
出版说明

后期资助项目是国家社科基金设立的一类重要项目，旨在鼓励广大社科研究者潜心治学，支持基础研究多出优秀成果。它是经过严格评审，从接近完成的科研成果中遴选立项的。为扩大后期资助项目的影响，更好地推动学术发展，促进成果转化，全国哲学社会科学工作办公室按照"统一设计、统一标识、统一版式、形成系列"的总体要求，组织出版国家社科基金后期资助项目成果。

全国哲学社会科学工作办公室

作者简介

张季风　全国日本经济学会常务副会长、中国社会科学院日本研究所原副所长、二级研究员、博士生导师。1999 年获日本东北大学经济学博士学位，归国后进入中国社会科学院日本研究所从事研究工作。主要研究领域：日本经济、中日经济关系、国土开发、日本能源经济以及东亚区域经济合作等。出版《日本经济概论》《日本平成经济通论》《日本国土综合开发论》等多部著作。在《世界经济与政治》《日本学刊》《现代日本经济》《东北亚论坛》《国际论坛》《日本研究》《日本问题研究》等学术期刊上发表有关日本经济与中日经济关系、区域经济合作论文 200 余篇。

邓美薇　中国社会科学院日本研究所助理研究员，毕业于中国社会科学院研究生院，经济学博士。主要研究领域为日本经济。在《现代日本经济》等期刊发表论文十余篇，参与国家级、省部级课题十余项。

田　正　中国社会科学院日本研究所副研究员，毕业于南开大学日本研究院，经济学博士。主要研究方向为日本产业、日本经济。曾参与完成多项省部级课题，并在《日本学刊》《现代日本经济》《经济社会体制比较》等核心期刊发表论文多篇。

王菁华　现就职于中国进出口银行资金营运部，从事债券承销业务，经济学硕士。本科毕业于中国人民大学，硕士毕业于中国社会科学院研究生院。

前　言

　　日本在 20 世纪 80 年代发生过一次影响深远的泡沫经济。房地产与股票同时暴涨，形成"双子泡沫"，经济泡沫转变为泡沫经济，泡沫被刺破后，经济一蹶不振，陷入了长达近 30 年的低迷，其教训极其深刻。

　　2020 年新冠肺炎疫情突发以来，日本经济受到沉重打击，实际 GDP 下降 4.8%，但日经平均股指却从 2020 年初的 24000 点升至 2021 年 3 月的 29000 多点，几乎可与泡沫经济时期相媲美，上涨了 20% 多，到 2022 年 7 月依然维持 27000 点以上的高位。可见此轮股市飙升几乎与实体经济完全脱节，后疫情时代出现新的泡沫经济的可能性增大。重新审视过往的日本泡沫经济或许会具有更现实的意义。

　　与日本的情况有所不同，目前我国股市平稳，泡沫含量较低，经济泡沫主要体现在房地产方面。但我国金融监管体制有待进一步完善。后疫情时代在可能出现的国际性泡沫经济的背景下，发生泡沫经济的可能性依然存在，因此对 20 世纪 80 年代中期发生在日本的泡沫经济的生成、破灭及其负面影响的再认识、再探讨对我国具有重要意义。本书拟结合当前的新形势，利用最新数据对日本泡沫经济进行更深入、更系统的研究，以期对我国有所借鉴。

　　实际上，日本泡沫经济的形成原因十分复杂，可以说是多种因素共同作用的结果。日本的历史经验表明，泡沫经济会导致资源配置扭曲、收入分配不合理等问题，泡沫经济的崩溃也会拖累各行各业的发展，甚至会引发金融风险，严重制约经济健康持续发展。

　　2015 年 11 月 10 日，中央提出供给侧结构性改革的概念，其目的在于调整经济结构，实现要素最优配置，提高经济增长的质量和数量。其政策的基本内容可概括为"三去一降一补"的政策，即去产能、去库存、去杠杆、降成本、补短板5个方面。日本在泡沫经济崩溃后也推行了相似的措施，对泡沫经济后遗症进行处理，其经验也值得我们借鉴。2020年11月，《中共中央关于制定国民经济和社会发展第十四个五年规划和二〇三五年远景目标的建议》公布，再次重申维护金融安全，在畅通国内大循环方面，提出推动房地产、金融同实体经济均衡发展的要求。2020年受新冠肺炎疫情影响，房屋销售量下降，三四线城市房价低迷，库存依然高企，但一二线城市房价仍趋于涨势。特别是后疫情时代，一二线城市的房价仍有继续高企的可能。房地产泡沫问题仍然是我国在化解房地产库存过程中不可忽视的一个重要问题，如何控制房地产泡沫继续扩张、如何化解房地产泡沫，是我国未来几年亟须解决的问题。我国形成房地产泡沫的基本条件已经存在，应当引起高度警惕。

截至目前，有关日本泡沫经济的研究成果，可谓浩如烟海，这为本书的写作奠定了良好的基础，但同时也增加了本课题研究的难度。特别值得一提的是，为了更通透地了解日本泡沫经济的形成以及泡沫经济破灭后经济长期停滞的原因和后果，2007年日本内阁府综合经济社会研究所组织100多位经济学家开展了一项大规模的课题研究。课题组用了两年半的时间对日本宏观经济、产业结构、货币政策与泡沫经济、国际经济环境变化对日本的影响等重大主题进行了深入的研究，然后选出一批最重要的研究报告，汇编成7卷本洋洋数百万字的《泡沫/通缩时期的日本经济与经济政策》系列丛书。作者有幸同这部系列成果的主要执笔者伊藤元重、小峰隆夫、深尾京司、吉川洋等日本顶级经济学保持着良好的学术交流关系，在同上述专家交流过程中获取了关于日本泡沫经济方面鲜为人知的宝贵信息和重要观点，受益匪浅。本书不可能过多重复先行研究的观点，而必须在前人研究的基础上进行更深入的研究，突出创新的特色。本书共分为6章，第一章主要结合我国经济发展实际，从中国供给侧结构性改革的视点出发，对过去有关泡沫经济的基础理论加以归纳分析。第二章主要分析日本泡沫经济的生成背景、生成机制以及基本特征，重点分析了日美贸易摩擦、广场协议后日元升值对日本泡沫经济的影响等问题。第三章分析日本泡沫经济崩溃的原因以及泡沫经济崩溃对日本经济带来的负面影响，而且利用实证的方法，深入分析了日本房地产泡沫崩溃对宏观经济发展的负面影响。第四章主要分析日本处理不良债权、去房地产库存、"僵尸企业"、处理企业"三过剩"（债务过剩、冗员过剩、设备过剩）等泡沫经济后遗症的经验与教训。第五章是本书的重点，从国际协调、货币政策效果、产业结构调整、技术创新等多重视角对日本泡沫经济进行了透彻分析，特别是运用马克思主义经济理论对日本泡沫经济进行了深入探讨。第六章系统论述日本泡沫经济产生、崩溃以及后遗症的处理对我国的警示意义。

在研究方法上，本书运用马克思主义经济学、新古典宏观经济学等经济学原理从理论层面分析了经济泡沫和泡沫经济之间的区别与相互关联，并采用计量经济学等分析手段，探讨日本泡沫经济的特征并给出实证结果。本成果的创新之处在于，从我国供给侧结构性改革、国内国际双循环新发展格局的实际需要出发，全面系统梳理分析了日本泡沫经济的生成与影响，还重点分析了泡沫经济崩溃后日本"去库存""去产能""降成本、补短板"等多种措施，探讨了如何有效管控资产，如何降低泡沫经济风险，如何避免泡沫经济殃及实体经济等问题。更为重要的是运用马克思主义虚拟资本理论及利润率理论分析日本泡沫经济的生成与影响，应当说这是一个重要的创新点。

目前，我国与20世纪80年代中期日本国内经济状况、国际环境等十分相似。如GDP相当于美国的75%，对美贸易顺差巨大，美国挑起贸易争端，在20世纪80年代日本泡沫经济时期，由于日美贸易顺差扩大，日本与美国之间贸易摩擦不断，美国通过各种方法对日本政策进行干预，日元被迫升值，以度假村开发为特征的房地产开发遍地开花，内需急剧扩大，助推了资产泡沫的扩大。而从中国的情况看，似乎比当年的日本面临的环境更复杂、更严峻，中美贸易摩擦以来，中美贸易顺差在疫情期间仍在扩大，中美之间矛盾不断升级，拜登上台后更是加大了遏制中国的力度，联合其盟友对中国实施更加强烈和粗暴的围剿，我国正面临十分严峻的挑战。在这种形势下，保障我国国内经济稳定发展，特别是保障金融秩序的稳定具有特殊的重要意义。因此，对日本经济的前车之鉴一定要引以为戒，绝不能重蹈日本泡沫经济之覆辙。

第一，日本最大的教训在于对经济泡沫放松警惕，以至于任其发展到不可收拾的境地。日本政府、企业以及国民陶醉于所取得的经济成就之中，直到泡沫经济后的1992年，日本政府才正式承认80年代中后期曾经出现了"泡沫经济"。日本的教训告诉我们，任何时候都要保持清醒的头脑，时刻警惕经济泡沫的膨胀，防患于未然，为清除房地产泡沫和防止风险做好预案和准备。

第二，国际协调失败也是日本的主要教训之一。在政治上依附和追随美国，在处理日美贸易摩擦过程中对美一让再让，日元在短时间内大幅度升值和扩大内需政策最终成为引发泡沫的导火索。日本的教训告诉我们：货币政策不应依附于政治目的，也不应受他国左右，否则不恰当的政策只会给本国带来灾难。我国在国际经济协调中一定要继续保持自主性，切勿为达到某种政治目的而牺牲经济政策。人民币汇率机制形成改革以及其他金融改革也应根据我国经济发展的实际情况循序渐进地予以推进。

第三，日本泡沫经济的形成、发展及破灭与政府对经济形势的误判有直接关系。由于政府对日元升值可能带来的萧条过于担心，长期实行宽松的货币政策和积极的财政政策，大量增加公共投资，增强了地价上涨预期。当泡沫发展到不可收拾时，采取了急刹车的政策，刺破泡沫，导致经济硬着陆。我国应汲取日本的教训，切不可急刹车。为防止泡沫进一步扩大，我国应缓慢、有序地减少货币供应量，慢慢将资金抽出已生成了泡沫的房地产市场。存在局部的经济泡沫并不可怕，但一定要防止经济泡沫向实体经济传导，避免经济泡沫转化为全局性的泡沫经济。

本书在写作过程中，参考了大量的学者先行研究的成果，对日本泡沫经济进行再探讨、再研究，意义重大且难度很大，鉴于作者才疏学浅，再加上掌握资料有限，难免存在疏漏，望予海涵。本书在研究、写作过程中，国家社科基金后期资助项目评审专家提出了中肯宝贵的意见和建议，在出版过程中，得到社会科学文献出版社编辑的悉心指导，特别是薛铭洁女士为此付出了辛勤汗水，在此一并表示衷心感谢。倘若本书能够对读者深入理解发生在 20 世纪 80 年代的日本泡沫经济有所帮助，对我国冷静处理资产泡沫有所参考并对后疫情时代可能出现的新一轮资产泡沫有所警示，我将感到不胜荣幸。

张季风

2022 年 7 月 15 日于北京南海子和园

目　　录

第一章

泡沫经济基础理论

在历史上，16~17 世纪初于荷兰发生的 "郁金香泡沫" 是最早有记载的因投机炒作商品带来的泡沫经济表现。之后，随着资本主义的发展，法国、英国、美国、日本等国家都产生过经济泡沫或者进一步演化成为严峻的泡沫经济。但是发生在 20 世纪 80 年代的日本泡沫经济无疑是规模最大、影响最深远的一次灾难性的泡沫经济。30 多年过去了，在先行研究的基础上，重新审视日本泡沫经济具有更重要的现实意义，而且，在深入分析日本泡沫经济之前，有必要对有关泡沫经济的基础理论加以梳理。目前，国内外对于泡沫经济的研究成果十分丰富，已然形成了较为完备的理论体系，本章拟从经济泡沫与泡沫经济的界定与测度、泡沫经济的形成机制以及泡沫经济对宏观经济的影响等方面加以归纳和分析。

第一节 泡沫经济的相关界定

泡沫，其实是资产价格的上涨已经偏离了资产实际的价值现象，资产价格虚高的一种比喻。在政治经济学中，价格被认为是市场供需两种力量达到平衡时所决定的，而价值则是指商品价值，被认为是凝结在商品中的无差别的人类劳动或抽象的劳动。尽管泡沫一般发生在股票、房地产等资产虚拟经济之中，但一旦蔓延至实体经济，对经济长期发展的冲击与危害极大，这在 20 世纪 80 年代日本发生的泡沫经济中得到充分的印证。在梳理泡沫经济的相关理论时，首先应当厘清泡沫经济的含义、界定以及种类，其次要把握泡沫经济的基本特征，同时还要搞清历史上发生的主要泡沫经济典型案例。

一　经济泡沫与泡沫经济的异同

经济泡沫与泡沫经济是不同的两个概念。两者的共同点在于都具有"泡沫"。但又有不同点：经济泡沫指的是一种或者一系列资产的市场价格偏离其实际的内在价值，这种或者这些资产被称为是泡沫资产。也就是说，经济泡沫是局部的，是仅限于一种或一系列资产市场价格异常的表现；但是泡沫经济与此不同，程度也更为严重，泡沫经济是指，在经济泡沫不断发展后刺激有效需求而产生的经济虚假繁荣的现象，也就是说泡沫经济是经济泡沫在局部泛化后所产生的全局性影响。因此，经济泡沫的存在并不等同于泡沫经济的存在。但是二者互相关联，经济泡沫是泡沫经济的前提，泡沫经济是经济泡沫的可能结果，经济泡沫是中微观概念，而泡沫经济则是宏观概念。徐滇庆等认为，区分经济泡沫与泡沫经济的重要识别指标之一是其是否存在均衡点。对于经济泡沫，市场机制将引导价格达到均衡点，但是对于泡沫经济，这种均衡点并不存在。[①] 扈文秀等认为，经济泡沫在货币供应量不变时能够达到均衡点，而在货币供应量过剩时不存在均衡点，甚至会导致泡沫经济的产生。[②] 只有正确认识经济泡沫与泡沫经济以及两者之间的关系，才能更有效地理解泡沫经济的产生原因与影响。

二　关于经济泡沫

经济泡沫也称资产泡沫。日本在其于 1993 年发布的《经济白皮书》中将泡沫定义为"土地、股票价格的长期性大幅度上涨"，并指出在经济产生泡沫期间，其具有一定隐蔽性，政府有可能意识不到泡沫已经实际存在，反而是认为居民效用偏好导致了需求增加。金德尔伯格认为，泡沫可

---

① 徐滇庆、于宗先、王金利：《泡沫经济与金融危机》，中国人民大学出版社，2000，第32页。

② 扈文秀、席酉民：《经济泡沫向泡沫经济的演变机理》，《经济学家》2001 年第 4 期，第107~112页。

以大体被定义为是一种资产的价格在一个期间持续不断地迅猛上涨。而这种资产的价格的上涨进一步使人们产生了价格继续上涨的预期，因而吸引新的买主……实际上，投机者购买这种资产也是为了获得价格上涨的增值收益，而非使用价值。[①] 这种定义强调泡沫的显著特点是价格的迅猛上涨，而且价格持续上涨是受投机者对未来价格进一步上涨的预期所驱动，投机者的目的则是在这个过程中从买卖中获利。野口悠纪雄认为，"现实资产价格与实体资产价格的差，称为泡沫"，其中，现实资产价格指的是资产的实际价格，实体资产价格指的是实体经济能够解释的价格，从这个角度看，泡沫是指资产价格中无法用实体经济解释的那一部分。[②] 斯蒂格利茨认为，资产泡沫是指价格偏离基本面上涨的情形，即资产价格的上涨是由于预期到它未来会上涨。[③] 三木谷良一认为泡沫是资产价格严重偏离实体经济暴涨然后暴跌的过程。因此，可以总结为泡沫是偏离资产价值不正常上涨的现象。[④]

　　经济泡沫存在的基本特征包括以下4点：第一，必须具备一个集中受追捧的载体。在现实经济中，泡沫所依附的受追捧炒作的载体通常是股票以及房地产市场，众人集中追捧某一商品或者资产，其价格必然升高，其现实价格与内在价值相背离，而众人就从资产价格差中牟取暴利。第二，需要大众的广泛参与。在泡沫生成阶段，如果某人利用资产泡沫牟利，这种示范作用将迅速传播扩大吸引更多人入市，泡沫膨胀速度加快。第三，需要宽松的金融环境。大量剩余资金是滋生泡沫的土壤，宽松的金融环境是泡沫生成的必要条件。第四，泡沫破裂难以预测且产生广泛影响。资产泡沫的生成、膨胀以及崩溃都在一定程度上由人们的预期作用推动，但是现代经济学难以准确判断民众预期变化的情况，因此泡沫破裂难以准确预测。

　　资产泡沫可分为多种类型。首先，根据中间产品式的生产函数，资产

①　约翰·伊特韦尔等编《新帕尔格雷夫经济学大词典》，经济科学出版社，1996，第60页。
②　野口悠紀雄：『バブルの経済学　日本経済に何が起こったのか』，日本経済新聞社、1992。
③　Stiglitz, J. E. , "Symposium on Bubbles, *Journal of Economic Perspectives*", 1990：13-18.
④　〔日〕三木谷良一：《日本泡沫经济的产生、崩溃与金融改革》，高圣智译，《金融研究》1998年第6期，第2~5页。

泡沫可分为生产性与非生产性资产泡沫。刘宪在代际交叠模型中采用了中间产品式的生产函数，即最终产品由一系列的中间产品生产而来，中间产品的种类数越多，生产效率就越高。由此，其将资产泡沫分类为生产性与非生产性资产泡沫。生产性资产泡沫是指泡沫产生在中间产品上，而非生产性资产泡沫则指泡沫产生在最终产品上。同时，其将理性人的劳动划分为创造性劳动，即引入更多的中间产品进入生产，以及非创造性劳动，即仅仅利用现有的中间产品进行生产。生产性资产泡沫的出现可以使创造性劳动者的收益扩大，刺激技术进步促进经济增长，而非生产性资产泡沫无法实现此功能，只是使收入分配更加不均，降低资本存量，使创新者的预期收益降低，抑制经济的增长。他在此视角下重新考察了20世纪90年代的日本泡沫经济，是一次典型的非生产性资产泡沫，它通过缓冲技术进步压抑了经济的增长。①

其次，根据经济主体的理性预期，资产泡沫可以分类为理性资产泡沫与非理性资产泡沫。例如，Blanchard 和 Watson 以经济主体的理性预期及局部均衡为前提，将泡沫分为理性与非理性泡沫。② 在理性泡沫中，通常具有连续膨胀的特征，也不可能为负值，这就意味着，即使股价被高估，投资者可能仍然相信在评估风险之后的收益大于泡沫崩溃后的损失，故而会选择继续留在这种股票市场上，资产基础价值的增长速度永远低于实际股价的增长速度。③ 也有学者将其称为合理泡沫与非合理泡沫两类。合理泡沫是以市场充分有效、经济主体能够做出合理预期为前提的。④ 通常来讲是价格围绕价值正常波动所超出的部分，例如消费者偏好发生改变，市场上特定事件导致需求增加所带来的价格上涨，等等。非合理泡沫则是指资产价格严重超过资产价值的部分，亦或者说，是指投机需求导致的价格

---

① 刘宪：《非生产性资产泡沫与日本经济增长——对日本房地产泡沫的重新诠释》，《日本研究》2010年第3期，第24~28页。

② Blanchard, O. J., Watson M. W., "Bubbles, Rational Expectations and Financial Markets", *NBER Working Papers*, No. 945, 1982.

③ Santoni, B. G., "The Great Bull Markets, 1924-1929 and 1982-1987: Speculative Bubbles or Economic Fundamentals?" *Review of Federal Reserve Bank of St Louis*, 1987, 69 (9): 16-30.

④ 陈江生：《"泡沫经济"形成的原因分析》，《世界经济》1996年第3期，第5~8页。

严重偏离的部分，其产生的动力主要来自投机者对未来资产价格上涨的预期，这种上涨预期也驱动着投机者进一步购买资产以获得差价，泡沫在此过程中也迅速积累膨胀。因此，可以将合理泡沫称为亚泡沫，而非合理泡沫称为泡沫。①

最后，从泡沫演化的过程来看，Blanchard 和 Fisher 认为，资产泡沫可以分为永恒扩张型、爆炸型和可消除型。其中，永恒扩张型泡沫只是研究中的特例，在现实中是不会持续存在的，其只是以无限期与人的完全理性为假定，进而描述泡沫在产生的初期能以相对平稳的速度逐渐膨胀，但是由于人的有限理性，这种扩张难以持久。随着泡沫膨胀速度的加快，在达到一定程度之后，最终将变成爆炸型泡沫。需要明确的是，一旦泡沫形成，在没有政策变化以及政府进行有效干预的情况下，泡沫不会自我消失，所谓可消除型泡沫实际上是指采用措施以消灭已产生的泡沫，而采取何种措施或金融政策是关注的重点。② 从泡沫生成原因来看，Froot 与 Obstfeld 将资产泡沫还分为内生泡沫及外生泡沫，其认为内生泡沫是一种特殊的理性泡沫，仅仅由资产价格基本决定因素驱动产生，而相对于内生泡沫，那些由外来因素影响而产生的泡沫被称为外生泡沫。③

三　关于泡沫经济

经济泡沫、资产虽然很早就引起了学术界的注意，但是对泡沫经济的规范研究一直到 20 世纪 80 年代初才开始。④ 最初也只是按照局部均衡分析的思路进行探究，代表性的研究者主要有 Blanchard 和 Watson、⑤ Diba 和 Grossman⑥ 等。泡沫经济是一个综合性概念，它通常可以包括系统泡

---

① 葛新权：《泡沫经济理论与模型研究》，财经科学出版社，2005。

② Blanchard，Fisher，*Lectures on Macroeconomics*，MIT Press，1989.

③ Froot，K.，M. Obstfeld，"Inrinsic Bubble: The Case of Stock Price"，*American Economic Review*，1991（81）：1189~1214.

④ 刘宪：《非生产性资产泡沫与日本经济增长——对日本房地产泡沫的重新诠释》，《日本研究》2010 年第 3 期，第 24~28 页。

⑤ Blanchard，O. J.，Watson M. W.，"Bubbles，Rational Expectations and Financial Markets"，*NBER Working Papers*，1982.

⑥ Diba，B.，Grossman，H.，"Rational Asset Price Bubbles" *NBER Working Papers*，1983，104（3）：721~752.

沫经济、国家泡沫经济以及全球泡沫经济，呈现多样式、多成因、多效应的复杂经济生态。野口悠纪雄对泡沫经济做了颇为系统的研究，其认为泡沫经济从本质上来说就是资产价格的异常膨胀。① 泡沫经济是市场中的资产价格对基础因素下的基本价格的背离（包括价格的膨胀与紧缩），以及向基本价格回归的过程及伴随发生的经济现象的总称。② 这个定义涉及多方面的内涵。首先，泡沫经济的本质特征是资产价格对基础因素作用下的基本资产价格的背离。其次，泡沫经济描述的是资产价格的变化以及伴随发生的经济现象。最后，泡沫经济表现为资产账面价格的上涨。这种在现实中有两种表现形式，直接表现形式为某一具体的资产形式（如土地、股票等）的价格急速上涨；间接表现形式是市场对资产投资的信心膨胀，市场异常活跃，但是缺乏实际需求而只是投机行为集中，这种价格及生产的增长反过来继续增加人们获得财富的可能性，则这种投机活动便周而复始，直至人们的幻觉破灭及经济崩溃。③

　　泡沫经济的最基本特征实际上是资产价格对基础因素作用下的基本资产价格的背离，而这里所说的基础因素主要包括：资产收益（如红利、地价、利息等）、长期利息（成为比较资产收益率高低的标准）、风险溢价（资产可以获得多少收益是受市面商情等因素影响而变动的，对超过长期利息的高收益率的需求掩盖了所承担的风险）、收益的预期增长率（也就是资产价格的预期增长率）。④ 但是，在预期的作用下，很难对基本价格的估计有清晰的脉络，所以采用贴现现值这种相对较准确的预期予以衡量，即任何超出或低于预期未来股息的股票价格构成股市泡沫。所谓登高必跌重，泡沫生成阶段，大量资金涌入金融市场，而泡沫一旦破灭，金融市场秩序难免混乱，进而影响实体经济，演化成为经济危机，严重冲击一国宏观经济发展。

① 野口悠纪雄：『バブルの経済学——日本経済に何が起こったのか』，日本経済新聞社，1992，77~78ページ。

② 〔日〕三木谷良一：《日本泡沫经济的产生、崩溃与金融管制》，高圣智译，《金融研究》1998年第6期，第1~4页。

③ 〔美〕J. K. 加尔布雷斯：《"泡沫"的故事》，《改革》1994年第4期。

④ 〔日〕岸本重陈、马韩增：《日本"泡沫经济"的形成机制》，《改革》1993年第4期。

四　泡沫经济的典型案例

历史上记录最早的泡沫经济事件是以郁金香球茎为载体的荷兰郁金香泡沫事件，此事件发生于 17 世纪 30 年代的荷兰。当时荷兰的阿姆斯特丹已经存在现代证券交易所，瓷器、地毯、绘画等物品交易频繁，为投机活动提供了发达的交易场所和方式。在 16 世纪末 17 世纪初，郁金香变种培育开始在荷兰大肆流行。尤其是稀有变种的郁金香球茎，价格异常上涨，从而成为投机的对象。[①] 随着价格的上涨，各种各样的人加入了投机活动。在郁金香泡沫中甚至引入了期货交易，这提高了交易活动的杠杆，使得球茎价格进一步上涨。有记录说"无论是贵族、市民、农民，还是匠人、船夫、伙计，甚至是打扫烟囱的、旧衣服店里的阿姨们，都加入了郁金香的投机"。[②] 但是到 1637 年 2 月，人们开始怀疑郁金香球茎的价值。在投机者对郁金香价值的信心动摇之后，郁金香价格立刻开始下降。价格下降造成了恐慌，持有郁金香合同的人迫不及待地要脱手，大量抛卖产生，价格进一步下降，导致郁金香市场全线崩溃。[③] 郁金香狂热是历史上记录最早也是稀有的非金融资产非房地产泡沫事件。其起因是对郁金香的偏好，其上涨驱动力为对郁金香价格的预期，而泡沫破灭的导火索也是对郁金香球茎价格预期的消失。

在荷兰发生郁金香泡沫之后，1715~1719 年在法国发生了严重的密西西比泡沫，纸币（银行券）在居民、政府、股票之间的无限循环导致货币严重超发，最终在没有硬通货支撑下经济全线崩溃。几乎同时，英国在 1710~1720 年也爆发了南海泡沫事件，"泡沫"一词由此产生。1720 年创立于英国的"南海公司"承诺可以帮助政府解决财政困难，以接盘几乎所有的国债来换取西班牙殖民地的贸易特权等各种权利。这充分扩大了居民对南海公司盈利的预期，南海公司股票价格猛涨。随着股票价格的增

[①] 徐滇庆、于宗先、王金利：《泡沫经济与金融危机》，中国人民大学出版社，2000，第 53~58 页。

[②] Mackay, *Extraordinary Popular Delusions and the Madness of Crowds*（Reproduction），New York, The Noonday Press, 1932, p.94.

[③] 姜学霞、斌杰：《股票的历史》，人民邮电出版社，2012，第 47~51 页。

长，不只是现有公司股票价格增长，一些新公司也纷纷成立并发行股票，甚至有些新成立的公司并没有实际业务，这些公司被称为"泡沫公司"。但是疯狂的群众已经被股价的高涨蒙蔽了双眼，并没有意识到其中的危机。直到南海公司促使政府制定了《泡沫公司禁止法》（The Bubble Act)，群众才意识到骗局的存在，大盘股票价格暴跌，泡沫公司也纷纷倒闭。这场风波也波及南海公司自身，南海公司自身股价狂跌，后来价格只维持在历史最高价的 1/7 处。

17 世纪泡沫的载体主要是股票，到 20 世纪末土地成为泡沫的"聚集地"，包括 20 世纪 80 年代的日本泡沫经济中房地产也是泡沫经济的重要载体。20 世纪 20 年代，美国经济发展良好，随着居民收入的提高和汽车的普及，对度假的需求越来越明显。佛罗里达作为度假旅游胜地，土地的价格随之上涨，并且愈演愈烈。居民在预期到土地价格上涨后，将更积极入手土地和住宅，进一步促进了价格的上涨。而随着价格的猛涨，越来越少的人关注到它的实际价值，或者说在不断上涨的价格面前实际价值已经不重要，因为只要价格上涨，入手再出手的差价将有利可图。因此，佛罗里达的土地成为众人投机的对象。棕榈滩上的一块地，1923 年价值 80 万美元，1924 年达 150 万美元，1925 年竟高达 400 万美元。[①] 1926 年泡沫开始崩溃，崩溃的原因是有两次飓风袭击了迈阿密，给迈阿密地区的房地产带来了严重的破坏，投机人也开始逐渐清醒地意识到实体价值与现实价值之间的差异，地产价格开始暴跌。

另外，我国 20 世纪 80 年代，在吉林省长春市等地也发生过一场非金融非房地产的经济泡沫事件，载体为君子兰。80 年代初，长春君子兰一度炒作成风，1984 年 10 月 11 日，君子兰被命名为长春市市花，这更加剧了居民对君子兰的炒作。据称名贵君子兰最高价格被炒到 17 万元，而当时长春市职工基本工资仅为 40 元左右。1985 年初，长春市政府规定机关、企业、事业单位不得用公款购买君子兰，1985 年 6 月，君子兰价格一落千丈。而君子兰遭遇"黑色之夏"。君子兰泡沫崩溃后，长春等地经

---

① 任泽平：《全球历次房地产大泡沫：催生、疯狂、崩溃及启示（上）》，中国经营网，2016 年 9 月 6 日。

济遭受严重打击。

　　如果严格界定，以上案例基本上均以某一形式的经济泡沫膨胀为开端，最后演变成一定范围内的泡沫经济，综合以上历史实例可以总结出泡沫经济包含价格背离基本价格上涨和价格向基本价格回归的两个过程。第二个过程通常要远远快于第一个过程，从而给经济带来巨大的冲击。在泡沫经济发展过程中，由于价格猛烈上涨，群体往往忽视资产的实体价格而只关注价格的走势，因此泡沫越吹越大。当一个微小事件使某些少数人意识到价格上涨异常时，便会引起资产抛售的"羊群效应"。

第二节　泡沫经济的相关测度

　　对泡沫经济的测定非常重要，其原因是：处于泡沫经济时期的当事人会认为繁荣经济是经济正常运行的表现，而不是投机猖獗的结果。换句话说，当局者并没有认识到经济中存在泡沫。因此，辨别泡沫的存在、熟知资产泡沫与经济泡沫的测度方法可以有效识别经济中泡沫的存在，并且判定其是否演化为全局性的泡沫经济，以提前对其进行防范。在日本泡沫经济形成期间，这也是 20 世纪 80 年代日本地价上涨的早期阶段，"地价泡沫说"未受到重视，认为是人口向东京圈中心的集中现象和利率的降低推高了房价[1]，这种观点的流行误导了日本政府当局的判断，间接导致了泡沫的进一步扩大。鉴于经济泡沫（资产泡沫）为中微观概念，泡沫经济则是宏观概念，因此需要采用不同的测度方法。

　　如前所述，泡沫分为资产泡沫和泡沫经济。资产泡沫是指某种资产价格偏离其内在价值的现象，而泡沫经济是资产泡沫所引起的经济全局的虚假繁荣。下面分别介绍资产泡沫与泡沫经济的测度。

一　资产泡沫的测度

（一）虚拟资本泡沫测度的理论基础

　　根据泡沫载体的不同，通常经济泡沫可以分为实体资本泡沫和虚拟资

---

[1]　野口悠紀雄：『バブルの経済学——日本経済に何が起こったのか』，日本経済新聞社，1992，77~78ページ。

本泡沫。鉴于虚拟资本是传统意义上泡沫依附的主要载体，因此主要介绍虚拟资本泡沫的测度。

1. 虚拟资本概述

资本具有两重或者多重存在形式，其中，虚拟资本是与现实资本相区别的另一种形式的资本。马克思在《资本论》第三卷中明确地界定了虚拟资本的内涵及其产生发展、形式特点以及运行规律等，在这个经济范畴下形成了虚拟资本理论。马克思的虚拟资本理论认为虚拟资本是货币资本化与信用制度催生下的产物，是生息资本或者具有这种性质的货币资本的一种特殊的表现形式，相较于现实资本的价值及增值，其本身代表了一种收益权或者货币索取权，不具有价值，但是却能够创造剩余价值，其增值是自行完成的，不通过生产过程而只是进入流通过程中，通过借贷获得利润。虚拟资本一定是生息资本，但是生息资本却不见得是虚拟资本。① 进一步地，其相关观点可以概括如下。首先，虚拟资本指的是规则的、会反复取得收入的债权或产权证书，包括股票、债券以及票据等。其次，虚拟资本是基于信用基础形成的收益资本化。再次，虚拟资本和现实资本实际上是由一个资本的两权分离而形成的双重份：作为筹资者的产业资本家拥有现实资本的使用权及其带来的投资收益；作为投资者的借贷资本家占有以虚拟资本证书形式表现出来的现实资本的债权或所有权，以及孳生的利息红利等。最后，在马克思虚拟资本理论中，研究资产泡沫的关键还在于关于名义价值及市场价值（价格）的界定与区分。虚拟资本的名义价值由现实资本的增值以及收益决定，而虚拟资本的市场价值由人们预期计算的收入决定。

2. 虚拟资本泡沫的测度

下面介绍典型的虚拟资本泡沫的测度方式。马克思对虚拟资本理论的讨论是探索虚拟资本泡沫的基础。虚拟资本的外部表现形式通常是股票、债券等。马克思还把土地视为一种虚拟资本，认为地价是地租的资本化。土地的虚拟资本特征使地价运动可能脱离土地的利用实际进而产生泡沫。具体的测度方法如下，虚拟资本的名义价值主要与其有权索取收益数额成

---

① 马克思：《资本论（第三卷）》，人民出版社，1975，第378~383页。

正比，与市场利率成反比。如用 P_t^* 表示虚拟资本的名义价值，用 y 表示虚拟资本的产权孳生收益，用 r 表示市场利息率，则有：

$$P_t^* = y/r$$

上述公式可以作为确定虚拟资本名义价值或者内在价值的基本理论公式。如果虚拟资本的市场价值（价格）同其名义价值是一致的，那么说明其市场价格可被视为客观反映资本试用期的价格，不含有泡沫成分。鉴于虚拟资本实际上往往具有特殊的供求关系，市场价格经常与名义价值背离，故而当市场价格与名义价值相悖的时候，市场价格偏离名义价值的部分便是资本泡沫。因此，若假定 P_t 为虚拟资本的市场价格，b_t 是在某时点 t 市场价格偏离名义价值的部分，即资本泡沫部分，那么就有：

$$P_t = P_t^* + b_t$$

如果 $P_t > P_t^*$，即 $b_t > 0$，则资本市值膨胀，存在泡沫。

如果 $P_t = P_t^*$，即 $b_t = 0$，则资本市场价值与名义价值相当，不存在泡沫。

如果 $P_t < P_t^*$，即 $b_t < 0$，则资本市值缩水，存在负泡沫，也称为黑子。[1]

假设 P 为虚拟资本泡沫度，那么进一步测度虚拟资本泡沫度，则计算公式如下：

$$P = \frac{b_t}{P_t} = \frac{(P_t - P_t^*)}{P_t} = 1 - \frac{P_t^*}{P_t}$$

上式可以大致反映虚拟资本中存在价格泡沫的程度。实物资本泡沫测度的原理如上。但是需要注意的是，实物资本泡沫是市场价格与基础价值之间的背离。实物资本的基础价值并不与现实资本的投资收益相等，而是该资产或商品的生产成本与流通成本另外再加上社会平均利润水平的总和，故而实物资本通常不产生负的资本泡沫。

（二）资产泡沫的一般性测度方法

前文基于马克思主义经济学理论阐述了虚拟资本泡沫测度的方法依据，下面介绍具体的、应用广泛的一般性测度方法。测度资产泡沫首先需

---

① 周爱民：《股市泡沫及其检验方法》，《经济科学》1998 年第 5 期，第 44~49 页。

要知道资产内在价值以及市场价格。在市场价格已经明确的情况下，只要资产的内在价值是已知的，那么就可以测度资产泡沫情况。其中，一般使用资本资产定价方程明确资产的内在价值，具体的推导过程如下。

设资产的内在价值为 P，资产在之后每年的收益为 R_t（t 表示年，$t=1$ 时，R_t 为 R_1），资产在未来第 t 年的价格为 P_t，贴现率为 i，则资产内在价值 P 在稳定时的数值为：

$$P = \frac{R_1}{(1+i)^1} + \frac{R_2}{(1+i)^2} + \cdots + \frac{R_t}{(1+i)^t} + \frac{P_t}{(1+i)^t}$$

如果资产每年收益 R 不变，则等式中有一部分为等差数列，化简后得

$$P = \frac{R}{i} + \frac{P_t}{(1+i)^t}$$

设资产的市场价格为 P^*，则市场价格对内在价值的偏离 p 为

$$p = P - P^*$$

p 越大，则泡沫越大，经济危险程度越高。一般认为 $p<0.5P$ 时的泡沫是合理泡沫，是在资本有效市场下价格波动的合理情况。如果 $p>0.5P$ 或者远远高于 P，则表明市场价格远远高于其内在价值，资产存在泡沫。

上述公式是资产泡沫最为一般也是最普遍的一种测度方式。但是，在现实中很难准确收集资产的收益、预期价格、贴现率等数据，而且资产的收益每年也在波动中，用这种模型来计量泡沫程度可能会出现数据不全、误差较大的情况，所以在测度资产泡沫中通常会用更简单的方式进行。除计量方法外，利用各种指标也能够较准确地反映资产的泡沫程度，相对于计量的复杂性与不确定性，这些指标操作起来更简捷，数据也相对准确。

（三）不同资产的泡沫测度

1. 股票市场泡沫的测度

国内学者在测度股市泡沫时，更多侧重计量方法，例如先计算股票内在价值，再与股票市值相比较而得出泡沫程度。潘国陵通过将每股税收利润作为分红的方法，计算出了股票内在价值，测算股市泡沫。[1] 葛新权通

---

① 潘国陵：《股市泡沫研究》，《金融研究》2000 年第 7 期，第 71~79 页。

过计量综合指数的内在值与实际值进行比较，测量出股市泡沫程度①。这种测度方法比较科学，但是由于数据存在误差、测算过程复杂等，因此并不简明和准确，这里也不再赘述。对于股市泡沫，巴菲特提出股市总市值与GDP的比值能够测量股市的风险，即如果比值在100%以上，说明股市泡沫已经积聚。金融机构也经常利用市盈率和换手率作为测度股市风险的指标。② 因此，下文主要对诸如此类的主要指标进行简单说明。

第一，总市值与名义GDP比值。总市值与名义GDP的比值是判断股市是否存在泡沫的一个指标，此指标也被称为巴菲特指标。GDP是实体经济真正的产物，而股市则是在实体经济上的延伸，是基于实体经济的发展所产生的虚拟经济，如果虚拟经济过于庞大，超过实体经济规模，则股票市场必然存在一定泡沫。

通过比较泡沫破灭前日本与美国的巴菲特指标，可以发现，1980~1984年日本与美国的股市市值与名义GDP的比例基本上是持平的。如图1-1所示，1985年后，日本的巴菲特指数快速增长，在1989年达到泡沫

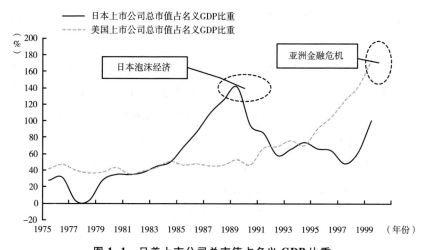

图1-1　日美上市公司总市值占名义GDP比重

资料来源：世界经济联合会统计。

---

① 葛新权：《泡沫经济理论与模型研究》，经济科学出版社，2005。

② Warren Buffett, "Warren Buffett on the Stock Market", *FORTUNE Magazine*, 2001, 10, http://blog.sina.com.cn/s/blog_ 69c977cf0101piu1.html.

崩溃前的最高值 141.21%，相较于同阶段的美国的 52.92%，反映出日本在"广场协议"后股市市值已经远远高于实体经济的产出，可见，测算总市值与名义 GDP 比值对预警股票市场泡沫膨胀具有一定作用。

第二，市盈率。市盈率指的是每股价格与每股收益的比率，是最常用来评估股价是否处于正常水平的一种指标。

$$市盈率 = \frac{每股价格}{每股收益}$$

在上式中，分子表示每股价格，代表了股票的市场价值，而每股收益则是表示公司的盈利能力即股票的内在价值。两者之比则能反映市场价格对内在价值的偏离程度，也就是反映出这只股票的"泡沫"。

上述公式反映的只是一只股票的价格，而测量资产泡沫是要得到股市情况，因此要把市盈率变为股市平均市盈率。

$$市盈率 = \frac{每股价格}{每股收益} = \frac{每股价格 \times 股数}{每股收益 \times 股数} = \frac{股市总市值}{上市公司总利润}$$

因此，股市泡沫的测量可以由股市总市值与上市公司总利润的比值来反映。

需要注意的是，因为各国情况不同，所以市盈率的合理区间也不一致。例如，我国的市盈率一直偏高，但是市盈率偏高也并不意味着股市泡沫严重，可能也是由于行业发展良好、预期收益较高的缘故。因此，确定与之比较的值十分重要，植田教授认为，假定将企业收益全部用来分红，并且忽略收益增长率和风险的溢价，市盈率即为利率的倒数。因此，如果利率是 5%，则合理的市盈率应该为 20。[①]

第三，市净率及其他指标。市净率是指公司净资产的股市价值同重置价值之比。通常而言，市净率大于 1，即股票市价大于净资产价值。但是如果过高，则可能是由于存在投机需求的股票泡沫。同时也可以观察股息指数，如果股息过低即代表股价过高，也可能存在股市泡沫。

换手率是指一种衡量股票交易频繁程度的指标，其值越大表明股票交

---

①　野口悠紀雄：『バブルの経済学——日本経済に何が起こったのか』，日本経済新聞社，1992，79ページ。

易越频繁。在股市泡沫时期，"羊群效应"使居民疯狂加入投机，将导致股票交易异常频繁。因此，换手率是一种能够准确衡量投机程度的指标。

另外，通货膨胀率等指标也可以作为衡量经济泡沫的参考指标。①

2. **房地产市场的资产泡沫测度**

关于房地产市场泡沫的测度指标，袁志刚等通过将贷款、预期引入研究框架中，证明了银行贷款对房地产理性泡沫形成的推动作用，② 而丰雷等通过实证证明了房价与货币供应量和股价的正相关。③ 在房地产泡沫的测度方面，刘琳等指出房地产价格增长率/实际 GDP 增长率、房价收入比、住房按揭居民月收入等指标可以作为测度房地产泡沫的重要依据。④ 蒋南平深入分析了房价收入比、房屋空置率等指标的可用性和局限性。⑤

第一，房价收入比。住房价格与家庭可支配收入的比值称为房价收入比。房价收入比是国家和国际组织进行住房支付能力评价时所采用的主要指标，是各界对房地产市场形势进行分析、判断和预测时广泛使用的指标。

房价收入比本质上反映的是特定国家或地区土地和劳动力两种要素价格的比例关系。由于不同国家或地区土地和劳动力的资源禀赋不同，这就决定了不能简单地用某一个国家或地区的房价收入比作为判断另一个国家或地区房价是否合理的标准。一般来说，大城市的房价收入比会显著高于中小城市，人多地少的国家房价收入比一般会高于人少地多的国家。虽然不同国家的数据之间不能比较，但是数据的纵向比较及时间轴线上的比较也能够反映房屋的价格变化。

$$房价收入比 = \frac{住宅总价}{家庭可支配收入}$$

① 黄正新：《关于泡沫经济及其测度的几个理论问题》，《山西财经大学学报》2002 年第 1 期，第 16~19 页。

② 袁志刚、樊潇彦：《房地产市场理性泡沫分析》，《经济研究》2003 年第 3 期，第 34~43、90 页。

③ 丰雷、朱勇、谢经荣：《中国地产泡沫实证研究》，《管理世界》2002 年第 10 期，第 57~64、75~156 页。

④ 刘琳、郑思齐、黄英：《房地产泡沫测度系数的编制方法》，《房地产市场》2003 年第 6 期，第 13~15 页。

⑤ 蒋南平：《中国房地产泡沫测度指标的分析与建立》，《当代财经》2009 年第 10 期，第 91~98 页。

从本质上来讲，房价收入比反映了真实的房屋价格变化，因为房价收入比剔除了房价变化中居民收入的部分，真实反映了居民购买房屋的负担情况。

第二，房屋空置率。房屋空置率是指住宅空置面积与住宅总面积的比值，或者未利用的住宅数量占住宅总数的比值，反映了住宅总面积中未利用的部分。

$$房屋空置率 = \frac{住宅空置面积}{住宅总面积} = \frac{空置住宅数量}{总住宅数量}$$

房屋空置率反映房地产泡沫是有条件的，只有一个地区的房价上涨迅猛，房屋成交量很高的情况下，房屋空置率才能反映该地区的房地产泡沫。因为房屋空置率高只能表明房屋利用率低，而利用率低的原因很多，诸如人口减少、经济萧条、房屋成交量低等。因此，房屋空置率一定要在一个国家或地区房地产市场很活跃的情况下才能用作分析房地产市场泡沫的参考指标。在房地产市场活跃的条件下，一般来说，房屋空置率越高表明住宅投机行为越强。因为投机的目的是从买卖中获取差价，而不是使用资产发挥其居住性功能。基于国家统计局城市住户调查数据（UHS）的经验研究也支持理论发现，主要表现为：收入基尼系数每增加 1 个百分点，房价收入比和房屋空置率分别提高 0.026 个单位和 0.143 个百分点。[①]

根据国际通行惯例，商品房空置率在 5%～10% 较为合理，商品房供求平衡，有利于国民经济的健康发展；空置率在 10%～20% 为危险区，要采取一定措施，加大商品房销售的力度，以保证房地产市场的正常发展和国民经济的正常运行；如果空置率上升到 20% 以上则为商品房严重积压区。[②]

第三，房地产价格增长率与实际 GDP 增长率比值。房地产价格增长率与实际 GDP 增长率之间的比值也能反映房地产泡沫情况，这也是经常用来监测房地产价格情况的指标。从原理上讲，某一市场的发展状况与宏

---

① 张川川、贾珅、杨汝岱：《"鬼城"下的蜗居：收入不平等与房地产泡沫》，《世界经济》2016 年第 2 期，第 120～141 页。

② 江金泽：《如何衡量房地产市场泡沫程度》，华尔街见闻，https://wallstreetcn.com/articles/230545。

观经济发展状况息息相关，几乎不会脱离宏观经济的发展情况。如果房地产价格增长率远超过 GDP 增长率，则表明房地产价格虚高，有过多社会闲散资金进入房地产市场企图获利。

二 泡沫经济的测度

实际上，以往研究测度泡沫更多是测算某一种资产的泡沫程度，而对于泡沫经济的衡量更多是用宏观指标替代。因此，泡沫经济的测度指标主要有金融相关率、马歇尔 K 值系数等。

（一）金融相关率

金融相关率（FIR）指的是金融资产总额与实物资产总额之比，往往用金融资产价格与 GDP 的比值来表示，通过这个指标可以大体观测金融资产对实物资产的价格偏离程度。利用这一指标测度日本的泡沫经济情况，在 1985 年以前，日本东京股票市场价格总额或住宅土地价格总额约占当年 GDP 的一半以上，但是 1987 年，日本土地价格总额上升至 GDP 的 1.5 倍，1989 年，日本股票市场价格总额也逼近 GDP 的近 2 倍。20 世纪 80 年代末，日本的金融相关率为 4，但是同期美国仅为 2。可见，当时日本经济泡沫程度已经十分严峻。

（二）马歇尔 K 值系数

马歇尔 K 值系数即货币化程度也可作为衡量经济虚拟化和泡沫经济的一个重要指标。其公式为 $K = \dfrac{M}{PY}$，表明货币在整个社会财富中的比重。

为了使用统计资料的方便可用 GNP 替代 PY，则有 $K = \dfrac{M}{GNP}$。由此可见，K 值越大，货币在整个社会财富中的比重越大，追逐泡沫经济载体的货币就越多，越容易引发泡沫经济。

（三）M2 与实际 GDP 的比值

考虑到金融危机与经济泡沫通常伴随着经济中货币资金的过剩，因此 M2 与实际 GDP 的比值也是衡量宏观经济泡沫的一个重要指标。

根据交易方程式 MV = PQ，货币增长的速度与 GDP 增速保持一致才能保持价格上的稳定。如果货币的增长过于迅猛，则过剩流动性就要通过

GDP 增长率或商品价格来吸收。凯恩斯提出在短期商品价格因 "菜单成本" 具有刚性，而且 GDP 也受生产要素和生产力的限制很难在短时间内有较大提高。故而，过剩的资金非常容易进入资产领域引起资产价格的虚高，生成资产泡沫进而产生泡沫经济。利用 M2 与实际 GDP 的比值能够比较简明地反映泡沫经济产生的可能性。

（四）其他测算方法

在资产泡沫向泡沫经济演化过程中，将通过财富效应与投资效应影响社会消费与投资支出，进而影响这个社会的总需求与总产出，最终导致泡沫经济现象的产生。基于此，将泡沫经济测度公式定义为：

$$B = \frac{\Delta C + \Delta I}{GDP}$$

其中，B 表示泡沫经济程度，ΔC、ΔI 表示在存在资产价格泡沫时，每增加 1% 的资产泡沫所引起的社会消费与社会投资支出的增加量，GDP 为同期的产出量。其认为，当资产价格泡沫发生后，引起的社会消费和投资的增加额占同时期的 GDP 比值越大，则说明该时期处于泡沫经济的程度越重。

第三节　泡沫经济的运行机制与影响机制

泡沫经济之所以受到高度重视，不仅是其形成原因相对复杂，而且泡沫经济一旦崩溃将对宏观经济造成难以估量的破坏。因此，需要明晰泡沫经济的整体运行机理以及泡沫经济对宏观经济的影响机制。

一　泡沫经济生成的核心三要素

（一）投机：资产泡沫产生的基础

流动性基于投机目的涌入资产市场是资产泡沫产生的基础。其中，资产的稀缺性是投机产生的必要条件。第一，在西方经济学中，供求理论——供给和需求达到平衡状态——决定了商品的价格。同理，资产的价格也由资产的供给和需求两股力量决定。当一种资产数量多、供给弹性大时，则供给将能较快满足需求的增加，结果将是资产价格上涨不明显；相反，当一种资产是稀缺资产时，需求增加但供给不变，将导致资产价格快速上涨。因此，投机资产一般是股票、名花、土地等稀缺品。第二，一旦资产泡沫引发了泡沫经济，由于泡沫经济不具有典型的市场均衡性，因此市场机制不能制衡泡沫经济。① 简而言之，在资产价格上升过程中，投机者会产生价格进一步上涨的预期，资产的投机需求也会相应增加，这会导致资产价格进一步提高，价格提高又会刺激投机需求，循环往复。在投机资产稀缺的情况下，这种市场失灵将更明显地反映在资产价格上。从历史上几次资产泡沫来看，投机资产都是稀缺性的资产。荷兰的郁金香泡沫中投机资产为稀有的郁金香球茎，南海泡沫中的泡沫载体为股票，佛罗里达地产热的投机资产为不动产。而在近代，股票和房地产更成为一般化的投机对象。也正是在资产稀缺性影响下，基于投机目的的资金大量涌入股票、房地产等资产市场，推高资产价格，滋生资产泡沫，进而膨胀累积成为泡沫经济。

（二）宽松的政策环境：泡沫经济滋生的土壤

实际上，投机的盛行往往都与宽松的货币、财政政策相同步，即宽松的政策环境是泡沫经济滋生的土壤，居民或机构手中有闲散资金才会将资金投向泡沫资产。从理论角度看，由美国经济学家欧文·费雪的交易方程式 $MV=PY$ 可知（M 代表流通中的货币数量，V 代表货币流通速度，P 代表物价，Y 代表国民生产总值），在货币流通速度 V 和 Y 保持不变时（短期内 Y 不会发生较大变动），随着 M 的增加 P 会上涨。P 是由商品价格和资产价格构成的，商品价格在短期内存在刚性，所以资产成为过剩流动性的去向。从现实角度看，历次泡沫经济事件几乎都伴随着货币超发。其中最能够佐证货币超发对于投机行为、泡沫经济推动作用的是 18 世纪初发生在法国的泡沫事件，又称劳氏体系。为了解决政府债务问题，约翰·劳提出成立皇家银行发行银行券以补充货币。如图 1-2 所示，银行券经过由政府到居民，到密西西比公司，再到政府的过程，一步一步将信用体系扩大，密西西比公司的股票价格被不断推高。为保证经济中有足够的货币支撑股票价格的上涨，皇家银行不断向经济中注入银行券，导致经济泡沫

① 李新：《泡沫经济形成机制研究》，《经济与管理研究》2007 年第 7 期，第 33~37 页。

越吹越大。当少部分人发觉异常开始用银行券兑换硬通货时，便是泡沫崩溃的开始。

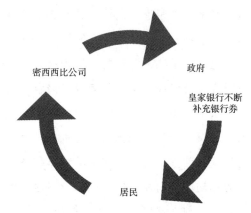

图 1-2　密西西比泡沫资金循环

（三）金融机构的助推：泡沫经济的催化剂

金融机构的参与对泡沫经济生成的作用体现在以下两个方面。

第一，金融机构的存在为投机活动提供了良好的交易平台。以股市为例，证券机构的存在为公司发行股票提供了条件，同时金融机构的存在更为居民参与股市投机活动提供了交易场所和各种服务。现代金融行业已经发展到较为完善的阶段，通过银行、基金公司、保险公司、证券公司等金融机构直接或间接购买证券已经甚为普遍。

第二，金融机构的参与将放大财务杠杆，形成成倍推高资产价格的效果。泡沫经济的产生是一系列因素综合作用的结果，其中产生背景通常是经济发展良好或者过热时期。在经济过热时期金融机构较为活跃，往往会出现银行过度放贷、信贷膨胀的情况，非银行金融机构也会降低融资条件以期获得更高利润。因此，金融机构放松银根、融资融券等行为将成倍扩大广义货币数量，推高资产价格。另外，金融机构放松融资条件的行为将被视为市场向好的信号，增强投机者资产价格将进一步升高的预期。

二　泡沫经济的运行机制

通常将泡沫经济的生成、膨胀以及崩溃概括为以下 7 个阶段。

第一阶段是生成泡沫的前期阶段。技术进步等使得人们对经济增长前景有所期待，如有新产业崛起、新的发明创造、技术革新等。

第二阶段是泡沫生成酝酿阶段。生产扩大拉动设备投资，商品价格上涨，投资、投机需求均增加。

第三阶段是泡沫经济生成阶段。实体经济发展带动金融市场活跃，资金借入增多、金融改革等促使金融市场膨胀，进一步激活投机需求，金融市场呈现繁荣景象，经济泡沫生成。

第四阶段是泡沫经济觉醒阶段。物价水平上涨，资金充裕度下降，利率上涨，企业债务过多，人们在经历市场繁荣之后开始怀有不安情绪，意识到存在经济泡沫并且有崩溃前兆。

第五阶段是泡沫经济刺破阶段。市场弥漫不安情绪，消费萎靡，实体经济走向下坡路，资产价格大跌，企业库存过剩，经济泡沫被刺破。

第六阶段是泡沫经济崩溃阶段。由于存在大量的不良资产及不良债权问题，银行及企业倒闭，经济前景悲观。

第七阶段是泡沫经济后果显现阶段。泡沫经济膨胀到一定程度继而崩溃，有可能引发金融危机，设备投资不足，资金需求不足，流动性减慢，实体经济、虚拟经济将步入瘫痪。[1]

通常而言，泡沫本身并不代表一定会出现经济危机。实证分析指出在一般均衡经济环境下，泡沫有可能长期并且稳定地存在。但是，如果某些产业的资产泡沫膨胀到一定程度，且这种产业与国家宏观经济发展的关联度较高，那么就会引发泡沫经济，并且泡沫经济一旦崩溃便会对经济发展产生重大影响。[2][3][4] 例如，Kingleberger 认为泡沫与泡沫经济是完全不同性质的概念，但是产业泡沫的存在是引发泡沫经济的必然因素，泡沫经济

① 竹村弘：『バブル経済の研究——「GDPファンダメンタルズ理論」と「バブル経済」早期警戒指標』，愛知淑徳大学現代社会学部論集，2002（7）：17-38。

② Tirole, J., "Asset Bubbles and Overlapping Generations" *Econometrica*, 1985, （53）：1499-1528.

③ Delong, J. B., A. Shleifer, L. H. Summers, and R. J. Waldmann, "Noise Trader Risk in Financial Markets", *Journal of Political Economy*, 1990, (98)：703-738.

④ 増尾賢一：『日本の株式所有の歴史的構造（6）：バブル経済崩壊後における株式所有構造の変化』，中央学院大学商経論叢，2011.25：75-104。

的运行机理由泡沫的产生开始，某种产业的资产价格在短期内升高，大众对这种产业前景的预期良好，纷纷进行投资，此时产业的资产价格虽然脱离基本价格但尚属于可控范围内，但是投机资本利用人们对于资产价格上涨的预期，故意吸引资金流入而牟利。随着价格的进一步上涨，投机资本获利后抛售，资产价格开启下降通道，人们对于资产价格的预期逆转，认为资产价格必然下跌而纷纷抛售资产，资产价格便会暴跌，最后泡沫经济崩溃甚至引发全球金融危机，如美国的次贷危机旋涡席卷全球，引发2008年的全球经济危机。但是 Kingleberger 认为泡沫经济崩溃其实也不一定必然引发金融危机，在可控范围内的泡沫经济崩溃也可能只是以繁荣现象消失而告终。①

三　泡沫经济对宏观经济的影响机制

泡沫经济从本质上讲是一种虚假的经济繁荣现象，由于泡沫资产的带动，有效需求受到过度的刺激，这本身便是一种异常的经济现象，而且经济中的虚假成分一旦被戳破，将进而给经济全局带来深刻危害。

（一）泡沫经济的综合影响效应

1. 分配效应

泡沫经济的分配效应指的是，由于在泡沫经济的生成阶段，民众、金融机构及企业等部门大量购买资本产品，并在对经济预期悲观后大量抛售，各部门保有实物及金融资产的结构发生变化，进而产生分配效应，影响宏观经济。

2. 财富效应

泡沫经济的财富效应指的是，股票及土地价格的暴涨使其资产所有者的相应财富迅速增加，家庭、企业的支出增加，财政税收及支出也相应增加，经济呈现繁荣景象，反之亦然。但是这种财富效应的背后是对资产的过度购买或是疯狂抛售，实际上导致了市场有效资源的配置失衡及浪费，而且这种财富效应与分配效应结合，容易造成收入分配不合理，扩大贫富

---

① Kingleberger, C. P. Manias, *Panics and Crashes*: *A History of Financial Crises*, New York: Basicbooks, 1978: 1-38.

差距。这是因为在泡沫经济形成时期，手中持有股票及房地产的人财富积累速度加快，越来越富有，但是低收入阶层的财富积累则相对变慢，而且如果低收入阶层用其仅有的钱去购买股票、房地产之后，泡沫经济崩溃后，对低收入阶层的打击要远远大于对富人阶层的打击。

3. 资本成本效应

泡沫经济的资本成本效应指的是，基于股票暴涨，企业发行股票成本减少，而土地价格的升高则有助于企业抵押贷款成本相对减少，诱使企业加大投资力度，但是如果投资结构不均衡，容易造成投资的低效率，产生资源的浪费和空置，产生投资过剩、产能过剩等问题。

4. 挤出效应

泡沫经济的挤出效应指的是，在资产泡沫生成以及膨胀阶段，基于投机目的容易对金融资产过度投资，挤出了用于实体经济投资的资金。资金总是流向投资回报率较高的部门，在资产价格大幅抬高的过程中，从资产泡沫中获利的速度远远快于实体经济投资，因此更容易流向金融、房地产市场。在货币供给、实物供给以及金融工具供给不变的情况下，投资于虚拟经济领域的资金与投资于实体经济领域的资金此消彼长，因此金融市场泡沫的疯涨压缩了投资实物资本的资金。即使货币供给增加，也有可能由于资产价格暴涨让投机情绪进一步膨胀，进而增加的流动性也大多流向金融领域。

5. 债权债务结构变化效应

泡沫经济的债权债务结构变化效应可以解释泡沫经济崩溃后银行出现大量的不良资产现象。这是因为购买资产的资金并不完全是自有资金，较大部分来源于银行或者债券形式的贷款，通常银行等金融机构认为不动产担保是安全的，但是泡沫经济崩溃后，被炒得过热的房地产市场突然降温，价格大跌，贷款者无法获得收益偿还银行贷款，银行的不良债权迅速增加，为了控制不良债权只好紧缩信用，导致经济进一步恶化。

（二）泡沫经济对金融市场的影响

首先，泡沫经济的生成扰乱金融市场健康发展秩序。泡沫经济的生成就是资产泡沫膨胀失去控制，而重要原因之一就是严重的投机行为，相对于房地产市场，股票市场更容易被投机需求搅动起资产泡沫，特别是购买股票的行为容易产生"羊群效应",即对于一只股票来说,一些人购买后股票价格开始有上涨预期,然后就引得更多人购买,之后股价进一步抬高,在脱离实体资本的情况下,资产价格的增长就是一种虚假的繁荣,这种虚假繁荣则明显影响市场发展预期,搅乱金融市场秩序。

其次,泡沫经济的崩溃也势必造成金融市场的动荡。所谓登高必跌重,泡沫生成阶段,大量资金涌入金融市场,而泡沫一旦破灭,金融市场秩序难免混乱,进而影响实体经济,甚至发展成为经济危机。这是因为,金融系统与其他产业关系紧密,金融市场泡沫的崩溃也直接拖累实体经济,放大泡沫崩溃的不良影响。一方面,泡沫经济的崩溃使金融形势由扩张转为收缩,股票价格的大幅下跌使企业纷纷抛售金融资产,金融市场加速动荡;另一方面,随着金融市场的动荡,银行股价下滑,市场前景预期悲观,银行不仅积极回收贷款,而且开始"惜贷",非银行金融机构及二级银行陷入融资难、经营难的困境,部分企业濒临破产,银行业也会面临不良债权的诸多难题。

(三) 泡沫经济将引起资源配置扭曲

泡沫经济是经济泡沫不断发酵引起的结果,某种资产价格过度上涨将吸引更多的投机者将资金集中于泡沫资产,而减少了对实体资产的投资。在这种社会风气下,企业不务正业,难以抗拒投机获利的诱惑,扩大对泡沫资产的购买。大量资金涌向金融市场和房地产市场,而真正能够推动社会发展的行业将因为资金不足而不能达到理想的发展目标,尤其是专注基础设施的企业,由于工程周期长、投资回报时间长等因素将难以筹集资金。归根结底,经济发展得益于技术进步,而技术进步来源于资本积累,资本积累是储蓄的结果。一旦资产存在较大泡沫,势必影响储蓄无法完全转化为实体资产的投资,那么资本积累降低,资本存量减少,技术进步的速度减慢,经济增长降低。因而,资产泡沫不利于经济的长远发展。①②

但是,也有一种观点认为,泡沫经济本身不一定绝对导致资源配置失

---

① Futagami, K., Shibata, A., "Growth Effects of Bubbles in an Endogenous Growth Model", *Japanese Economic Review*, 2000, 51 (2): 221-235.

② Futagami, K., Shibata, A., "Welfare Effects of Bubbles in an Endogenous Growth Model", *Research in Economics*, 1999, 53 (4): 381-403.

调。在泡沫膨胀阶段，生产性投资者提供泡沫，而非生产性投资者需求泡沫，价格泡沫的转移伴随着生产资源的转移，而它们之间的这种转移一定程度上扩大了消费，如果这种消费扩大作用促使生产资源有效率配置，那么将整体提高经济运行效率，或者是抵消泡沫经济对资源配置的负面影响。不过，如果未能形成良性循环，即市场投机风向过猛，随着经济泡沫的崩溃这种转移将随之终止，经济泡沫的生成与崩溃取决于投资者的情绪。[1]

（四）泡沫经济将影响劳动者福利

第一，泡沫经济有可能扭曲收入分配。在泡沫经济时期，由于工资价格增长速度低于资产的增长速度，工薪阶层的劳动相对价值大大降低，而已拥有泡沫资产的居民将通过投机"不劳而获"。在日本泡沫经济时期，地价上涨迅猛，尤其是大城市，价格已经高到无法依靠劳动所得来购买的程度。在这种情况下，拥有房地产的劳动者所拥有资产远超过没有房地产的劳动者，所以在企业，普通员工住宅值数亿日元而管理层不拥有住宅的情况随处可见。劳动价值高的居民无法获得与劳动价值相对应的报酬，而拥有资产的居民无须劳动便可获得可观收入，这违反了劳动价值论，助长了不良风气。

第二，泡沫经济可能影响消费者福利。在内生经济增长模型下研究资产泡沫，通常认为资产泡沫虽然可以在一般均衡的状态下出现，但是长期来看，资产泡沫的存在减少了各代人的福利，不利于经济的宏观发展，这是因为资产泡沫演化为泡沫经济，泡沫经济的生成、膨胀还有过多的经济发展水分，是一种虚假的繁荣，最后也将以崩溃为终结。投机者中大多数人们不拥有专业的投资知识与相对全面的市场信息，容易在泡沫经济快速膨胀与崩溃时滞后购买与售出泡沫资产，进而导致"高买低卖"的亏损。

但是，也有学者认为，如果资产泡沫是理性资产泡沫，将不会影响消费者福利，这是因为，一方面，理性泡沫的出现降低资本存量，防止资本的过度积累，对于消费者的福利水平起到帕累托改进的作用。[2] 另一方

---

[1] Farmer, K., Schelnast, M., "Economic Growth With Bubbles", *SSRN Electronic Journal*, 2003, 102 (6): 3033-3058.

[2] Tirole, J., "Asset Bubbles and Overlapping Generations", *Econometrica*, 1985, (53): 1499-1528.

面，真正的合理的投机泡沫可以通过抬高股价，加速企业融资，鼓励创新创业，促进企业长远发展等。简而言之，当泡沫是在权益性资产上产生时，其可以在一定程度上促进经济的增长。① 而且，资产泡沫可以通过财富效应等改善人们的福利水平，也可以在一定程度上促进技术进步及经济的增长。②

（五）泡沫经济的崩溃将对经济造成全局性影响

通常而言，泡沫本身并不代表一定会出现经济危机。但是，如果某些产业的资产泡沫膨胀到一定程度，且这种产业与国家宏观经济发展的关联度较高，那么就会引发泡沫经济，并且泡沫经济一旦崩溃便会对经济发展产生重大影响。这是因为，在泡沫经济形成过程中投机者众多，资产泡沫一旦破裂，将波及千万个企业、居民、金融机构，背负债务或者遭受损失的企业将面临严峻形势。以日本泡沫经济为例，泡沫经济起源于股市和房地产市场，而在泡沫经济崩溃后遭受打击的远远不止股市和房地产行业。由于资产泡沫崩溃后，土地等抵押资产价值下降，银行不良债权增加，金融机构资本充足率降低。在这种情况下，金融机构惜贷，这将造成金融机构功能瘫痪和社会资金链的断裂。资金相当于经济的血液，没有了资金，经济运作必然受到严重打击。这场灾难波及银行、非银行金融机构、投机于房地产的企业和居民，几乎每个经济单位都遭受到资产缩水的打击，因此泡沫经济崩溃对经济造成了全局性的负面影响。

---

① Olivier, Jacques, "Growth - Enhancing Bubbles", *International Economic Review*, 2000, 41（1）: 133-51.
② Ventura, J., "Bubbles and Capital Flows", *Journal of Economic Theory*, 2012, 147（2）: 738-758.

第二章

日本泡沫经济的生成与特征

1985~1991 年为日本泡沫经济时期。这期间的日本泡沫经济呈现股票和房地产两种资产同时大涨的局面，即所谓双子型泡沫。日本的泡沫经济是在日美贸易摩擦、金融自由化、企业脱媒以及狂躁的社会风气弥漫列岛等特定的历史背景下形成的。可以说，泡沫经济的生成是多种因素共同作用的结果，但政府的政策失误有不可推卸的责任，同时企业、金融机构以及居民部门行动发生变异，都对泡沫经济起到了推波助澜的作用。

第一节 日本泡沫经济概观

关于日本泡沫经济的表现，本节主要从股票市场与房地产市场的情况两个方面进行阐述。

一 股票市场

股价指数是反映股票市场动向的统计指标，日本具有多种股价指数，如按照市场、规模、行业类别划分的股价指数等。其中，TOPIX（东证股价指数）和日经平均股价（日经 225）是反映日本股市动向的代表性指数，TOPIX 由东京证券交易所编制，是对在东证一部上市的所有国内普通股约 1700 只股票进行加权平均计算得到的指数，由于其选取的样本股是东证一部上市的所有国内普通股，因此不会定期更换股票，样本股仅在新股上市和股票退市等情况下才会发生变化，TOPIX 是"总市值加权型"指数，表示与过去某一特定时点（＝基准日）的总市值相比较，计算时点总市值的增减程度，其特征是易受市值较大的股票的影响。日经平均股价由日本经济新闻社编制，选取了 225 只代表性股票，计算代表性股票价格平均值，是世界少有的"股价平均型"指数，其特点是易受高价股的影响。考虑到流动性和各行业间平衡性等因素，每年日本经济新闻社与日本经济新闻数字媒体对样本股的结构进行一次调整①。相对来说，日经平均股价是一种"民间指数"，而 TOPIX 是"官方指数"，不仅发挥股票市场价格指标的作用，而且是内阁府公布的景气综合指标——"景气动向指数"的先行指标之一，在资金运作方面也发挥着"基准点"② 的重要作用。除 TOPIX 等不同市场的指数外，东京证券交易所还测算了不同规模、行业的股票价格指数。因此，下面通过日本主要的股票价格指数说明泡沫经济期间日本股票市场资产价格的波动情况。

图 2 - 1 为 1980 ~ 1995 年日经平均股价（日经 225）的波动情况，1985 年之前日本股价平稳上涨，6 年中股价上涨幅度不到 1 倍。然而从 1985 年开始股市价格开始迅猛上涨，1989 年 12 月 5 日日经平均股价为 37494.17 日元。仅 5 年时间，日经平均股价上涨到 1985 年初的 3 倍，呈现明显的资产泡沫膨胀局面。东证股价指数也与日经平均股价呈现同样趋势。

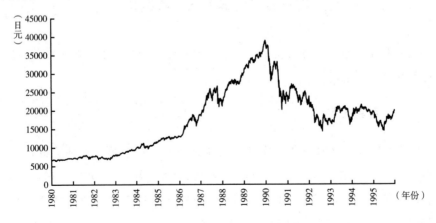

图 2-1　1980~1995 年东京日经 225 指数

资料来源：日本证券交易集团网站。

---

① 日本交易所集团网站，https://www.jpx.co.jp/chinese/markets/indices/02.html。
② 基准点是对资金运作情况进行评估时的标准指标。

　　图 2-2 为 1980～1995 年 TOPIX（东证股价指数）的波动情况。1980 年 3 月，TOPIX 为 449.01 点，至 1986 年即增加至 1000 点以上，之后上涨速度明显加快，1989 年 12 月达到 2884.80 点，为历史最高点，但是之后步入下跌轨道，1992 年 7 月跌至 1200 点左右，跌幅达到 60% 左右。

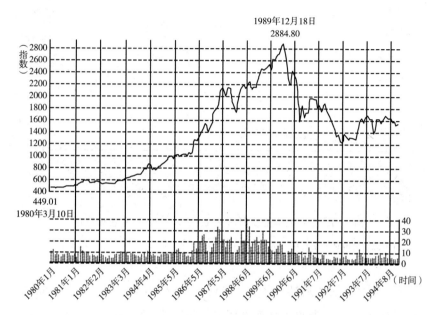

图 2-2　1980～1994 年 TOPIX（东证股价指数）波动情况

资料来源：日本证券交易集团网站。

　　如图 2-3 所示，随着股票价格的上涨，日本证券交易所市值在 1985～1990 年也迅速上涨。其中，东京证券交易所东证一部代表东京证券交易所的主板市场，即面向在全球范围内开展业务的日本大型企业，其总市值在泡沫经济期间涨幅十分明显，1970～1985 年，其股票总市值波动平缓，呈缓慢上行趋势。但是 1985 年之后，市值总额迅速攀升，1985 年 1 月，东京证券交易所总市值尚为 165.39 万亿日元，其中东证一部市值为 158.02 万亿日元，东证二部为 7.37 万亿日元。而到 1989 年 12 月东京证券交易所总市值上涨到 611.15 万亿日元，东证一部市值高达 590.91 万亿日元，东证二部市值高达 20.24 万亿日元。在泡沫经济时期的 5 年中，东京证券交易所市值上涨了近 3 倍。而 1990 年之后，东京证券交易所市值开始迅速下降，1992 年 7 月即跌至 269.61 万亿日元，市值蒸发高达 341.54 万亿日元。

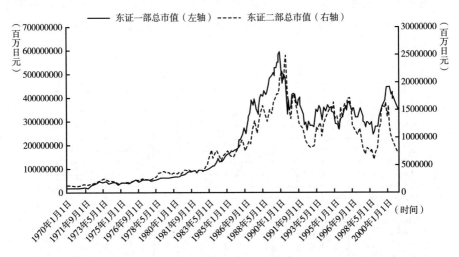

图 2-3　东京证券交易所（东证一部、二部）总市值波动

资料来源：日本证券交易集团网站。

综上可知，日本股票市场在 1985 年之前处于平稳阶段，自 1985 年特别是 1986 年之后，股价上涨速度明显加快，至 1990 年前后达到峰值，但是之后便步入下跌轨道，在 1992 年 7 月前后跌至最低点，日本 5 年多时间积累的资产泡沫在几个月内快速崩溃，不到 3 年的时间，市值已经蒸发了泡沫峰值时期的一半以上。泡沫经济崩溃与膨胀的速度极快，严重扰乱了股票市场的正常秩序，对宏观经济与微观经济的负面影响极大。

二　房地产市场

二战后日本房地产市场出现三个严重泡沫期，即 1955～1964 年高速增长时期的工业用地激增期、1965～1974 年"日本列岛改造论"背景下的住宅用地刚性期和泡沫经济大行其道的 1986～1991 年的商业地产炒作期，而其中，最为严重的就是 20 世纪 80 年代中后期至 90 年代初①。日本

① 野口悠紀雄：『バブルの経済学——日本経済に何が起こったのか』，日本経済新聞社，1992，79ページ，第 29~53 頁。

既有土地价格的测算体系，也有房地产价格的测算体系。但是，由于日本国土交通省等发布的不动产价格指数最早记录为 2008 年，因此，普遍通过土地价格体系判断泡沫经济时期日本房地产市场的价格涨幅。除此之外，房地产市场价格不仅由供给、需求决定，而且受建筑费用、劳动力成本等的影响。因此，这一部分在系统阐述房地产市场价格泡沫的表现的同时，也涉及供给、需求层面的分析以及相关建筑费用、劳动力成本的说明。

（一）房地产市场价格

日本主要的测度土地价格方面的指数有土地公示价格、基准地价格、道路沿线地价、固定资产税道路沿线地价等 4 种。其中，土地公示价格是由日本国土交通省土地鉴定委员会每年评定 1 次的全国土地价格，是最基本的土地价格，为一般性土地交易提供基础参考，被广泛应用于土地买卖以及银行贷款担保等。基准地价格即都道府县土地调查价格，是针对各都道府县展开的土地价格审查、调整、评定，与土地公示价格一样，是一般性土地交易的基础参考指标，对土地公示价格起到一定的补充作用，涵盖土地对象范围更广。道路沿线地价有日本国税局公布的沿线地价以及市町村公布的固定资产税道路沿线地价，是申报遗产税与赠予税时作为纳税基准、与道路相接的土地每平方米的评定价格，大约在土地公示价格的80%以下。固定资产税道路沿线地价是在征收固定资产税时依据的土地评定价格，大约是土地公示价格的 70%。另外，城市土地价格指数也较为常用，其由一般财团法人日本不动产研究所公布，每年 2 次（3 月末与 9月末）根据对全国 223 个城市的调查情况制定的城市土地价格指数，按照土地用途分为商业用地、住宅用地、工业用地等具体的指数。这里主要以土地公示价格与城市土地价格指数为例进行说明。

1. 土地公示价格

根据日本国土交通省平成 25 年地价公示数据可知 1971～1999 年住宅用地、商业用地、工业用地以及全用途土地价格的变动率情况。在住宅用地中，土地公示价格在 1972～1974 年有过短暂的快速上升情况，以地方中枢都市的土地价格上涨速度最快，1974 年增长率高达 63%，地方平均土地价格增速也达到 40% 以上，远超同期全国平均水平。之后，住宅土地价格逐渐回落，1980 年前后同样出现快速增长，全国平均的住宅用地价格增长率在 12.7%。再一次的高速上涨便是泡沫经济时期，1986 年起，住宅用土地价格迎来新一轮快速上涨，东京圈土地价格不仅最先上涨，而且增速更快，1988 年增长率高达 68% 以上，远超同期其他地区，大阪圈、名古屋圈土地价格增速均在 1990 年达到峰值，分别为 56.1% 与 20.2%，滞后东京圈两年，但是三大都市圈土地价格均在 1992 年开始回跌，跌速最猛的是大阪圈，其次是东京圈与名古屋圈。这一时期，土地价格泡沫更多集中于大都市，1989~1991 年，地方中枢都市的土地价格变动率平均高达 15% 以上，而地方中小城市平均的土地价格变动率并不是很高，但是从全国来看，全国平均土地价格变动率由 1986 年的 2.2% 上涨至 1988 年的 25%，1990 年仍高达 17%。由此可见，土地市场泡沫以大都市为中心向地方迅速扩散，逐渐蔓延全国。

　　商业用地、工业用地中，土地公示价格的波动规律与住宅用地类似，也是在 20 世纪 70 年代前期出现过明显的价格上涨趋势，但是之后逐渐回落。1986 年前后，迎来新一轮快速上涨时期。相对来说，20 世纪 70 年代前期至 80 年代初期出现的土地价格上涨中，商业用地、工业用地的价格增速明显低于住宅用地，也就是说，当时的土地需求更侧重于居住刚需。1974 年，商业用地、工业工地价格增长率达到阶段性峰值，地方平均价格增长率分别为 20.1%、30.4%，全国平均价格增长率分别为 23.8%、28.4%，而同期的住宅用地价格增长率在 43.5% 与 34.7%。1981 年，全国平均的商业用地、工业用地的价格增长率则分别为 6.7% 与 6.5%，均小于同期住宅用地价格增速。但是，泡沫经济时期，商业用地的土地价格增速明显超过工业用地，与住宅用地增速相当，甚至在个别年份已经超过住宅用地的价格增速，工业用地的价格增速相对来说仍然最慢。1986 年，地方平均与全国平均的商业用地价格增长率分别达到 2.5%、5.1%，东京圈已然超过 10%，大阪圈也为 7% 左右，而同期的工业用地价格增速分别仅为 1.3%、1.4%、3.4% 与 2.8%。1988 年，与住宅用地一样，商业用地的价格增速达到峰值，东京圈增速高达 60% 以上，大阪圈也达到 37% 以上，地方平均与全国平均价格增长率分别为 5.4% 与 21.9%。工业用地价格增长率也明显增加，特别是东京圈与大阪圈增速明显，但是地方平均与全国平均价格增速分别为 1.3% 与 10.4%，尚未达到阶段性峰值，之后受大阪圈工业用地价格增速骤增、地方中枢都市价格高速上涨的影响，地方平均与全国平均的工业用地价格增速分别在 1991 年、1990 年迎来阶段性峰值，分别为 14.2%、15.2%。

　　另外，从整体来看，在全用途的土地公示价格波动情况方面，20 世纪 70 年代初期的土地价格增速实际上快于泡沫经济时期，即土地价格泡沫积累至少在当时已经开始。1988 年，包含住宅、商业与工业用地的全用途土地全国平均价格增速达到峰值 21.7%，这主要是东京圈的暴涨导致，之后，三大都市圈土地价格继续上涨，地方中枢都市价格也明显增长，土地价格泡沫继续膨胀，1990 年、1991 年价格增速均超过 10%，至 1992 年才开始呈下降趋势。也就是说，日本的土地价格泡沫至少持续了 5 年左右，如果从 20 世纪 70 年代初期的价格泡沫积累算起，持续了近 20 年。而且，泡沫经济时期，无论是住宅用地、商业用地还是工业用地，土地价格的暴涨均是以大都市为起点，在 1988 年之后逐渐蔓延至小城市或地方村镇，以商业用地投资为主，与 20 世纪 70 年代至 80 年代初相比，无论是投资土地类型还是投资地域类型均不同。实际上，这也反映出当时日本对土地市场由投资向投机的快速转变。

　　2. 城市土地价格指数

　　城市土地价格指数是由一般财团法人日本不动产研究所公布，每年 2 次（3 月末与 9 月末）根据对全国 223 个城市的调查情况制定的城市土地价格指数，其调查对象主要是城市，所覆盖范围相对土地公示价格要小很多。图 2-4 和图 2-5 为根据日本统计局城市土地价格指数绘制的日本所有城市土地价格指数图和六大主要城市土地价格指数图。① 从图 2-4 中可以看出，1985 年以前日本所有城市土地价格上涨缓慢，1985 年以后的泡沫经济期间土地价格上涨速度明显提高，而 1990 年以后价格开始回落。但总体来看，住宅用地上涨缓慢，商业用地上涨迅猛，这一点与中国有所不同，这说明日本住宅的投机性不强，主要是企业对商业土地进行投机，这与前文的分析一致。

　　分别比较六大主要城市的土地价格指数可以发现，六大主要城市中，最先上涨的为东京城市圈，从 1985 年就开始急剧上涨。大阪地区对比东

---

　　①　6 个主要城市为东京、大阪、札幌、名古屋、横滨、京都。

京地区，土地上涨时间较为滞后，在 1988 年东京地价总体价格指数涨到 214.2，大阪地区总体土地价格指数仅为 102.8，还处于缓慢上涨阶段。到 1991 年 3 月，大阪地区总体土地价格上涨为 272.8。对比东京地区，其土地价格高企持续时间较为短暂，大阪圈总体土地价格指数在 200 点以上的时间仅为 2 年（1990 年 9 月至 1992 年 9 月），而东京总体土地价格指数在 200 点以上时期持续了 5 年之久（1987 年 9 月至 1992 年 9 月）。

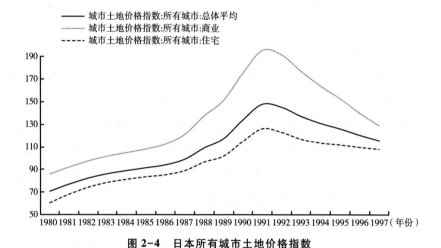

图 2-4　日本所有城市土地价格指数

资料来源：日本统计局城市土地价格指数 2000 年＝100。

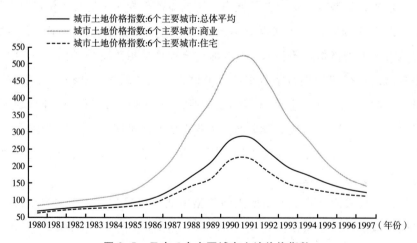

图 2-5　日本 6 个主要城市土地价格指数

资料来源：日本统计局城市土地价格指数 2000 年＝100。

另外，在泡沫经济膨胀时期，商业用地的土地价格指数攀升幅度最大，增速也最快，在泡沫经济崩溃时期，其下跌幅度与速度也相对较大，也与前文分析相一致，土地价格泡沫更集聚于商业用地。具体来说，1983~1985年，泡沫经济积累初期，以东京、大阪、名古屋、京都等三大都市圈中心都市为先，商业用地的价格开始快速攀升，之后福冈、札幌、仙台等地方中枢都市，横滨、八王子、浦和、立川、大宫等三大都市圈的据点城市商业用地价格也随之快速增长。这些地区商业用地价格攀升的重要原因之一是基础设施的建设，如1982年的东北新干线（大宫—盛冈）、上越新干线（大宫—新潟间）的开通，1983年福冈市地下铁（从博多直达郊外的筑肥线），1985年的东北·上越新干线（上野—大宫）、埼京线、横滨市营地铁3号线（横滨—新横滨）开通等，加强了东京与三大都市圈中心城市、地方中枢都市、都市圈据点城市相互之间的联系，促进了这些重要都市商业用地价格的共同上涨。相对来说，东京圈及周边地区商业用地上涨最为迅速的是市川、船桥、熊谷等，大阪圈相对东京圈价格上涨之后一年左右，以西宫、尼崎、伊丹等地为主。地方都市中，宇都宫、静冈、鹿儿岛、冈山、长崎等地商业用地价格上涨较早也较为迅速。日本商业用地价格的上涨态势在1991年上半年左右便基本结束，1991年9月之后，基本上没有增速超过10%（半年内）的城市了。[1]

3. 新建公寓平均价格

从新建公寓的平均价格变动情况来看，如图2-6所示，自1973年以来，日本新建公寓的平均价格基本上是震荡上涨，特别是1985~1991年前后，新建公寓的平均价格涨幅明显，首都圈地区价格突破6000万日元，近畿圈地区也在5000万日元以上，全国平均价格在4500万日元左右。但是，首都圈地区的新建住宅价格自1990年前后便开始回跌，近畿圈相对滞后，约在1991年前后开始回跌，而且跌幅明显大于首都圈。全国新建公寓的平均价格也在1991年达到最高点之后进入下跌轨道。整体来看，近畿圈跌幅大于首都圈，首都圈大于全国

---

[1]　中岛正人：『バブル期の地価高騰及び下落過程についての考察—壮大な日本の土地バブルを商業地最高価格地からみて—』，https://www.mlit.go.jp/pri/kouenkai/syousai/pdf/research-p170524/04.pdf。

平均水平。也就是说，从房地产市场来看，首都圈地区的房地产市场价格同样最先上涨，也最先下跌，房地产市场泡沫持续了约 5 年之久。但是，近畿圈涨幅更加明显，超过首都圈，故而在泡沫经济时期受到的负面冲击更大。

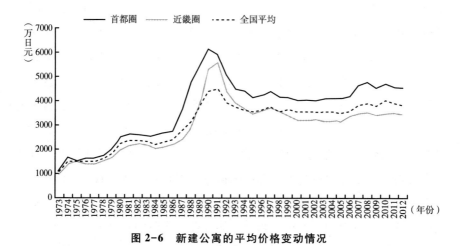

图 2-6　新建公寓的平均价格变动情况

资料来源：日本不動産経済研究所（Real Estate Economic Institute Co., Ltd.），全国マンション市場 40 年史，https：//www.fudousankeizai.co.jp/share/mansion/142/z40.pdf。

下面再进一步讨论首都圈与近畿圈新建公寓的供给情况，无论是投资还是投机都是需求侧因素，需求增加可以推动新建公寓的价格上涨，但是如果供给远大于需求，那么价格是否能够暴涨也未可知。图 2-7 从供给侧解释了日本首都圈与大阪圈房地产市场泡沫膨胀的原因。1973～1982年，首都圈地区释放的新建公寓供给户数为 43.49 万户左右，1983～1992年则 39.10 万户，减少了 10% 以上，但是这一时期，在"土地神话"的作用下，企业、民众等对新建公寓的投资、投机需求迅速增加，需求增加而供给却减少，进而也推动了价格的快速上涨。与此同时，大阪圈地区的新建公寓供给自 1981 年之后呈震荡下降趋势，尽管 1986 年开始有所增加，1988 年更是达到 29063 户，但是 1990 年即减少至 12751 户，相对于1988 年减少 50% 以上，但是，1991 年大阪圈地区的新建公寓平均价格却达到阶段性峰值。这说明，除了市场的投机需求之外，新建公寓的供给量下降也助推了价格泡沫的膨胀。

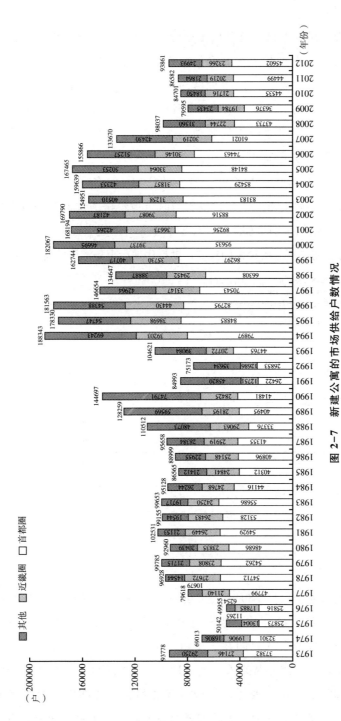

图 2-7　新建公寓的市场供给户数情况

资料来源：日本不動産経済研究所（Real Estate Economic Institute Co.，Ltd.），全国マンション市場 40 年史，https://www.fudousankeizai.co.jp/share/mansion/142/z40.pdf。

4. 其他价格

一般来说，房地产价格通常由土地价格、劳动力价格与建材价格等因素决定，但是，日本实行土地私有制，而劳动力价格、建材价格相对稳定，因此泡沫经济时期，房地产价格的暴涨主要源于土地价格的大幅上升，前文也系统说明了日本土地价格上涨的情况。但是，考虑到研究的全面性，仍有必要探讨房地产市场其他相关价格因素的影响，如劳动力价格、建筑费用等的波动情况。

如图 2-8 所示，1986~1992 年，日本的住宅、事务所的建筑费指数迅速提高，1993 年之后迅速下跌，这说明当时土地价格的快速上涨也直接拉动了建筑费用的增加，即增加了新建住宅、事务所的建设成本，进一步作用于出售或出租住宅、事务所价格的提高，助推房地产市场泡沫的持续膨胀。

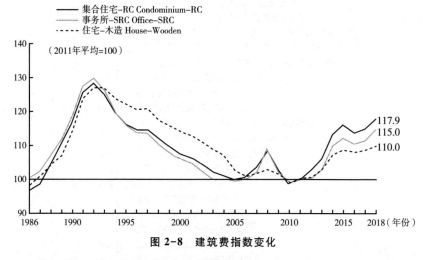

图 2-8　建筑费指数变化

资料来源：三井不動産株式会社不動産関連統計集 Vol. 42，https：//www. mitsuifudo san. co. jp/realestate_ statics/download/fudousantoukei_ 2020. pdf。

前文已经说明 20 世纪 80 年代末至 90 年代初的房地产泡沫具有典型的"商业用地炒作"的性质，即表现为商业用地的开发过热，价格增速过快。而商业用地开发的目的在于出租、出售。由图 2-9 可知，从办公写字楼的租赁价格发展趋势来看，商业用地价格的暴涨也直接影响到商业租房成本，即租赁价格飞速增加。1985 年之后，主要都市圈的写字楼租赁价格指数持续攀升，其中，大阪圈增幅最为显著，东京圈增速最为明显并最先达到历史最高点（1993 年前后），大阪圈与名古屋圈写字楼租赁价格指数在 1994 年前后达到历史最高点，之后东京圈、大阪圈以及名古屋圈的写字楼租赁价格指数均持续下滑，并再也未超过泡沫经济时期程度，而且东京圈最初的下跌速度最快。这也再次验证了泡沫经济时期商业用地的炒作核心聚集在主要的都市圈。

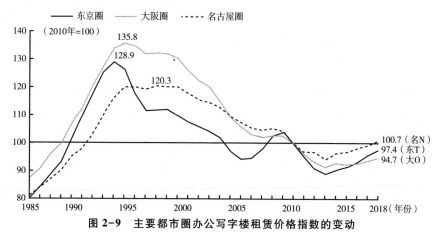

图 2-9　主要都市圈办公写字楼租赁价格指数的变动

资料来源：三井不动产株式会社不動産関連統計集 Vol. 42，https：//www. mitsuifudo san. co. jp/realestate_ statics/download/fudousantoukei_ 2020. pdf。

（二）房地产市场供给与需求情况

前文从土地价格、房地产价格以及相关价格层面阐述了 20 世纪 80 年代中后期至 90 年代初的日本房地产市场泡沫形态，但是房地产价格归根结底由供给与需求决定，因此有必要对当时房地产市场供给与需求情况进行系统梳理。

1. 住宅

首先，住宅供给情况。根据国土交通省发布的《住宅动工统计》可知，在泡沫经济加速膨胀时期，1984~1987 年，日本新建住宅动工数量增长较快，1987 年达到历史最高值 172.9 万户，同比增长达到 20% 以上，直到 2018 年，均未超过 1987 年的动工数量。1988~1990 年，新建住宅的动工数量保持高位，1991 年出现断崖式下落，但是之后再次缓慢增长。从新建住宅用途来看，1980~1983 年，新建住宅中家庭自住型占比最大，其次是出租型住宅，但是 1984 年之后，用于出租的新建住宅占比迅速增加，开始超过家庭自住型住宅占比，1987 年，其占比一度高达 51.3%，直到 1993 年，仍在 43.2%，与此同时，用于出售的住宅以及产权公寓占比也趋于增加，这一定程度验证了 1984~1993 年日本的新建住宅主要是基于商业目的，而非住宅刚性需求，这就为之后的房地产投机型泡沫崩溃以及住宅空置率的迅速提高埋下了伏笔。

其次，住宅需求情况。图 2-10 为不同用途的住宅空置情况，可以一定程度反映不同时期住宅是否得到有效使用。而从图 2-10 来看，与 1978 年相比，1983 年中出租或出售目的的空置住宅数量大幅上涨，建设未完成或者其他因素导致的空置住宅数量减少。1983~1993 年，房地产市场过热发展，因为出租、出售、建设未完成、非主要居所（如别墅等）等住宅空置数量保持高位，但是暂时性使用（如白天使用、轮流居住等）的住宅空置数量不断下降。实际上，1993 年之后，不同用途的住宅空置情况也保持泡沫经济时期的趋势，从长时期来看，泡沫经济时期并未出现十分明显的变化。这也一定程度说明，除了出租、出售导致住宅空置数量增加之外，其他用途的住宅空置数量并未发生显著突变，当时的住宅利用情况也相对良好。

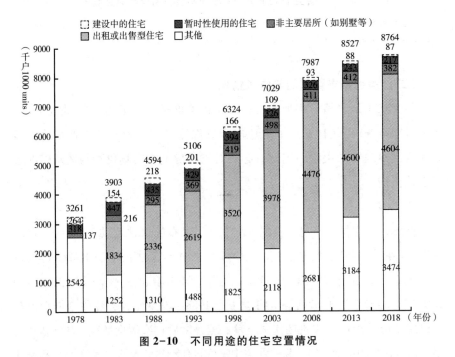

图 2-10　不同用途的住宅空置情况

资料来源：三井不動産株式会社不動産関連統計集 Vol. 42，https：//www. mitsuifudo san. co. jp/realestate_ statics/download/fudousantoukei_ 2020. pdf。

2. 商用不动产

首先，商用不动产供给情况。根据日本不动产研究所的调查统计，如图 2-11 所示，20 世纪 60~90 年代，日本办公楼建筑总面积出现两次增长高峰，一是 70 年代前期，以东京区部以及主要都市为主；二是 80 年代后期至 90 年代初的泡沫经济时期，东京区部、大阪、名古屋以及主要都市的办公楼建筑面积均出现明显增加，直至 1993 年总面积逼近 350 万平方米，之后迅速减少，这一时期办公楼建筑面积变动最显著的便是东京区部（23 区）。基本上自泡沫经济崩溃后，东京区部的办公楼建筑面积基本维持与泡沫经济之前相当的较低水平，直到 2003 年出现新的暴涨，一举超过泡沫经济时期的最高水平。

其次，商用不动产需求情况。根据东京建筑业主与管理者协会的统计，1976~1985 年，办公楼空置率由 2% 持续下降至逼近 0 的水平，1985~1988 年，办公楼空置率有小幅提升，但是 1988~1991 年再次下降，直至 1992 年前后房地产市场泡沫崩溃，办公楼的空置率开始大幅增加。实际上，在泡沫经济膨胀时期，尽管首都圈办公楼租赁价格与供给量持续增加，但是空置率确实处于较低水平，也就是说当时的实际商业需求旺盛，这并不都是房地产市场投机的作用，也有其他的刚性需求原因，如当时首都圈经济机能的强化使得大量人口涌入，1988 年流入东京圈地区的人口数量高达 15 万人以上，对办公地产的刚性需求增加。另外，20 世纪 80 年代金融自由化的加速发展，外资金融机构积极涉足日本市场，也助推日本首都圈的办公用地产需求上升。但是，尽管泡沫经济膨胀时期，社会对办公楼的需求热度较高，但是，根据日本都市未来综合研究所的统计，办公楼投资回报率却趋于下降，低于当时的长期利率水平，至 1988 年之后才缓慢增加①，这说明当时商业地产投资的实际收益并不乐观。

总而言之，从供需情况来看，泡沫经济膨胀时期，住宅房地产市场的供给过多，但是需求相对较少，空置情况相对严峻，尽管办公楼的需求

---

① 日本都市未来综合研究所：『都市未来総研の 30 年、不動産市場の 30 年』，http：//tmri. co. jp/report_ 2/pdf/2018special01. pdf。

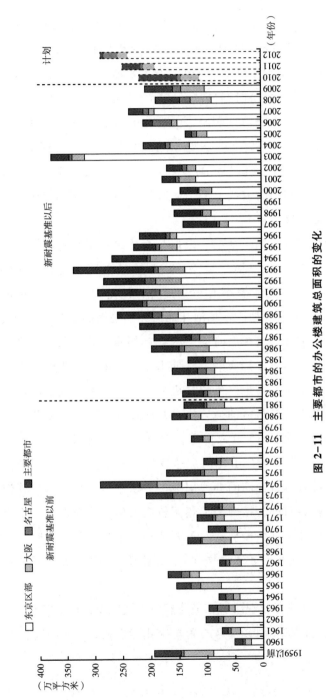

图 2-11　主要都市的办公楼建筑总面积的变化

资料来源：财团法人日本不动产研究所：《全国オフィスビル調査》https://www.reinet.or.jp/pdf/2_officebld-kekka.pdf。

旺盛，能消化大量的供给，空置率处于相对低位，但是办公地产的投资回报率较低。另外，由于 20 世纪 60 年代后期至 70 年代初房地产市场繁荣是住宅刚性需求拉动，民众对住宅的需求已经得到大幅度的满足，因此，20 世纪 80 年代后期，房地产市场泡沫以商业地产炒作为中心，而民众对住宅房地产的投机心理也是推动住宅房地产价格攀升的主力。

第二节　日本泡沫经济的形成机制

日本泡沫经济是在"广场协议"后日元大幅度升值，金融自由化的大背景下发生的。日本泡沫经济的形成和破灭有内因也有外因。外因是美国作为霸权强国对日本的胁迫和要求，内因是日本在应对各种外部情况时的决策错误、对内部宏观经济把控失误，外因和内因共同促成了日本泡沫经济的形成。

一　泡沫经济产生的背景

（一）金融自由化

从一般意义上来看，金融自由化为泡沫经济的生成以及膨胀提供了制度基础，金融自由化具有二重性，一方面有助于经济增长，但是另一方面加剧金融脆弱性，不仅有可能导致资金运用粗放、投资效益低下，而且资金交易成本降低导致大量国际游资涌入，从而生成泡沫产业进而引发泡沫经济[1]。

值得注意的是，日本的金融自由化不仅是出于国内自身需求，但也是迫于美国在全球推行新自由主义的"外压"而进行的金融改革。在冷战时期以美国为中心的西方阵营为了战胜对手苏联，使出了浑身解数，耗费了大量的财力物力，进入 20 世纪 80 年代以后，仅凭政府之力已经显得捉襟见肘，因此时任美国总统里根与英国首相撒切尔出台了以新自由主义为主要内容的"里根经济学"与"撒切尔主义"。实际上就是想要通过激活民间企业活力，借助民间力量彻底击垮苏联。在

---

① Lindgren, C., G. Garcia, and M. Saal, *Bank Soundness and Macroeconomic Policy*, Washington, D. C.: International Monetary Fund, 1996: 1-205.

这种背景下，作为西方阵营一员的日本，必须与美国保持政策上的一致，推动金融自由化。

在第二次世界大战后，日本对金融系统进行了严格的管制。在利率方面，日本政府限制了存款利率上限，目的是防止银行之间为吸收存款过度竞争。为此，日本在战后就形成了"临时利率调整法"，此法案规定了存款利率、债券发行利率以及现金贷款信托预期分红率的上限。在金融业务活动领域方面，日本将银行、证券、信托三种业务严格分离，并且将长短期金融业务进行分离，防止出现业务混乱和资金错配的风险。在融资方面，日本通过税收优惠提倡企业通过银行贷款的间接融资方式进行融资，同时企业在发行债券、股票等直接融资方面受到许多限制。但是这种金融管制逐渐不能适应国内经济发展和全球化的需要，因此作为金融体制改革的第一步，首先应进行金融自由化。

从日本进行金融自由化的进程来看，日本金融自由化的开端是利率自由化。1975 年，日本发行大量国债，为保证国债能够足额发行，政府开始允准国债进入金融市场自由交易，长期利率自由化取得了进展。1979 年 5 月，利率自由化的大额可转让存单（CD）开始出现，成为存款利率自由化的开端，在存款利率自由化后，明显要高于以前，这增加了银行吸收存款的负担。直接融资的放开始于 1983 年，日元美元委员会开始取消日元债券在欧洲市场发行必须有担保的规定。离岸市场无担保债券导致日本企业开始通过发行欧洲市场日元债券进行融资，国内债券空心化，这促使日本国内也开始以无担保债券为主，债券融资方式得到很大进展。之后，在 1984 年 5 月末的日美两国日元美元委员会上，两国就日本金融自由化的基本方向进行了充分的协商，在促进利率的自由化，要求逐渐缩小业务活动领域间限制，以及在进一步加快国内金融改革的进程方面达成了协议。美国等海外国家之所以积极要求日本进行金融自由化，是因为美国等国家的在日金融机构也受日本金融管制，这严重影响了这些机构在日本的发展。因此，美国催促日本进行金融自由化，以获得平等的经营环境。在这种背景下，日本开始解除金融管制、完善资本市场建设。

当时，对于美国来说，由于金融体系已然成熟，日本加快开放金融市场，对于美国以华尔街为代表的金融集团来说受益巨大；对于日本来说，由于日本经济快速增长，其迫切希望由"经济大国"向"政治大国"转变，因此成功管理与美国在政治上的关系被视为重中之重，在经济上可以有所舍弃，况且是对于业已开始推行的金融自由化，日本更倾向于做出让步以维持与美国的政治关系。

但是，就美日经济关系来看，日本选择加速金融自由化对自身经济发展具有较大风险，这种"金融守势"也并未换取对美国的相应程度的金融权利，反而将美元更深地植入日本货币体系中。这是因为，日本虽然在20世纪80年代成为最大的债权国，也成为金融大国，但是日本在崛起的过程中并没有实质性推进日元国际化，而是在美国的压力下选择了"金融守势"的地位，在金融自由化进程中将自己的财富建立在美元基础上，美国可以利用日本金融体系的弱点将美元自身的"特里芬难题"转嫁给日元，迫使日本大量购买美国国债回流美元，在日美货币关系上，日本始终占据被动的地位，其即使身为美国的最大债权国，也无法以此谋求对美的相应程度的金融权利。

20世纪80年代前后，日本金融自由化进程明显加快，① 仅1984年日本便推出20余项相关措施。② 储存利率限制的取消使得银行业以及证券业之间的藩篱被打破。加快金融自由化进程的选择实际上给日本带来了巨大的负面影响，为泡沫经济的生成以及膨胀提供了制度基础。一是对于金融机构来说，日本金融自由化的推进引入了竞争，特别是储蓄利率的自由化以及金融国际化使得外国金融机构涌入日本市场，日本业绩优良的企业开始"脱离"银行发行企业债券，外国金融机构以及日本非金融机构的发展使得日本金融机构的生存压力剧增，金融机构为缓冲经营压力，不仅大量贷款给中小企业、不动产领域以及非银行金融机构，而且纷纷倾向于减少经营成本，为降低占资金成本比例较大的信息生产成本，金融机构放松了对贷款企业的事前审查及事后监控。另外，增加了对三大泡沫产业

---

① 丸尾直美：『金融・資産市場化・グローバル化への戦略的対応：資産ベースの不況対策と資産ベースの福祉政策の提言』，尚美学園大学総合政策研究紀要，2002，第143~161頁。

② 马文秀、马秀英：《日本的金融自由化与泡沫经济膨胀》，《日本问题研究》2004年第3期，第13~17页。

（包括不动产、建筑以及非银行金融机构）的融资。① 二是权益融资等直接融资手段的迅速发展不仅使得大型制造业企业"脱离"银行的情况加剧，也生成了"泡沫经济膨胀的自动装置"，即如果资金的提供方对股市看好并且预期得到较好的资本收益，那么通过可调换公司债券、附认股权证公司债券等的权益融资就可能在短期筹集大量低息资金，进而投资于股市使得股价在短期内上涨迅速。这一机制也就是宫崎义一所定义的泡沫经济得以膨胀的机制。②③ 三是日本政府长期"护航舰队式"的金融行政给予银行业过多的控制和保护，促使其长期存有政府隐含担保的预期，而未及时建立和完善有效监管和风险防范机制。金融自由化的加速推进使得金融市场愈加活跃，银行与非银行金融机构之间竞争激烈，因而滋生资金贷款恶意竞争的弊病。但是，大藏省和日本银行对金融机构无视贷款质量及性质的贷款竞争之举采取放任自流的态度，使得金融机构的道德风险暴露无遗，废除"实际需求原则"、废除"日元汇兑限制"等放款或取消金融限制的举措也增加了金融投机的可能，进而推动了泡沫经济的膨胀。

（二）日美贸易摩擦与"广场协议"

日本在克服了第二次石油危机后，经济保持中高速发展。尤其是对外贸易方面，由于日元汇率低、商品物美价廉，日本出口额不断增加，出口对国内生产总值拉动作用明显。日本通过出口积累了大量的贸易盈余，经常项目常年保持顺差。贸易盈余导致日本拥有大量外汇储备，日本也开始增加海外投资。1985 年，日本取代美国成为世界上最大的债权国，日本制造的产品输出到全球各国，日本开始购买海外资产。而同一时期，美国财政赤字剧增，贸易逆差迅速增长，特别是对日贸易逆差增大（见图 2-12）。在这种背景下，美国期望通过美元贬值来提高商品的出口竞争力，以此来改变美国国际收支不平衡的现状。

可以说，这一时期日美贸易摩擦是日本泡沫经济加速膨胀与崩溃的

---

① 〔日〕竹内宏著《日本金融败战》，彭晋璋译，中国发展出版社，1999，第89页。

② 〔日〕宫崎义一：《泡沫经济的经济对策——复合萧条论》，陆华生译，中国人民大学出版社，2000，第140页。

③ 马文秀、马秀英：《日本的金融自由化与泡沫经济膨胀》，《日本问题研究》2004年第3期，第13~17页。

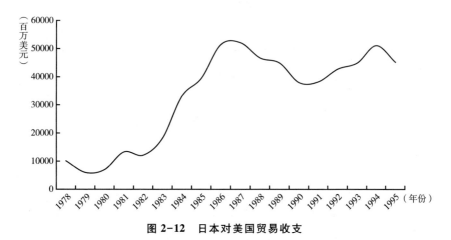

图 2-12 日本对美国贸易收支

资料来源：Wind 金融数据库。

重要背景条件，不仅日元开始升值，而且日本经济增长的动力开始由外需向内需转变。1977 年，美国财政部部长布鲁梅萨以日本和联邦德国巨额贸易顺差为由，对外汇市场进行口头干预，希望促使美元贬值以刺激美国商品出口，降低美国的贸易逆差。布鲁梅萨的讲话引起投资者疯狂抛售美元，导致美元对主要工业国家货币汇率迅速贬值。1977 年初，美元兑日元的汇率为 1∶290，1978 年秋季最低跌到 1∶170，跌幅高达 41.38%（见图 2-13）。1979 年第二次石油危机爆发，美国和日本都陷入了严重的通货膨胀。为消除通货膨胀，美国多次提高官方利率，大量国际资本流入美国，由于对美元需求增加，美元再次升值。美元的高汇率导致美国经常项目余额继续恶化，1984 年美国贸易赤字高达 20930 万美元。为了解决贸易赤字问题，美国与日本之间贸易摩擦不断。

日美贸易摩擦由来已久，进入 20 世纪 80 年代日美贸易摩擦全面升级。在 80 年代中期，日美贸易摩擦主要是围绕以下几个产业领域。其一是农业领域。美国强烈诉求日本开放农产品市场，1984 年，两国便通过协议就日本进口美国牛肉、柑橘设定配额。即使到现在，日美在农产品领域摩擦仍旧不断。特朗普就任美国总统以后，更是表达对日本贸易逆差的强烈不满，多次要求日本加大农产品市场开放。其二是钢铁领域。直至 1984 年末，两国在钢铁领域旷日持久的贸易摩擦才以日本自愿限制日本

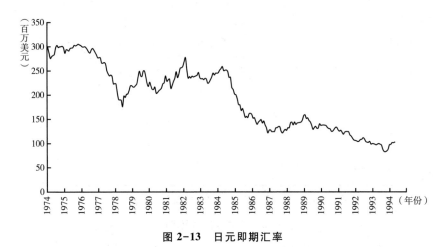

图 2-13   日元即期汇率

资料来源：Wind 金融数据库。

钢铁在美国市场占有率而告终；日本承诺将这一比率在 5 年内维持在
5.8%。其三是半导体领域。1985 年，美国动用《美国贸易法》中的"超
级 301 条款"对日本半导体行业予以起诉，迫使日本签订《日美半导体
协定》，强行打开日本市场。其四是汽车领域。日美两国贸易摩擦的关键
领域就是汽车领域。1980 年，美日在汽车领域的贸易逆差占到双方贸易
逆差总额的 80%，为此，日本政府被迫同意在 1981~1983 年，将对美国
汽车出口数量限制在每年 168 万辆以内。此后日本又自行将汽车出口数量
在 1983 年 10 月至 1984 年年底这一时间段内，限定在 185 万辆以内。与
此同时，日本为了应对以美国国会众议院"国产汽车零配件义务"草案
为代表的贸易保护主义措施，在美国当地建立生产线，通过就地生产销售
来缓解贸易摩擦。

除此以外，日美双方在电视、建筑等领域也发生了较为激烈的贸易摩
擦。而在 20 世纪 80 年代后期，美国着眼于促使日本经济结构改变以解决
日美贸易失衡问题，在展开的日美结构协议谈判中，美国要求日本扩大公
共基础设施建设、放松流通领域的过度规制与对外企的排外性阻碍，促进
土地开发利用等也取得了成功。

日美两国在多领域的贸易摩擦不仅有害于日本继续发挥产业优势、贸
易优势，而且日美贸易摩擦是日本泡沫经济生成与崩溃的重要背景条件，

这体现在：美国在设法消除其对日本的庞大贸易逆差方面，迫使日元升值与日本进行经济结构改革，都间接促进了日本施行宽松经济政策、扩大投资与土地开发，加之日本在应对美国因素的压力时也确实存在决策失误，这样实际进一步放大了美国因素对日本经济的影响。自 20 世纪 80 年代后期，围绕日美经济贸易关系的主题便是以美国主导的设法消除两国贸易结构中日本庞大的贸易黑字，美国最初将汇率问题看作是造成美国贸易收支失衡的关键原因。1985 年 9 月 22 日，美国为解决美元汇率过高问题，召集五国（美国、日本、英国、德国、法国）财长，在广场饭店召开了会议。会议达成了"会议参与国主动干预外汇市场，将本国货币兑美元汇率上调 10%～12%，而美国积极解决财政赤字的协议"，即"广场协议"。美国极力促成约定的目的是通过美元贬值来提高美国出口竞争力、降低贸易赤字等问题。1985 年通过"广场协议"成功迫使日元大幅升值，1985 年 9 月广场协议签订时，美元兑日元汇率为 217，到 1986 年底日元已经升值为 200。之后日元继续升值，1987 年底美元兑日元汇率降为 123，美元成功贬值。

　　"广场协议"中，日本与各国能够达成共识，很大一部分原因是美国贸易保护主义的抬头和美国联合欧洲各国对日本施加的压力。1985 年初，美国国会通过了《美日贸易决议案》和《紧急贸易及促进进出口法案》。法案中提出，凡对美国出口额超过从美国进口额 65% 的国家，将对其进口产品征收 25% 的附加税。而当时日本符合这项条件。1985 年 9 月，里根总统首次援引《贸易法》301 条款，授权对日本进行贸易报复。① 种种贸易保护主义让日本感到压力。而在日本国内，正值中曾根康弘提倡"大国思维"战略，强调要通过积极进行国际经济协调，提升日本国际地位和国际形象。因此，在解决国际贸易摩擦的问题上日本政府采取了较为积极主动的态度。在国外压力和国内政治思想转变的双重作用下，日本与美国签署了"广场协议"，这就导致了日元迅速升值的到来。与此同时，日本方面担忧日元升值带来的负面影响，因此施行宽松的货币、财政政

---

① 姜长斌：《透视日本经济："广场协议"与形势误判》，新华网，2003 年 10 月，http：//news. xinhuanet. com/world/2003-10/14/content_ 1122282. htm.

策。但是在"广场协议"之后，美元汇率下跌，尽管美国与德国等欧洲国家的贸易收支失衡问题有所缓解，但是美日贸易失衡却越发严重，使得美国开始将注意力转移到日本独特的经济结构，迫使日本对美国的产品与服务开放市场。由此，美日两国于20世纪80年代后期展开"结构协议谈判"并最终以日本扩大对社会公共事业投资、促进土地开发利用等告终。可以说，日本在施行宽松货币、财政政策以及扩大投资、土地开发过热方面，固然有本身决策失误、社会环境影响的原因，同时美国因素的压力也是重要一环。

（三）企业脱媒

前文在阐述金融自由化中已经简单提到"企业脱媒"促进形成"泡沫经济膨胀的自动装置"，但是，实际上，"企业脱媒"不仅是金融自由化加速背景下的产物，而是企业融资方式的重要变革，是日本传统金融体系的重大调整，鉴于此，有必要对其进行系统解释分析。

这里在论述日本企业脱媒之前，先回顾一下日本的主银行制度。在日本进行金融管制时期，企业与银行之间联系紧密，形成了独特的主银行制度。主银行为企业提供各种金融服务，包括一般贷款、其他信贷、信托管理等。在提供金融服务外，主银行也担负了监控企业、防止企业破产的职责。主银行不仅为企业提供长期贷款，而且深入贷款企业内部参与管理。主银行制度在日本银行业发展过程中起到重要的作用，解决了"非对称性问题"。一方面，企业和银行之间相互持股，使得主银行可以适时适度为企业提供资金，不仅是短期流动资金，还包括企业战略性投资所需要的资金，而且在企业出现经营困难时也能予以及时的资金援助；另一方面，与其他金融机构相比，主银行持有企业股份，将有助于对企业经营状况及财务状况的监督，这种监督可以使企业运营规避一些风险，促进企业经营效率的提高，有助于企业长期发展。

但是，主银行制度也存在一些弊端。这是因为，首先，如果主银行对企业持股所占比例过大，将直接影响企业经营，并且银行经营风险也会转移到企业；其次，主办银行制的存在，企业在资金筹措方面过分依赖间接融资，同时，这部分银行持股的稳定性，减少了股票市场的流动性和价格浮动，也容易出现对其他金融机构不公平行为；最后，主银行既是企业的债权人，也是企业的股东、经营管理者，这就可能造成主银行在处理相关业务方面存在违纪行为，如包庇企业实际经营问题等。

但是随着金融自由化的进程逐渐加深，日本企业开始脱离主银行通过直接融资进行筹资，日本传统的金融体系受到挑战，银行等金融机构利润受到压缩。如表 2-1 所示为日本民间非金融企业筹资（负债）情况（流量）。1980 年通过贷款融资比例尚为 78.07%，而到 1983 年和 1984 年，通过银行贷款筹资比例明显降低，分别仅为 54.57%、55.65%，1987~1989 年经济过热的几年中贷款比例下降至 40%多。而直接融资（发行债券和股票）比例在 1982 年开始上升到 25.33%，1987 年和 1988 年，直接融资比例分别为 30%和 28.06%。这充分说明了在金融自由化背景下，企业开始脱离银行，通过企业信用进行筹资。这一现象被称为"企业脱媒"。

表 2-1 民间非金融企业筹资（负债）情况（流量）

单位：万亿日元，%

年度	贷款	贷款占筹资比例	债券融资	股权融资	直接融资合计	直接融资占筹资比例	保险·年金	其他	筹集资金合计
1980	18.52	78.07	0.63	2.46	3.10	13.06	1.72	0.38	23.72
1981	17.85	58.37	1.75	3.20	4.96	16.20	1.01	6.76	30.58
1982	17.76	72.04	1.52	4.73	6.24	25.33	1.64	-0.99	24.65
1983	16.98	54.57	1.48	1.76	3.24	10.41	2.78	8.11	31.11
1984	21.21	55.65	3.05	1.90	4.95	12.99	1.28	10.67	38.10
1985	22.33	73.25	7.21	6.85	14.06	46.10	1.76	-7.67	30.50
1986	30.52	79.59	4.81	2.60	7.41	19.31	4.44	-4.03	38.35
1987	36.41	43.26	17.46	7.80	25.26	30.00	3.88	18.62	84.18
1988	36.69	42.30	12.00	12.34	24.34	28.06	3.40	22.30	86.73
1989	49.19	46.38	15.25	9.38	24.63	23.22	7.29	24.95	106.06
1990	42.93	60.43	2.08	6.64	8.72	12.27	5.45	13.94	71.04

资料来源：日本银行民间非金融企業資金循環 フロー，http：//www.stat-search.boj.or.jp/ssi/cgi-bin/famecgi2？cgi＝＄nme_ a000&lstSelection＝FF。

　　"企业脱媒"给日本银行业带来了巨大的压力。金融机构尤其是银行的利润主要来自存款利率和贷款利率之间的利差。但是"企业脱媒"导致银行对企业贷款规模下降,可收取的贷款利息变少,再加上金融自由化下存款利率的上升,金融机构利润规模受到严重挤压。

　　在这种情况下,日本银行等金融机构本应通过金融创新、业务拓展等方式维持经营。但是由于金融机构长期处于大藏省"护航舰队式"的保护之下,严重缺乏竞争力。无论从金融工具的创新、金融资产运用还是风险管理方面,日本都严重落后于其他发达国家。金融机构直接将资金投向了房地产等高利润行业,这间接导致了之后泡沫经济的生成。

(四) 狂躁的社会风气与"土地神话"

1. 狂躁的社会风气

　　在第二次石油危机中,日本率先摆脱了石油价格上涨对国内经济造成的负面影响。并且在 20 世纪 80 年代初期,日本的家电、汽车产业迅速发展并占领国际市场。随着贸易顺差的扩大,日本积累了大量贸易盈余,开始投资海外资本。有研究称,日本最初是想向发展中国家进行投资,然而美国忌惮再出现一个日本,限制了日本向第三世界的海外投资。在美国限制下,也为缓和日美贸易摩擦,日本开始对美国产业进行大量投资。最初日本对美国海外直接投资主要集中在汽车产业,之后开始对美国的商业、金融、保险等服务领域进行大量投资。日本投资者不仅仅对美国产业进行直接投资,也直接购买美国资产,例如土地、农场、矿山、办公楼等。甚至有人提出了"购买美国"的口号。

　　随着日本贸易和海外投资规模的扩大,日本国民逐渐开始骄傲自大,甚至认为日本终将有一天会超过美国成为世界第一强国。日本整个国家充满了狂躁之气。国内经济的发展与国际地位的提升冲昏了日本国民和当局者的头脑,没有人认真审视当时的经济状况,导致当局放松了对泡沫经济的警惕。在这种社会风气下,企业、普通民众也加入投机行列,全民炒股、炒房,就连家庭主妇也加入了投机的队伍之中。①

2. 土地神话

　　在日本,国民一直认为土地价格是不会下跌的,直到 20 世纪 90 年代

---

　　① 张季风:《日本经济概论》,中国社会科学出版社,2009。

房地产泡沫的崩溃。"土地神话"支撑了房地产泡沫的形成和持续。"土地神话"具有较为复杂的形成因素。

首先，"土地神话"与土地供需不平衡紧密相关。由于日本国土面积狭小而人口众多，日本土地需求多而供给少。加上日本战后经济高速增长，企业和国民对土地的需求更加旺盛，土地愈发升值。在1985年前后，由于美国等大国对日施加压力以及日本国内政治目标的改变，日本开始扩大内需，尤其是大量增加公共投资，对土地的需求进一步增加。另外，自二战后至20世纪80年代，日本经济高速发展，日本的人口不断向大城市集中，城市的基础设施建设明显提升。人口的集中提升了国民对土地价格上涨的预期，在城市发展背景下，城市中的企业、商铺等均需要土地，人口的增加也会提高住宅用地的需求。经济的国际化和事务处理的计算机化也间接导致城市中心地区的办公室需求迅速攀升。据说拥有土地的农民预期到土地价格会进一步上涨，也不愿意在短期内将耕地转为住宅用地。需求的不断上涨、供给的相对不足更加刺激了日本土地价格的上涨。

其次，"土地神话"与"土地本位制"相关。由于当时日本经济是以土地和土地价格为中心来运行，在这个意义上也称为"土地本位制"。日本土地拥有了超出土地利用本身的金融功能，日本的商业银行原则上以土地为担保进行贷款，这就赋予了土地的银行融资担保功能。对于缺乏资金与信用的中小企业来说，利用土地作为担保可以获取设备投资等资金，是一种有效、便捷的融资方式。但是，这样土地的重要程度便被过度放大，因为土地的持有取代了企业的经营绩效和运营能力，成为金融机构贷款的重要指标。此外，由于缺乏完善的土地价格评价方法，企业会计结算时，土地价格评价仍然按照当初购买价格登记，土地价格上升的部分当作营业外收入计算，这不仅对企业业绩产生重要作用，而且这种利益差促使企业在预计土地价格上升之前购入土地，以此作为担保进一步从金融机构获取更多贷款。因此，这种基于"土地本位制"的经济发展模式无形中已经构建了土地价格上涨的机制。

当然，在"土地神话"的成因中，土地税制以及土地政策的相对宽松也是原因之一。一方面，1955~1985年，日本的土地政策相对宽松，直至1985年之后，土地价格上涨过于迅速，才开始实施土地价格抑制、投机抑制、融资总量规制等紧缩性土地政策①，由于施行时间相对滞后以及类似"治乱世用重典"的政策方式，直接刺破了"土地神话"积累的房地产泡沫，产生了巨大的不良影响。另一方面，土地税制也侧面助长了"土地神话"的作用。如民众保有土地的税收负担较低，这种低土地保有费用实际上阻碍了土地有效利用，容易造成土地闲置，与土地的使用价值相比，土地的资产价值似乎更为重要，也更容易成为投机买卖的温床。而且，土地税制在土地抵押贷款的过程中也起了较大作用。

在经济发展和人口向城市集中背景下，加之土地本位制与土地政策、税制环境的作用，土地的资产价值、融资担保功能被过度重视，日本国民甚至当局都深信土地价格只会攀升的"土地神话"。这成为日本房地产泡沫能够持续多年的重要原因。在"土地神话"预期之下，没有人相信土地会贬值，因此也很少会出现抛售土地的现象。

二　日本泡沫经济生成的原因

下面主要从政府、企业、金融机构、居民部门4个维度阐述日本泡沫经济生成的主要原因。

（一）政府和央行的政策失误

1. 积极的货币政策施行过急

日元急剧升值促使日本出口商品价格迅速上涨，日本出口贸易额下跌。出口下降连累了日本经济增速，1986年日本经济增速出现下滑。根据内阁府国民经济计算年报统计，1986年日本实际GDP增速仅为1.9%。日本首相中曾根康弘出于对出口贸易情况的考虑，希望通过降息来防止日元过分升值。

美国方面，"广场协议"后各国对外汇市场进行干预，美国也开始下调贴现率。双重作用下，资本开始外流，美元剧烈贬值。而美国为防止资本过度外流，便有意保持与各国之间的利差。因此从1985年底开始，美国财长开始不断催促日本和西欧实行扩张性的财政政策和货币政策，以期

---

① 川德之辅：『あのバブルから四半世紀、再びバブルは起きるのか』，http：//www.lij.jp/html/jli/jli_ 2014/2014spring_ p033. pdf。

压低其他国家利率保持利差，防止资本外流和美元过度贬值。

在国内国外压力下，日本银行于1986年1月至1987年2月连续5次降息。如表2-2所示，1986年1月日本央行将贴现率由5%下调到4.5%，这是第一次降息；第二次降息为1986年3月，央行贴现率由4.5%降低为4%，这次降息是包括美国、日本、德国和法国4国在内的首次协调行动；1986年4月，日本银行贴现率继续下调至3.5%；1986年10月，日本银行再次将贴现率降为3%，这已经是一年中的第4次降息；第5次降息为1987年2月20日，日本银行贴现率再次由3%降为2.5%，据说这次降息是为获得即将召开的"卢浮宫会议"的主动权。

表2-2　日本银行5次降低再贴现率

单位：%

时间	原再贴现率	下调后再贴现率
1986年1月	5	4.5
1986年3月	4.5	4
1986年4月	4	3.5
1986年10月	3.5	3
1987年2月	3	2.5

资料来源：日本银行。

日本国内经济方面，事实上，从1981年开始日本的政策利率就开始缓慢下调，1985年9月以后下调幅度更大、更频繁。因为有宽松货币政策的刺激，再加上日元升值带来的进口成本的降低和民间实际收入的增加，民间消费支出增加，并带动了投资需求上涨。在这种情况下，日本经济在1987年实际GDP增速恢复到6.1%，如果在这时日本能够及时调整货币政策，还能够稳定住货币供给量，控制住资产价格的过度上涨。但是日本在面临之后的"卢浮宫协议"、前川报告、"黑色星期一"事件时做出了错误判断，实行了持续的货币宽松政策，从而为资产价格泡沫膨胀提供了宽裕的流动性条件。

2. 积极的货币政策持续过久

日本国内方面，为缓和日美贸易关系，中曾根首相于1985年成立了私人咨询机构，由前日本银行行长前川春雄担任座长，该机构提供了《前川报告》。《前川报告》指出在宏观经济方面，日本应该扩大进口，进一步开放国内市场，扩大对外直接投资，为国际社会做贡献。日本政府接受了扩大内需、由"外需主导"向"内需主导"转变的战略，实行了宽松的货币政策和财政政策。

日本国外方面，由于J曲线效应①，美国国际收支在美元贬值后并没有明显改善。1987年2月，美、英、法、德、意、加、日七国财长再次在巴黎卢浮宫召开七国会议。会议中七国承诺联合稳定美元汇率，美国答应各国降低财政赤字，日本同意扩大内需、保持低利率政策等。这次会议签订的协议称为"卢浮宫协议"。

另外，1987年第三季度，世界经济增长较快。各国纷纷提高央行贴现率，日本银行也准备于1988年以前提高利率。不幸的是1987年10月19日，美国爆发了"纽约股灾"，美国股指剧烈下跌，连带世界其他主要股市股票也纷纷下跌。所幸各国及时联合干预，稳住了市场。这次灾难被称为"黑色星期一"。

从"黑色星期一"开始，各国对经济的预期从悲观转为乐观，经济也出现了强劲增长。日本经济同样出现了发展过热现象，住宅投资、设备投资火热，日本政府在此背景下计划提高利率。但是美国财长贝克出于对美国国债的考虑要求日本保持宽松的货币政策。因为联邦德国在日本之前已经提高利率，如果日本再提高利率，日本的金融机构和世界其他国家将减少对美国国债的购买，造成美国国债价格的降低，进而可能再次引发美国股灾。因此，在美国的压力下，日本迟迟未提高利率。一直到1989年5月，日本银行才将贴现率提高至3.25%。

可见，当时，政策制定失误、延误是由于日本当局对经济形势的研判不够准确，并且屈服于美国压力。这一系列错误的经济政策使得日本货币供应量急速增长，远远超出了实体经济的需要。从1987年5月到1989年4月，日本货币供应量（M2）增速持续保持在10%以上。根据经济学原

---

① J曲线效应：本国货币贬值后，由于进口成本提高，经常项目收支状况反而会比原先恶化，进口增加而出口减少，经过一段时间，贸易收入才会增加。因为这一运动过程的函数图像酷似字母"J"，所以这一变化被称为"J曲线效应"。

理，货币供应量增速应与实际 GDP 增速保持一致才能保证物价的稳定。而从图 2-14 可以看出，日本 M2 同比增速远超 GDP 增速。1989 年日本 M2 占 GDP 比率高达 189.31%，而美国同期 M2 占 GDP 比率仅为 73.11%。过于宽松的货币政策导致经济活动中存在大量闲散资金，资本的本质是价值升值，在股市和房地产市场价格节节攀升的情况下，大量资金从中套利，这就促使日本股票、房地产市场泡沫迅速膨胀。

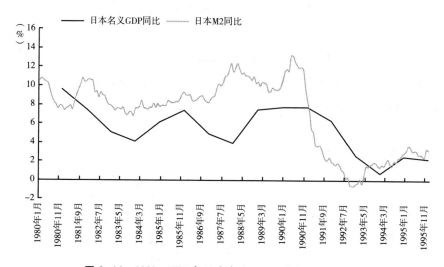

图 2-14　1980~1995 年日本名义 GDP 增速与 M2 增速

资料来源：Wind 金融数据库。

3. 财政政策的失误

在货币政策之外，财政政策的失误也是日本泡沫经济生成和持续膨胀的原因之一。政府支出作为拉动经济增长的三驾马车，对经济发展具有非常重要的作用。在泡沫经济期间，日本政府采取了扩张性的财政政策，国内有效需求被过度刺激，导致泡沫经济越演越烈。

日元升值后，日本经济出现了短暂的倒退，1986 年日本实际 GDP 增速仅为 1.9%，这被称为日元升值萧条。在同一年，《前川报告》发布，主张经济发展方式从外需主导向内需主导转变，以摆脱由于巨额经常账户顺差带来的国际中的孤立状况。在日本国内经济增速下降，国际关系处于被孤立状态时，日本采纳了《前川报告》关于实行扩张性财政政策的建议。1986~1987 年，日本财政预算支出额明显上升，而且在泡沫经济时期都保持了比较快速的增长。

1986 年，日本财政一般会计预算额为 538250 亿日元。到 1987 年，上升至 582140 亿日元，一年之内财政预算增加了 43890 亿日元。之后，日本财政预算几乎保持了每年至少 30000 亿日元增长额。一直到泡沫经济崩溃后，财政预算额增速才有所减缓。从图 2-15 中也可以看出，泡沫经济时期财政预算额度明显增加，增长速度也明显提高。

扩张性财政政策刺激了国内需求，成为日本经济过热的一个重要因素。在经济过热情况下，居民和企业对未来经济前景更加乐观，对泡沫资产价格继续上涨的预期也增强。因此，扩张性财政政策间接促进了土地和股票价格的上涨，成为泡沫经济形成的重要推动力量。

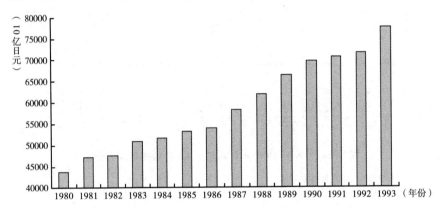

图 2-15　1980~1993 年日本一般会计预算支出总额

资料来源：日本财务省：「昭和 38 年度以降一般会計歳入歳出現計」。

（二）民间企业的行为变异

日美贸易摩擦导致日本在"广场协议"中被迫进行日元升值，而后日本政府在面对国内外协调过程中政策出现了严重失误，为泡沫经济的滋生提供了流动性土壤。日本金融自由化的推进导致民间企业和金融机构的行为变异，这直接推动了大量资金流向股市和房地产市场，资产泡沫迅速扩张。

1. 民间非金融企业筹资行为变化

首先，在泡沫经济时期，民间非金融企业的金融资产持有比例大幅度提高。如表 2-3 所示，1980 年民间非金融企业的金融资产交易规模仅为 0.85 万亿日元，到 1986 年已经高达 14.06 万亿日元，在 1988 年达到最高值 19.95 万亿日元，随后开始减少。尤其在泡沫经济崩溃后，金融资产交易迅速减少，1992 年开始为负值，表明企业已经开始卖出金融资产。另外值得注意的是，1991 年泡沫经济崩溃后，民间非金融企业资产规模开始全面缩减，现金和其他资产交易规模明显下降。而 1992 年开始现金（存款）、金融资产、其他资产交易值全部在 0 以下，这表明泡沫经济崩溃后企业资产开始全面缩水。另外，金融自由化后，企业负债规模也迅速扩大。1980 年负债规模仅为 23.72 万亿日元，到 1989 年的负债规模猛增至 106.06 万亿日元。在每年负债规模的扩大中，借款占了相当的比重，但是这一比重也在逐渐下降。1980 年金融负债在总负债中比重仅为 13.06%，到 1985 年此比例已经高达 46.1%。即使在泡沫经济崩溃后，金融负债比例也一直保持在较高的水平。

表 2-3　1980~1993 年民间非金融企业资金交易

单位：万亿日元，%

年度	资产·现金（存款）	资产·金融资产	其他资产	金融资产占总资产比重	总负债	贷出	股票和债券负债	金融负债比例	企业资金不足
1980	4.86	0.85	4.95	7.93	23.72	18.52	3.10	13.06	13.06
1981	7.70	4.96	11.31	20.71	30.58	17.85	4.96	16.20	6.61
1982	6.31	3.09	4.04	23.01	24.65	17.76	6.24	25.33	11.21
1983	7.65	3.81	12.94	15.62	31.11	16.98	3.24	10.41	6.71
1984	9.14	6.79	12.48	23.90	38.10	21.21	4.95	12.99	9.68
1985	6.41	9.47	-3.70	77.73	30.50	22.34	14.06	46.10	18.31
1986	6.27	14.06	1.19	65.33	38.35	30.52	7.41	19.31	16.83
1987	13.72	13.10	22.08	26.78	84.18	36.41	25.26	30.00	35.28
1988	13.35	19.95	37.58	28.15	86.74	36.69	24.34	28.06	15.86
1989	22.27	9.86	50.29	11.96	106.06	49.19	24.63	23.22	23.64
1990	1.95	5.89	26.35	17.22	71.05	42.93	8.72	12.27	36.86
1991	-3.87	1.17	-0.94	-32.07	37.64	31.18	12.10	32.14	41.28
1992	-2.34	-6.25	-7.69	38.39	13.40	15.97	3.59	26.82	29.68
1993	-1.50	-1.22	-3.33	20.18	8.58	10.52	5.20	60.68	14.62

注：民间非金融企业金融资产包括股票、债券和对外证券投资。

资料来源：日本银行资金循环表（金融取引表、フロー表），http://www.stat-search.boj.or.jp/ssi/cgi-bin/famecgi2? cgi = $ nme_ a000&lstSelection=FF。

其次，泡沫经济时期，民间非金融企业的融资方式发生变化。由于日本通过税收优惠政策鼓励银行贷款，同时直接融资（包括股票和债券）方式受到政府各种限制，因此战后日本企业的融资方式主要是银行间接融资。但是在泡沫经济时期，除企业间贸易信用是其重要依仗之外，直接融资比例逐渐提高（见表 2-4），1979 年，日本民间非金融企业的直接融资（包括股票和债券）比例为 13.38%，到 1985 年此比例上升为 15.20%，1989 年泡沫经济鼎盛时期，直接融资比例高达 19.23%，涨幅较为明显。与之形成对比，从金融机构贷款比例自 1979 年开始几乎没有发生变化，一直徘徊在 50% 以上，1979~1986 年基本上呈增加趋势，1986 年达到阶段性峰值 55.67%，但是自此后至 1989 年逐年下降，这一段时期也是日本泡沫经济迅速膨胀之时，由此可见，日本民间非金融企业融资方式的转变确实助推了日本泡沫经济的迅速膨胀。

表 2-4　民间非金融法人金融负债余额结构（按比例）

单位：%

年度	贷款比例	直接融资比例（股票和债券）	预付比例	企业间贸易信用比例	其他占比
1979	49.15	13.38	6.88	29.71	0.88
1980	50.39	12.93	6.80	29.03	0.86
1981	50.68	13.60	6.51	28.30	0.91
1982	52.70	13.77	6.57	26.02	0.94
1983	52.78	13.51	6.65	26.06	0.99
1984	52.44	14.00	6.41	26.25	0.89
1985	54.02	15.20	6.41	23.21	1.17
1986	55.67	14.87	6.58	21.73	1.15
1987	53.31	16.58	6.40	22.23	1.49
1988	52.05	17.83	6.19	21.98	1.95
1989	51.61	19.23	6.21	20.71	2.23
1990	52.39	18.33	6.34	20.86	2.08

资料来源：根据日本银行资金循环表民间非金融法人金融负债余额制作，http://www.stat-search.boj.or.jp/ssi/cgi-bin/famecgi2? cgi = $ nme_ a000&lstSelection=FF。

民间非金融企业融资方式向直接融资侧重主要有三方面原因。第一，金融自由化后，发行股票、债券的限制逐渐被取消。第二，企业通过股票进行融资的成本降低。日本股票是一种稀有资产，由于经济发展良好、社会拥有剩余资金，在资金涌入股市后股票价格开始逐步上升。对于企业来说，股票价格的上升意味着通过发行股票进行融资的成本降低。[①] 第三，利率自由化也助推了企业进行直接融资。大额定期存单的利率最先自由化，其利率要显著高于其他利率，因此企业通过购买定期存单即可获得可观利息。而资本市场完善和股票价格上升后，企业直接融资成本低于存款利率。因此，企业开始通过直接融资获得资金，再将资金存于银行，从中获得利差。

2. 民间非金融企业投资行为变化

企业通过直接融资的方式以更低成本筹集了大量资金。由图 2-16 可以看到，民间非金融企业融资增长率在 1985～1991 年显著高于名义 GDP 增速，几乎是名义 GDP 的 2 倍。而在非泡沫经济时期，民间非金融企业融资增长率与名义 GDP 增速几乎一致。

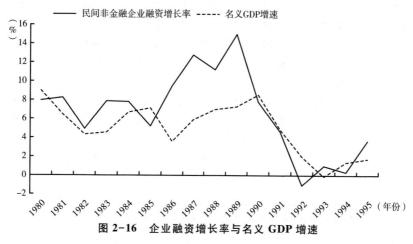

图 2-16　企业融资增长率与名义 GDP 增速

资料来源：名义 GDP 增速数据来自国民经济计算年报；融资增长率＝（当年金融负债余额/去年金融负债余额-1）×100%。民间非金融企业金融负债余额来自日本银行资金循环数据库。

在企业资金过剩的情况下，筹集的资金并非全部用于设备投资，而是将相当比例的资金用于金融资产和房地产的投资，这就成为金融、房地产

---

① 企业发行债券和股票的费用率=发行费用/发行价格，由于发行价格上升，成本率降低。

市场泡沫产生和扩大的重要力量。

从表 2-5 企业拥有金融资产情况来看，1980 年新增金融资产在企业每年新增资产中所占比例仅为 7.93%，从 1981 年开始，新增金融资产所占比例猛增为 20.71%。之后每年新增金融资产所占比例虽然不稳定，但是比例一直较高。在 1985 年和 1986 年，新增金融资产占新增总资产比例高达 77.73% 和 65.33%（比例上升的部分原因为金融资产价格上涨），可以说严重挤占了实物投资资金。①

表 2-5　民间非金融法人企业各类新增资产占新增总资产比例（流量）

单位：%

年度（流量）	现金与存款比例	金融资产				其他应收款比例
		比例	债券比例	股票比例	对外证券投资比例	
1980	45.61	7.93	9.18	−3.35	2.11	5.06
1981	32.12	20.71	11.02	6.25	3.44	1.08
1982	46.92	23.01	7.24	12.28	3.50	4.49
1983	31.35	15.62	6.81	4.20	4.61	0.56
1984	32.17	23.90	4.76	6.37	12.76	0.14
1985	52.60	77.73	−0.58	24.94	53.37	16.21
1986	29.13	65.33	−1.04	41.19	25.17	9.19
1987	28.06	26.78	−2.90	20.44	9.24	1.43
1988	18.84	28.15	10.21	12.54	5.39	1.28
1989	27.02	11.96	2.93	3.31	5.72	5.57
1990	5.70	17.22	11.41	−6.84	12.65	5.77
1991	106.38	−32.07	47.15	7.60	−86.82	−34.32

资料来源：根据日本银行资金循环数据库所得百分比，http：//www. stat-search. boj. or. jp/ssi/cgi-bin/famecgi2？cgi=$ nme_ a000&lstSelection=FF。

表 2-6 为《国民经济计算年报》（平成 5 年版）统计的非金融法人企业的金融交易状况。1980 年，金融资产净增额与实物投资增加额基本相同。从 1983 年开始，非金融法人企业购买金融资产额度明显增加，超过实物投资所占金额。从 1984 到 1989 年，金融资产净增加额几乎为实物投

_____

① 日本银行资金循环表。

资的 2 倍甚至更多。由此可以看出，随着资产价格上涨，非金融企业开始参与到资产投资当中，成为资产泡沫产生的重要力量。这也为今后泡沫崩溃后企业资金不足埋下了隐患。

表 2-6 非金融法人企业的金融交易 (流量)

单位：万亿日元

年度	筹集资金			资金运用	
	市场借入	债券股票	其他债务	金融资产净增	实物投资
1980	13.6	4.3	7.0	12.3	12.6
1981	16.5	6.2	10.1	21.0	11.8
1982	17.4	6.1	8.2	15.7	16.0
1983	18.1	4.8	6.1	16.0	12.9
1984	20.7	7.1	13.7	27.1	14.3
1985	25.2	7.8	3.5	23.6	12.9
1986	26.6	9.1	-6.3	17.1	12.3
1987	25.9	12.6	43.0	59.0	22.4
1988	30.0	19.4	17.1	53.4	23.1
1989	38.0	26.3	30.6	64.9	30.0
1990	39.5	15.6	31.9	39.7	47.3

注：金融资产净增包含现金、存款、短期债券、长期债券、股票、其他金融资产等。

资料来源：『平成 5 年国民经济计算年报』，经济企画厅，1993。

(三) 金融机构行为的变异

1. 金融机构间竞争加剧

在金融自由化加速推进的背景下，利率自由化导致存贷款利差缩小，银行通过存贷款利差所获得的利润降低，金融机构传统的经营模式受到挑战。另外，由于利率自由化和业务管制的放开，金融机构间的竞争加剧。尤其是企业直接融资增加，证券、信托等其他金融机构在融资方面的比重越来越大，银行在市场中的重要性受到挑战。如表 2-7 所示，民间金融机构中普通存款机构在贷款总额中所占比例在不断降低，相反，保险、年金基金机构比例和其他金融机构的比例在不断上升。尤其是证券等其他金融机构，1979 年占比仅为 3.87%，而到 1988 年贷款比例已经上升为 10.67%。

表 2-7　民间金融机构贷款比例

单位：%

年度	存款机构比例	保险、年金基金机构比例	其他金融机构比例
1985	85.90	6.83	7.27
1986	85.75	6.33	7.92
1987	84.13	6.14	9.73
1988	83.06	6.27	10.67
1989	80.11	6.52	13.37
1990	78.41	7.32	14.27
1991	79.05	8.03	12.92
1992	79.48	8.48	12.04

资料来源：根据日本银行资金循环数据库贷款金额计算所得。

在急剧变化的形势面前，银行本应提高风险管理能力，从开发金融产品角度探索利润增长点。然而，由于日本商业银行与金融机构长期受到政府当局保护，缺乏风险管理意识和自主经营经验，大量贷款流向高利润的房地产行业，为土地和住宅价格上涨提供了资金支持。在土地和住宅价格不断上涨的情况下，拥有地产的企业又可以通过抵押获得新贷款，继续投资土地和住宅。在资金不断循环下，房地产泡沫越吹越大。

而新发展起来的保险机构和其他金融机构，因股票的价格上涨，通过证券投资信托将资金大量投入股市，推高了股票价格。尤其是 1986 年和 1987 年，资金运用中用于有价证券的资金猛增，是证券投资信托发展的结果（见表 2-8 筹集中投资信托一项）。另外，非银行金融机构也利用从银行的借款将资金投向房地产行业，加剧了资产泡沫的膨胀。

2. 银行贷款结构明显变化

银行贷款结构明显变化，一是银行对制造业大企业贷款减少，对小企业贷款增加；二是银行对房地产、金融相关行业领域企业的贷款规模显著增加。

首先，当时日本经济经历了高速增长，银行的主要贷款对象如制造业大企业拥有了超过实物投资需要的过剩资本，而且制造业大企业信用良好，在金融自由化趋势下能够利用自身信用进行权益融资，对银行的资金需求降低，加之金融自由化进程导致银行收益率下滑，迫使其积极寻求新

表 2-8　民间金融机构资金筹集和运用

单位：万亿日元

年份	运用			筹集				
	现金	有价证券	借出资金	储蓄等	信托	保险	金融债券	投资信托
1980	0.1	8.1	20.6	16.4	2.3	4.2	2.1	-0.1
1981	0.0	10.6	24.1	24.8	4.3	4.6	2.7	1.3
1982	0.1	13.2	27.8	18.9	4.4	5.3	3.0	2.4
1983	0.1	15.0	27.8	20.1	4.6	5.7	3.9	4.7
1984	0.1	14.6	31.9	24.9	5.2	7.0	4.2	3.7
1985	0.4	16.7	30.2	23.7	6.3	9.1	3.9	2.9
1986	0.0	36.4	38.8	27.7	11.0	12.9	4.0	13.0
1987	0.1	30.7	47.9	41.8	11.7	15.5	3.6	11.3
1988	0.4	29.6	52.4	44.3	8.9	19.4	3.2	6.8
1989	0.0	23.2	75.9	46.3	13.3	20.6	5.9	2.3
1990	0.3	-0.3	47.4	36.1	8.4	15.8	7.4	-3.8

资料来源：根据日本银行资金循环表制作。

的贷款对象。相对来说，中小企业融资能力较差，因此对高利息的中小企业贷款、对个人贷款以及长期贷款成为当时银行热衷发展的业务。特别是股票、房地产资产价格的上涨，使银行面向相关领域的中小企业或个人的贷款业务获得了高额利润。银行便将放贷对象从制造业大企业逐渐转向中小企业。到1991年，对中小企业贷款占到贷款总额的66%，几乎为大企业贷款的2倍。如图2-17所示，无论是地方银行还是都市银行，1986年之后，其面向中小企业的贷款比重都明显增加，即使过去以大企业为主要贷款对象的都市银行，面向中小企业的贷款比重也达到70%以上。

其次，20世纪80年代之后，日本的银行对房地产、金融相关的行业贷款占贷款总额的比重不断攀升，而流向制造业、零售业、餐饮业等领域的贷款比重相对下滑，同时由于住宅贷款的增加，面向个人的贷款占银行贷款总额的比重也不断攀升，银行对各行业的贷款比重出现明显偏差，更多贷款资金流向房地产、金融相关行业的中小企业或个人，特别是在长期

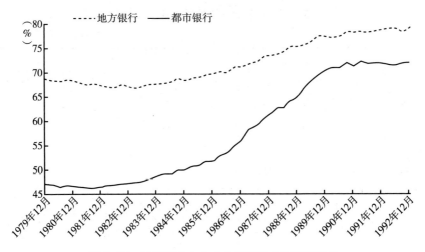

图 2-17　银行面向中小企业贷款所占比重的变化

资料来源：新保芳栄：『バブル期における銀行行動の特徴とその背景』東京国際大学論叢，経済学研究，第 1 号，2016 年 3 月，https：//www.tiu. ac. jp/about/research_ promotion/ronsou/pdf/1_ economic_ 5. pdf。

信用银行与信托银行的贷款结构中，这种倾向更为明显。① 以银行等金融机构对房地产行业的贷款为例，根据日本银行数据，房地产业贷款余额占制造业的比重从 1984 年的 27%上升到 1989 年的 74%，其占总贷款余额的比重也从 1984 年末的 6.9%上升至 1991 年末的 11.6%。由表 2-9 可知，相较于 1985 年，1986 年信托银行对房地产业贷款增长了 175%。虽然 1987 年开始对房地产行业融资下降，但是值得注意的是的信托银行对非银行金融机构的融资增加，本质是以非银行金融机构为通道将资金贷向房地产行业。城市银行在 1985 年对房地产行业贷款仅为 1.9 万亿日元，到 1986 年仅一年内新增房地产贷款猛涨到 3.6 万亿日元，几乎是上一年的两倍。信托银行和城市银行对房地产企业的大幅贷款同样带动了地方银行对房地产企业的贷款。从 1986 年开始到 1989 年，地方银行每年对房地产行业的新增贷款一直处于增长态势。

---

① 新保芳栄：『バブル期における銀行行動の特徴とその背景』東京国際大学論叢，経済学研究，第 1 号，2016 年 3 月，https：//www.tiu. ac. jp/about/research_ promotion/ronsou/pdf/1_ economic_ 5. pdf。

表 2-9　金融机构新增房地产行业贷款额变动趋势

单位：万亿日元

年份		合计	全国银行合计	在全国银行贷款中					其他
				城市银行	地方银行	信托银行	长期信用银行	全国银行信托	
1984 年余额		22.87	16.70	6.30	3.60	1.40	2.60	2.80	6.17
年内增加	1985	4.67	3.90	1.90	0.60	0.40	0.40	0.60	0.77
	1986	7.99	7.30	3.60	0.80	1.10	0.90	0.90	0.79
	1987	6.32	4.80	2.60	1.00	-0.40	0.70	0.90	0.79
	1988	5.28	4.10	2.50	1.10	-0.10	0.50	0.10	1.28
	1989	6.59	4.90	2.40	1.40	-0.10	0.60	0.60	1.79
	1990	2.50	1.40	0.60	0.50	-0.20	0.30	0.20	0.70
	1991	1.65	2.00	1.10	0.40	0.60	-0.30	0.20	-0.45
累计增加		35.00	28.40	14.70	5.80	1.30	3.10	3.50	5.67

资料来源：日本银行贷出先别贷出金　フロー，http：//www.stat-search.boj.or.jp/ssi/cgi-bin/famecgi2？cgi＝$nme_ a000&lstSelection＝LA01。

　　银行对房地产业贷款增长率远远超过对全行业贷款的平均增长率。另外，虽然有一些时滞，但是房价增长率与银行对房地产贷款增长率有很强的相关性。全国银行对房地产的融资一直到 1990 年才开始收敛，1990 年全年仅有 2.50 万亿日元房地产贷款，但是如表 2-10 所示，1990～1992年，全国银行对房地产相关 3 种行业的贷款占比仍然高达 26.8%，而对制造业贷款占比则下降至 15.5%，严重挤占了制造业发展的资金支持。

表 2-10　全国银行对各代表性行业的贷款余额占贷款总额的比重

单位：%

	1974～1979 年末平均	1980～1984	1985～1989	1990～1992
房地产相关的 3 种行业	13.9	16.8	25.2	26.8
建设业	5.8	5.5	5.4	5.6
房地产业	5.8	6.2	10.2	11.7
金融、保险业	2.3	5.2	9.6	9.5
制造业	34.9	29.8	20.5	15.5
零售业、餐饮业	26.2	24.2	19.5	16.7

续表

	1974~1979 年末平均	1980~1984	1985~1989	1990~1992
服务业	6.0	8.3	13.0	15.7
运输业、通信业	3.4	3.4	3.4	3.6
个人	9.8	10.3	12.0	16.6
总　计	108.1	109.7	118.8	121.7

　　资料来源：新保芳栄，バブル期における銀行行動の特徴とその背景，東京国際大学論叢，经济学研究，第 1 号，2016 年 3 月，https：//www.tiu.ac.jp/about/research_ promotion/ronsou/pdf/1_economic_ 5.pdf。

3. 非银行金融机构快速发展

　　非银行金融机构的快速发展实际上促使银行在隐形中加大对房地产行业的融资，这是因为，银行对房地产行业的融资一部分是通过非银行金融机构来进行的。非银行金融机构是指租赁行业、信用销售、住宅金融合作社等不能够通过自身信用吸收存款的金融机构。在金融自由化过程中，非银行金融机构也快速发展。在表 2-7 中可以看到，其他金融机构的贷款规模已经从 1985 年的 7.27% 迅速上升至 1990 年的 14.27%。随着非银行金融机构的发展，银行对其贷款额也逐渐增加，而非银行金融机构将从银行获得的资金大量贷向或投向房地产市场。

　　根据日本银行统计月报数据，从 1985 年开始，银行对非银行金融机构融资显著上涨，在 6 年时间内累计增加了 25 万亿日元，而这些资金最终大量流向房地产行业。据大藏省调查，在泡沫经济期间通过非银行金融机构的房地产融资高达 24 万亿日元，1985~1991 年银行对非银行金融机构的贷款约为 26.68 万亿日元。因此，可推测非银行金融机构对房地产融资资金几乎都来源于银行。①

　　在这些非银行金融机构中对房地产行业融资比例最高的是住宅金融专业公司。住宅金融专业公司是多家银行合资成立的，主要业务是个人住宅抵押贷款，其资金来源是银行贷款，自身不能吸收存款。② 日本在泡沫经

---

① 野口悠紀雄：『バブルの経済学——日本経済に何が起こったのか』，日本経済新聞社，1992。

② 王丹林：《关于日本"住专"问题的研究》，《中国房地产金融》1996 年第 2 期，第 34~39 页。

济时期有 8 家这样的机构。日本住宅专业金融公司成立的初衷是以发放个人住宅贷款为主，但是泡沫经济时期，日本住宅专业金融公司突破了业务限制，将大量资金直接投向房地产领域。根据日本经济周刊数据，1985年日本住宅专业金融公司的房地产企业贷款余额比例已经为 33%，到1990 年泡沫经济崩溃时，此比例高达 78.6%，总规模为 9.73 亿日元（不包含协同住宅贷款会社）。

（四）居民部门行动的变异

在"日本第一"的狂躁的社会风气下，居民部门的行动也发生变异，在"土地神话"的保障之下，居民资产泡沫生成并能够持续的很重要的一个原因是投机者预计资产价格将进一步上涨，资产泡沫崩溃的很重要的一个原因是投机者对价格下跌的恐慌。在投机者预计资产价格将进一步上涨时，将购入资产等待升值时再高价卖出，以获取差价从中套利。同样，日本泡沫经济时期全社会对经济发展的乐观预期和资产价格上涨预期是泡沫经济能够长时间持续的很重要的原因之一。

家庭部门在泡沫经济时期所持金融资产的规模和额度明显增加，特别是风险类金融资产的占比明显提高。根据日本银行的统计，如表 2-11 所示，1980 年家庭部门金融资产交易规模为 11.6 万亿日元，到 1985 年上涨为 20.95 万亿日元。在泡沫经济开始后，家庭部门金融资产交易在1989 年股市最高点达到最大值 34.94 万亿日元，是 1980 年规模的 3 倍多。从金融资产占家庭总资产比重来看，1980 年和 1981 年金融资产交易在总资产交易中占比仅为 30% 左右。到泡沫经济时期，此比例上涨到 45% ~50%，几乎有一半的家庭资产用于金融资产的购买。

表 2-11 家庭部门资产交易

单位：万亿日元，%

年度值	总资产	资产·现金·存款	资产·金融总资产	金融资产占家庭总资产比重	总负债
1980	34.22	22.62	11.60	33.90	8.36
1981	34.02	24.18	9.79	28.79	10.94
1982	37.23	21.14	16.01	42.99	12.67
1983	38.28	20.03	18.21	47.58	11.87
1984	39.86	22.62	17.21	43.18	11.27

续表

年度值	总资产	资产·现金·存款	资产·金融总资产	金融资产占家庭总资产比重	总负债
1985	44.98	24.00	20.95	46.58	12.21
1986	48.76	25.13	23.60	48.41	8.94
1987	58.93	27.33	31.59	53.60	23.67
1988	55.84	28.15	27.61	49.44	30.61
1989	72.92	37.92	34.94	47.91	36.62
1990	66.32	33.88	32.43	48.91	20.41
1991	54.55	35.33	19.21	35.21	9.32
1992	51.94	23.31	28.57	55.00	0.54
1993	51.59	26.49	25.15	48.74	4.00
1994	51.63	33.75	17.82	34.51	12.79
1995	51.95	28.93	22.98	44.24	19.24

注：金融资产包括股票、债券和保险、年金等金融产品。

资料来源：日本银行资金循环表（金融取引表、フロー表），http：//www.stat-search. boj.or.jp/ssi/cgi-bin/famecgi2？cgi = $ nme_ a000&lstSelection=FF。

与此同时，受狂躁的社会风气影响，国民对日本经济发展过于乐观，家庭部门持有的金融资产结构也发生明显变化。根据日本总务省的统计调查，如图 2-18 所示，其中，风险资产主要是指股票、投资信托等金融资产，安全资产指的是存款、贷款、货币信托等。泡沫经济膨胀时期，特别是 1983~1989 年，日本家庭金融资产中反映投机目的的风险资产占比确实明显增加，之后随着泡沫经济崩溃而迅速降低。但是从 1959~1998 年来看，安全资产与风险资产的整体占比有所下降，主要是债券资产占比增加导致。而 20 世纪 50 年代后期至 60 年代初期，家庭部门中风险资产的持有占比也较高，甚至高于泡沫经济膨胀时期。当然，相对 20 世纪五六十年代，泡沫经济膨胀时期，家庭部门持有的金融资产总额有大幅增长，因此，这一时期家庭持有的风险资产总额也有所增加，其中，如图 2-19 所示，1983~1989 年，家庭持有的股票占总金融资产的比重虽然减少，但是，投资信托、债券所占比重也不断增加，安全资产比重下降，风险资产比重不断上升。

实际上，相对于美国、英国、法国等国家，日本的家庭金融资产结构

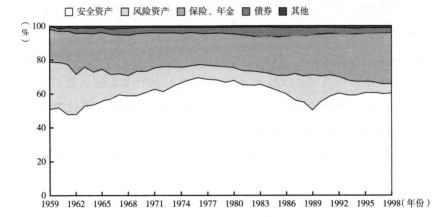

图 2-18　1959~1998 年日本家庭金融资产构成情况

资料来源：中川忍、片桐智子，日本の家計の金融資産選択行動：日本の家計はなぜリスク資産投資に消極的であるのか？https：//www. boj. or. jp/research/brp/ron_ 1999/ data/ron9911c. pdf。

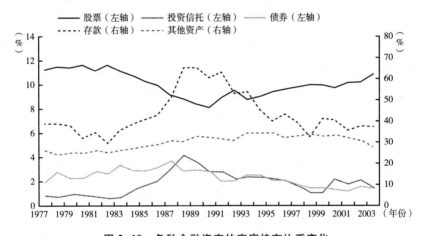

图 2-19　各种金融资产的家庭持有比重变化

资料来源：鈴木亘，バブル期に家計の金融資産選択行動は変化したか？，https：//www. gakushuin. ac. jp/univ/eco/gakkai/pdf_ files/keizai_ ronsyuu/contents/4602/ 4602suzukiB/4602suzukiB. pdf。

中，风险性资产持有率较低，绝大部分以安全性资产持有为主，即使在泡沫经济膨胀时期，家庭金融资产中风险类资产的占比仍然远小于美国，即长期以来，日本家庭的金融资产结构以储蓄型为主、投资型为辅。这是因为，一方面，日本具有传统的"储蓄（特别是存款）是美德，股票投资不好"的金融资产管理意识。在二战期间，为偿还国债、促进军需产业融资以及提供战争经费支持，日本政府便创立了"国民储蓄奖励局"并制定"国民储蓄组合法"，提出"房子烧了，存款烧不掉""为了胜利而存钱"等鼓励国民储蓄的口号，"储蓄是美德"的社会意识也逐渐根深蒂固；另一方面，战后税制改革政策驱使家庭选择储蓄而非风险类资产投资，例如1946年为防止通货膨胀和以收入再分配为目的而创设的财产税政策，以及1963年通过的国民储蓄组合法的修订与少额储蓄非课税制度的创立等，存款利息的非课税限额提高以及国债、存款等利息不课税的制度，进一步促进了国民储蓄行为。另外，日本在经过了昭和银行危机和二战时金融管制之后确立起以银行为中心的"护航舰队式"金融体制，银行业受到政府的严格保护，制度租金和特许权机制的存在不仅有效控制银行贷款的道德风险，而且促使银行积极增设营业网点，为家庭金融资产提供了虽单一却便利的投资渠道，银行存款也构成了家庭金融的核心资产①。

　　另外，从风险性资产持有者的年龄来看，如图2-20所示，泡沫经济时期，50岁代际和60岁以上代际家庭拥有的股票、投资信托等风险资产比例较高，未满30岁的代际家庭的持有比例最低。这主要是由于金融资产集中于老年群体，日本呈现越老越富现象，老年人负债压力较小，更愿意投资于风险较大的资产。由图2-21、图2-22可知，1982~1987年，存款利率为负，而股票投资收益率震荡增加，因此持有股票确实有更好的收益可能性，但是自1987年之后，股票投资收益率便开始下跌，1990~1993年泡沫经济崩溃时期更是低于存款利率，持有股票资产比重较高的50岁代际及以上的家庭可能在泡沫经济膨胀时期获得更大的投机收益，或在泡沫经济崩溃时受到更大损失。

　　整体来看，本节系统梳理了日本泡沫经济的形成机制，阐述了其产生背景以及政府、企业、金融机构、社会层面的原因。进一步归纳，关于日本泡沫经济形成机制如图2-23所示。

---

① 王西民：《日本家庭金融资产的选择行为：风险与对策》，《国际金融研究》2000年第6期，第62~69页。

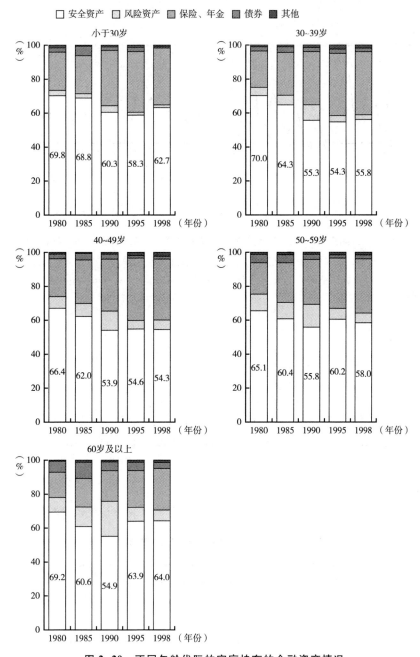

图 2-20　不同年龄代际的家庭持有的金融资产情况

资料来源：中川忍、片桐智子，日本の家計の金融資産選択行動—日本の家計はなぜリスク資産投資に消極的であるのか？ https：//www. boj. or. jp/research/brp/ron_1999/data/ron9911c. pdf。

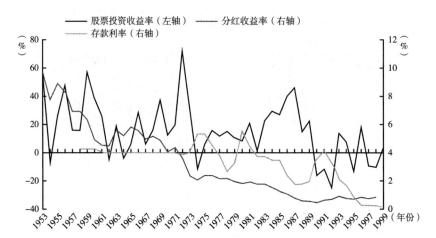

图 2-21　金融资产的收益情况（股票投资收益率、分红收益率、存款利率等）

资料来源：中川忍、片桐智子，日本の家計の金融資産選択行動：日本の家計はなぜリスク資産投資に消極的であるのか？ https：//www. boj. or. jp/research/brp/ron_ 1999/data/ron9911c. pdf。

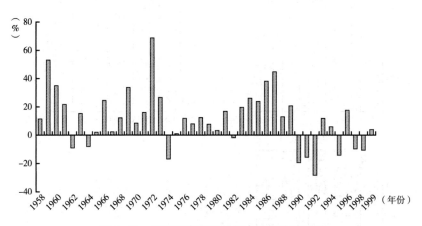

图 2-22　股票投资收益率与存款利率的差值

资料来源：中川忍、片桐智子，日本の家計の金融資産選択行動：日本の家計はなぜリスク資産投資に消極的であるのか？ https：//www. boj. or. jp/research/brp/ron_ 1999/data/ron9911c. pdf。

　　由此可知，日本泡沫经济的形成机制可以归纳为三部分：第一，日本政府与央行的决策失误，货币供应量过剩为泡沫经济的形成提供了宏观条件；第二，金融机构和企业行为变异，特别是缺乏风险管理意识的投机行为直接导致资产泡沫形成；第三，"土地神话"、良好的

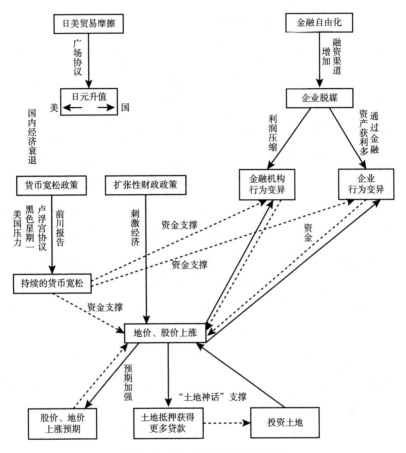

图 2-23 日本泡沫经济形成机制

经济预期与狂躁的社会风气为泡沫经济生成与持续提供了心理支撑。这三种机制相互影响，导致日本资产泡沫的迅速扩张，引发了全局性的泡沫经济。

第三节 日本泡沫经济的特征

日本泡沫经济的特征主要体现在：第一，双重资产价格泡沫结合体；第二，低利率、低通胀与高通货并存；第三，实体经济支撑不住虚拟经济的过度繁荣。

一　双重资产价格泡沫的结合体

资产价格上涨是所有泡沫经济的共同特点。与历史上发生过的南海泡沫、郁金香泡沫等单一资产价格上涨的泡沫经济不同，日本泡沫经济是股票、房地产双重资产泡沫强烈作用下的全局性泡沫经济。

日本股票、房地产市场泡沫膨胀几乎是同时进行的，均集中在 1985~1990 年前后，相对于股票市场来说，房地产市场的崩溃相对滞后。从图 2-24 中可以看出，东京证券交易所总市值上升速度明显分为两个阶段。1985~1990 年，总市值同比增长几乎在 15% 以上，1987 年 1 月达到最高增速 69.99%，其增长速度可见一斑。而 1990 年开始，东京证券交易所总市值同比增速显著下滑，总市值严重跌落。待稳定时，总市值仅为顶点时的 1/2 左右。与股市同步上涨的是土地价格和房产价格。由表 2-12 中可知，从 1985 年开始，日本六大主要城市土地价格增速明显提高，1988 年六大主要城市总体平均地价同比增速达到 27.9%，2 年后平均地价同比增速并没有下降反而进一步上升，到 1990 年六大主要城市总体平均地价同比增速达到 30.08%。之后增速开始迅速下滑，1991 年以后，土地价格以 -10% 的速度迅速回落。

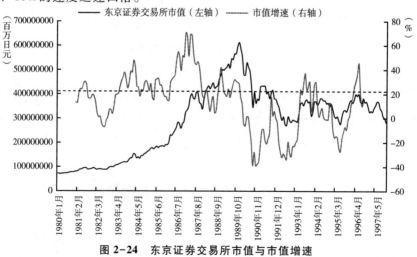

图 2-24　东京证券交易所市值与市值增速

注 1：东京证券交易所市值增速＝（本年市值/上年同期市值-1）×100%；东京证券交易所市值为东京证券交易所总市值。

资料来源：东京证券交易所。

表 2-12 1981~1996 年日本六大主要城市土地价格增速

单位：%

年份	六大主要城市总体平均地价增速	六大主要城市商业用地地价增速	六大主要城市住宅用地地价增速
1981	8.41	8.1	10.45
1982	6.8	7.94	6.7
1983	4.71	6.84	3.96
1984	5.23	8.89	3.41
1985	7.4	13.17	5.58
1986	14.32	28.86	9.62
1987	25.89	33.77	26.97
1988	27.9	41.76	23.14
1989	24.44	25.08	15.29
1990	30.08	27.64	33.09
1991	3.07	3.28	2.1
1992	-15.53	-15.25	-17.95
1993	-17.97	-22.44	-18.66
1994	-11.53	-18.48	-8.52
1995	-13.44	-24.25	-7.84
1996	-11.16	-20.97	-6.05

注：增速计算公式 = （城市土地价格指数/去年同期城市土地价格指数-1）×100%。
资料来源：日本统计局。

需要注意的是，在 20 世纪 80 年代后期的泡沫经济之前，日本的房地产市场便迎来过两次繁荣景象。如图 2-25 所示，1957~2013 年，日本经历了 4 次土地价格快速上涨的阶段，而在泡沫经济之前的 20 世纪 60 年代初、70 年代初已经出现了两次土地价格的高速增长。但是同期并未出现股票市场的过度繁荣表现。如图 2-26 所示，1970~1985 年，东京证券交易所总市值基本上是平稳增长，至 1985 年之后增长速度突然加快。在 20 世纪 70 年代初，日本的土地价格增长明显，但是股票价格仅在 1972 年有明显增长，在其他年份变动较小。因此，20 世纪 80 年代后期形成的泡沫经济，主要是股票市场与房地产市场的过度繁荣交织在一起，使单一资产泡沫迅速演化为全局性的泡沫经济，这种双重资产价格的持续攀升不仅挤占了实体经济的投资，而且也提高和增大了泡沫经济崩溃的风险与负面影响。

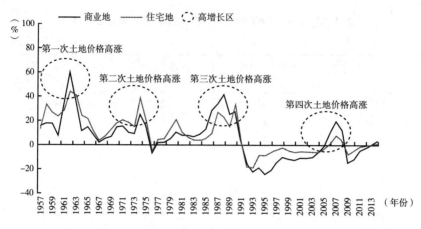

图 2-25　日本土地价格的增长率

资料来源：田邉信之，日本の不動産投資市場の現状と今後の展望，http：//www. asset-b. net/files/forum/2016/03. pdf。

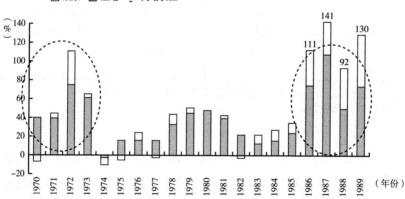

图 2-26　1970～1989 年日本土地与股票价格情况

资料来源：田邉信之，日本の不動産投資市場の現状と今後の展望，http：//www. asset-b. net/files/forum/2016/03. pdf。

另外，还需要说明的是，尽管 20 世纪 60 年代前期、70 年代前期土地价格高涨，但是实际并未演化为泡沫经济，不仅仅是因为同期没有股票、证券等资产市场泡沫的助力，而且是土地价格高涨的环境与 20 世纪 80 年代后期不同。如表 2-13 所示，一是经济发展环境不同。一方面，利率环境不同，20 世纪 80 年代后期利率下降明显，市场流动性过剩；另一方面，20 世

纪 60 年代前期、70 年代前期的预期经济增长率均为大幅上升，而 80 年代
后期则为上升，即经济增速放缓。二是土地价格高涨的驱动力不同。20 世
纪 60 年代前期为经济复兴、高速增长，70 年代前期是列岛改造，而 80 年
代后期为东京发展为世界都市与日本第一信念。三是主要投资的主体不同，
20 世纪 60 年代初为制造业企业即实体经济发展需求，70 年代初是以大企业
为中心的全体国民，80 年代后期则是以中坚、中小企业为中心的全体国民。
整体来看，20 世纪 60 年代初、70 年代初土地价格的高涨是在经济高速发展
的背景下，以实际需求为支撑，以大型企业为主体，资产价格的高企没有
过分脱离实体经济发展。而 80 年代后期，经济增速有所放缓，投资主体转
为中坚、中小企业，不仅投机性强，而且风险承担能力弱，土地价格高涨
逐渐脱离实体经济需要，转为资产市场独自的"狂欢"，因此房地产市场泡
沫膨胀，加之股票市场泡沫，形成了全局性的泡沫经济。

表 2-13　日本土地价格上涨情况

土地价格高涨时期	20 世纪 60 年代	70 年代	80 年代后期
利率	略有下降 （实际水平较低）	略有下降 （实际水平较低）	下降
风险溢价	低位稳定 （"土地神话"）	低位稳定 （"土地神话"）	低位稳定 （"土地神话"）
预期经济增长率	大幅上升	大幅上升	上升
驱动力	日本经济复兴 高速增长	列岛改造	世界都市·东京 日本第一
投资主体	制造业 （实体经济）	以大企业为中心的 全体国民	以中坚、中小企业 为中心的全体国民

资料来源：田邉信之，日本の不動産投資市場の現状と今後の展望，http://www.asset-b.net/files/forum/2016/03.pdf。

总而言之，20 世纪 80 年代后期，股票、房地产双重资产泡沫的交叠
是当时泡沫经济的重要表现。也正是由于日本股票、房地产市场的几乎同
步的繁荣与崩溃，对日本经济产生了更具有交织性、复杂性的重大影响，
相较于单一资产泡沫，这种全局性泡沫经济的影响也更为深远与持久。

二　低利率、高通货与低通胀并存

泡沫经济前期，日本于 1986 年 1 月开始 5 次下调再贴现率，再贴现率从 4.5% 开始降低，到 1987 年 2 月再贴现率降至 80 年代最低水平 2.5%。2.5% 的低再贴现率一直维持到 1989 年 6 月。再贴现率的降低会拉低市场利率，包括存款利率和贷款利率。在资金利率降低的情况下，由于筹集资金成本降低，企业向金融机构借款数额会增加，货币供应量会增加。根据交易方程式，在货币供应量增加的情况下，商品价格应该也会相应提高，即利率降低则通货膨胀率提高。

股市总市值在 1990 年增长到 1985 年的 4 倍，东京住宅用地地价在泡沫经济崩溃前夕上涨为 1985 年的 2.5 倍以上。而与此对比鲜明的是，在泡沫经济期间（1985~1990 年）消费者物价指数同比增速几乎为 0，1987 年甚至还有下降的趋势（见图 2-27），1989 年 4 月消费税提出后，当年消费者物价指数同比上涨了 2.3%[①]。整体而言，日本在泡沫经济期间，消费者物价指数并没有因为低利率、高通货而提高，低利率、高通货与低通胀并存在很大程度上要归功于日元升值。在日元升值背景下，日本进口商品价格下降导致生产者成本降低，从而产成品的物价能够保持稳定。另外，现实购买力相对投资需求较低也是重要的原因之一。由图 2-28 可知，在 20 世纪 80 年代之后宽松的金融政策环境下，货币供应量的同比增长率有所提高。但是，相较于 70 年代初，无论是 M1、M2、广义流动性还是具体的现金、存款等，80 年代之后这些货币供给余额的同比增长率反而下降。而且，在 1984~1989 年泡沫经济膨胀期间，现金、存款、广义流动性的同比增长率增加，但是 CD 同比增长率也大幅高于现金、存款、广义流动性，且先下降后增加。另外，20 世纪 80 年代至 90 年代初，M1 增速普遍小于 M2 增速，M1 表征了当时日本社会的现实购买力，M2 增速不仅反映现实购买力，也反映潜在购买力，由于 M1 增速小于 M2 一定程度也说明当时民众的需求较低、投资较热，另外 M3 加上基金、国债

① 香西泰、伊藤修、有冈律子，バブル期の金融政策とその反省，https：//www.imes.boj.or.jp/research/papers/japanese/kk19-4-8.pdf。

等的广义流动性以及 CD 的同比增长率保持高位，大量流动性涌入了具有高收益的资产市场寻求投资、投机机会。当然，当时通货膨胀率较低也与民众实际工资涨幅不大有关。

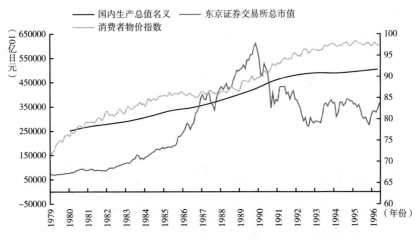

图 2-27 日本名义 GDP、消费者物价指数、股市总市值对比

注：1980 年度以前数据根据「平成 10 年度国民经济计算（平成 2 年基准·68SNA）」所得、1981 年度和 1994 年度数据由「平成 21 年度国民经济计算（平成 12 年基准·93SNA）」所得、1995 年度之后数据来自「平成 24 年 1-3 月期季度 GDP 速报（2 次速报值）」。

资料来源：名义 GDP 为年度数据，来源于日本内阁府；消费者物价指数来源于日本统计局，2005 年 = 100。

但是值得注意的是，20 世纪八九十年代日本消费者物价指数有两个小高峰。1981~1985 年的高通货膨胀率归因于 70 年代第二次石油危机。石油价格猛增导致国内进口能源价格升高，形成了输入型通货膨胀。从 1989 年初开始，日本消费者物价指数同比增速大幅上升，1990 年 11 月同比增速达到 4.2%，而这时资产泡沫已经开始破灭。对于此现象的推测有两个，第一个推测是由于 M2 同比增速常年保持在 10%，资产泡沫已经无法吸收过多的货币供应量；第二个推测是资产泡沫开始崩溃，资金从股市和房地产市场开始向实体经济转移。

实际上，低利率、高通货与低通胀并存不仅是泡沫经济异常特征，而且低通胀也是间接推动日本泡沫经济膨胀的助力器。这是因为中央银行通常以保持稳定的物价作为制定金融政策的目标之一，所以在当时低通胀的

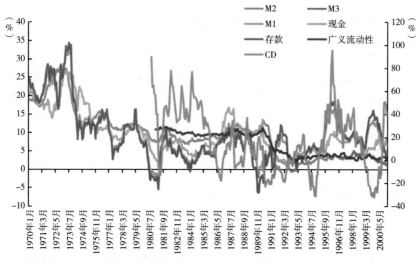

图 2-28　1970~2000 年日本货币供应量增长率

资料来源：根据日本银行统计数据制作而成。

环境下日本长时间施行了宽松的货币、财政政策，不断向市场释放流动性，为资产泡沫膨胀演变为泡沫经济提供了充裕的资金条件。

三　虚拟经济过度繁荣、实体经济投资效率低

泡沫经济期间，日本经济波动明显，虚拟经济过度繁荣不难理解，前文已经用相当篇幅介绍了股票、房地产市场的火热发展，而当时的日本经济过热也有一定的实体经济发展的支撑，只是实体经济投资效率低，反而产生了投资过剩问题，进一步提高了泡沫经济崩溃风险。

泡沫经济膨胀期间经济活动过热，如图 2-29 所示，1980~1990年，日本经济增速除 1986 年稍有减慢外，其他年份实际 GDP 增速均在2% 以上。尤其泡沫经济期间，实际 GDP 增速基本在 4% 以上。而名义GDP 比实际 GDP 数据更为乐观，1991 年名义 GDP 增速甚至达到8.6%。不论从实际 GDP 还是名义 GDP 中都可以看到经济发展状况十分可观，据统计，泡沫经济时期的景气持续时间长度在当时仅次于 20世纪 60 年代后半期的伊奘诺景气，实际 GDP、工矿业生产年平均增长

率分别达到 5.5% 与7.2%①。整体来看，在 20 世纪 80 年代，日本经济处于中高速发展时期，这种中高速发展并不是简单由资产市场的"虚假繁荣"所支撑，而实际上房地产市场、股票市场的交易并不纳入 GDP 核算中，这一时期日本 GDP 较高的增长率在于日本社会内需的扩大以及企业投资的增加，即有一定的实体经济快速发展的基础支撑。二战后至 20 世纪 80 年代之前，日本的经济高速增长，主要依赖于日本政府主导下的外向型经济发展模式，而 20 世纪 80 年代之后，在内外压力下，日本开始重视扩大内需，民间内需对经济增长的贡献度稳步提升，另外，企业设备投资火热，特别是 80 年代后期，设备投资对经济增长的贡献迅速增加，在 1989 年达到阶段性峰值，而且 1985~1990 年，企业的设备投资额与名义 GDP 的比值始终高于15%，并震荡增加达到20% 左右的高水平。因此，如图 2-30，民间企业投资在泡沫经济期间表现良好，1985 年民间固定资本同比增速高达 11.2%，其后增速也基本保持在 7% 左右。

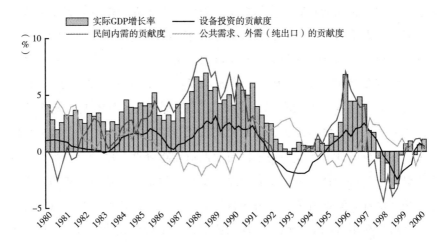

图 2-29　1980~2000 年日本的 GDP 增长率与设备投资的贡献

资料来源：日本政策投资银行，日本企業の設備投資行動を振り返る，https：//www.dbj.jp/reportshift/report/research/pdf/17_ s.pdf。

<hr />

① 翁邦雄、白川方明、白塚重典，資産価格バブルと金融政策：1980 年代後半の日本の経験とその教訓，日本銀行金融研究所/金融研究/2000.12，https：//www.imes.boj.or.jp/research/papers/japanese/kk19-4-9.pdf。

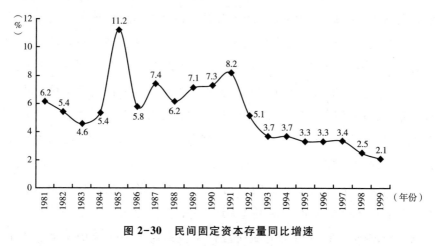

图 2-30　民间固定资本存量同比增速

资料来源：「民間企業資本ストック確報」平成 21 年度確報値（平成 12 年基準：
93SNA）（昭和 55 至平成 21 年度）（平成 23 年 1 月 7 日）；同比数据为年度数据。

　　但是，如图 2-31 所示，20 世纪 80 年代后期，中坚、中小企业的设备投资活动更为踊跃，设备投资额的增速明显快于大企业，而且金融机构对中坚、中小企业的贷款态度指数也逐渐优于对大企业的贷款态度指数。

　　但是，由于中坚、中小企业风险承受能力较差，投资管理效率较低，没有严格规划并筛选合适的设备投资项目，为了扩大企业规模，对一些低资本收益率的项目也进行投资，一定程度造成了投资过剩问题。例如，1985 年之后，由于"广场协议"造成日元急速升值，日本制造业企业的价格竞争力下降，出口减少，进口增加，依赖出口的制造业企业被迫将国内生产转移至海外，产业结构中制造业产值比重降低，服务业等第三产业比重提高。在这种情况下，以制造业为中心的设备投资依然火热的原因主要是基于设备更新或者节省人力为目标的投资。但是，这一时期企业的资本库存增长在很大程度上超过了现金流增长，更新投资的倾向性增加不明显，而且从劳动分配率以及工资的变动方面也找不到企业省力化投资大幅增加的证据。也就是说，这一时期企业大幅进行设备投资，制造业生产能力也再度提高，是一种期待需求扩大的生产能力增强型的投资行为，但是由于民众实际工资的涨幅有限，消费需求的扩大不及设备投资的增长，于是出现过剩投资问题。这一时期企业的资产收益率震荡降低也侧面验证了企业设备投资效率的相对低下，为之后的投资过剩埋下伏笔。究其原因，

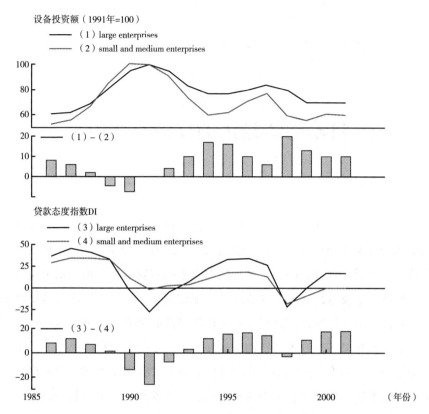

图 2-31 企业设备投资额指数与金融机构的贷款态度指数

资料来源：永幡崇、関根敏隆，設備投資、金融政策、資産価格—個別企業データを用いた実証分析—，https：//www.boj.or.jp/research/wps_rev/wps_2002/data/cwp02j03.pdf。

更多的是当时 GDP 增长率保持高位，企业对自身经营销售额的预期过高，推迟了改善投资行为模式进程，出现重复投资或者低技术、低效能生产项目的过多投资，与此同时，资产市场的"虚假繁荣"使得企业的注意力向短期的金融资产投机获利转移，对以企业长期成长为目标的设备投资的关注力下降，设备投资行为出现偏差。①

---

① 櫨浩一、Chan Chun Hong，過剰生産能力と設備投資の中期的な見通し，https：//www.nli-research.co.jp/files/topics/35295_ext_18_0.pdf。

第三章

日本泡沫经济的崩溃与影响

日本泡沫经济崩溃后，日本经济受到严峻打击。1991年日本实际GDP增长率从1990年的6.2%猛跌至2.3%，到1993年实际GDP更跌为负值。而之后日本银行的不良债权问题迟迟得不到解决，物价出现通货紧缩，经济再也没有出现过中高速增长。即使到现在，日本经济发展从数据上来看依然不容乐观。可以说，日本泡沫经济的崩溃开启了日本经济长期以来的下行轨道，对日本经济的健康发展产生了巨大的负面影响。但是这种损失到底有多大，影响面到底有多广，日本对此讳莫如深，学术界也未给出系统答案。如何从日本泡沫经济崩溃中吸取教训，将是我们需要深入研究的重大课题。

第一节　日本泡沫经济的崩溃

日本泡沫经济的直接表现是股票、房地产市场的过度繁荣，而其崩溃的起点也是股票、房地产资产价格的暴跌。这一节主要梳理日本泡沫经济的崩溃表现、过程与对经济产生的影响。

一　骤然提息导致股市泡沫崩溃

随着泡沫经济的深化，1989年12月29日，日经225平均股价达到历史峰值，为38915.87日元，而TOPIX（东证股价指数）早在1989年12月18日就已达到历史峰值2884.18，之后便呈现股价下降趋势。然而，市场对股价上涨的预期依然热烈，1990年1月3日，日本经济新闻对20

家主要企业经营者进行的调查问卷显示股价最高点能达到 48000 日元，最低点也为 36000 日元。因此，1990 年初，日本社会仍对日经平均股价突破 40000 日元倍加期待。但是，事实上 1990 年前后，日本股票确实开始崩溃步伐，先是 1 月 4 日日经平均股价骤跌 202 日元，接下来 4 月 2 日暴跌至 28000 日元左右，4 个月左右暴跌 10000 日元，跌幅高达 28%，尽管之后在 7 月，股票价格有所回升，日经平均股价升至 33000 日元左右，但是随着 8 月 2 日伊拉克入侵科威特，世界局势的不确定性恐慌蔓延，日本的股票价格继续下跌，10 月初即跌破 20000 日元，股票市场泡沫已然破裂成为社会共识。而且，比较 1989 年与 2019 年世界股票市值的排名可以发现，1989 年，股票市值排名世界前 5 位的均为日本企业，排名前 50 位的企业中，日本企业就占 32 家，其中世界股票市值排名前 50 位的企业中，金融机构有 17 家，17 家全部为日本企业，可见当时日本股票市场的繁荣以及金融机构在世界的巨大影响力。但是，30 年来，随着日本泡沫经济的崩溃，日本企业股票市值在世界的排名发生了翻天覆地的变化，按照 2019 年 4 月的统计，世界股票市值前 50 位的企业主要是美国、中国 IT 企业，其中美国有 31 家，中国有 7 家，而日本仅有丰田 1 家企业上榜。①

　　普遍认为，日本泡沫经济中股票市场崩溃的直接推手是 20 世纪 80 年代末 90 年代初日本实施的紧缩性金融政策，特别是提高利率水平直接刺破了股票市场泡沫。如第二章所述，1986~1989 年初，日本一直保持宽松的货币政策，再贴现率维持在 2.5% 的低利率水平（见图 3-1）。之所以维持货币宽松政策，外因是欧美各国尤其是美国对日本的压力，内因是经济增长方式的改变和日本恐惧经济衰退。另外一个重要原因是日本通货膨胀率并没有因为流动性增加而上涨。在宏观经济中，调节基准利率的很重要的指标是通货膨胀率，因为通货膨胀率是检验经济是否过热的一个很重要的指标。然而由于日元升值、对美国等国家进口规模增多等因素影响，日本通货膨胀率一直低于 2%（见图 3-2），因此日本并没有及时上调贴现率。直到 1989 年，CPI 同比增速持续超过 2%，再加上土地和股票价格

---

① 世界時価総額ランキングからみる、平成の世界経済の変容とは? https://www.excite.co.jp/news/article/Startupdb_ 7276/? p=2。

的上涨，日本当局开始惧怕景气过热。1989 年 5 月 CPI 同比增速高达 2.9%，日本银行开始进行货币紧缩，4 年间首次将再贴现率从 2.5% 提高到 3.25%。

然而日本银行将再贴现率提高到 3.25% 后，CPI 同比增速并没有出现显著下降，依然在 2%~3% 徘徊，M2 增速依然在 10% 左右，股票价格也依然在上涨。之后，日本央行在 1989 年 10 月再次将再贴现率提高到 3.75%。再贴现率提高后，CPI 增速在 1989 年 11 月有过短暂下降，但是之后以更加迅猛的速度开始飙升，M2 增速依然在 10% 左右，股票价格也并没有停止上涨的态势。在股票价格和物价指数都居高不下时，日本银行于 1989 年 12 月和 1990 年 3 月又分别上调再贴现率至 4.25% 和 5.25%。终于在 1989 年 12 月底，股市在到达顶点后开始急剧下跌，导致股市泡沫的崩溃。

CPI 同比在 1990 年 3 月后有所下滑。1990 年 8 月，由于 CPI 又有复苏迹象，M2 增速依然在 10% 以上，再加上总量控制政策的实行，日本央行将再贴现率提高到 6%。遗憾的是，再贴现率提高非但没有把通货膨胀率控制在合理范围内（1990 年 9 月至 1991 年 6 月通货膨胀率始终在 3% 以上），反而实施了紧缩的货币政策导致货币供应量急剧减少。股市由于缺乏足够的资金支撑价格开始猛跌、土地交易也由于没有宽松的货币环境而成交量下降。但是，激进的紧缩政策刺破了股市泡沫，房地产价格却依然居高不下。

除此之外，股票是一种虚拟资本，虚拟资本作为生息资本，也是一种意义上的"资本"，同样满足资本运行的实质，马克思认为，其利息率部分取决于总利润率，而且"不管怎样，必须把平均利润率看成利息的有最后决定作用的最高界限"[1]，也就是说以利息形式存在的实际价值增量具有上限。[2] 换句话说，股票价格本身也存在一种上限，达到峰值后必然会跌落，直至符合其代表的实际价值，甚或者低于其代表的实际价值。而且对于股票这种纸券，"这种纸券的市场价值，一部分是投机的，因为它

---

① 马克思：《资本论》（第三卷，中译本），人民出版社，1975，第 405~406 页。
② 冯维江：《从马克思主义经济学视角反思次贷危机——虚拟经济总量结构与经济稳定性分析》，《中国市场》2011 年第 20 期，第 35~43 页。

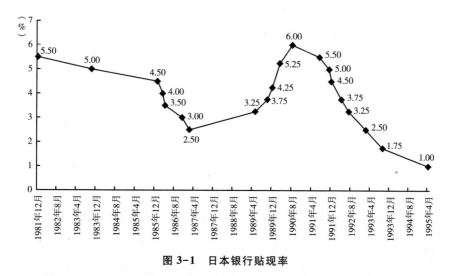

图 3-1　日本银行贴现率

资料来源：Wind 金融数据库。

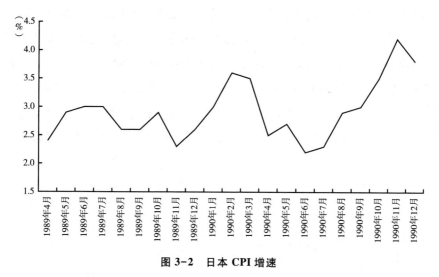

图 3-2　日本 CPI 增速

资料来源：日本统计局。

不是由现实的收益，而是由期待的收益，计算决定的"[①]。因此，其受市场预期的影响非常明显，经济波动或者重大社会事件的发生都有可能造成市场预期的转向。

---

① 马克思：《资本论》（第三卷，中译本），人民出版社，1975，第337~338页。

二 总量控制政策刺破房地产泡沫

资产泡沫持续的重要因素是资金支持，如果失去资金支撑，泡沫也将逐渐崩溃。第二章也提到，日本泡沫经济时期的土地投机大都是企业通过土地进行贷款获得资金再投向房地产，并非企业和个人的自有资金。针对地价飞涨问题，日本政府最早于 1987 年就修改并推出最新"土地交易监视区域制度"，但是效果并不明显。1990 年 3 月 27 日，大藏省对银行业房地产行业融资进行了总量控制的行政指导。总量控制于 1991 年 12 月解除，持续了 1 年零 9 个月。1981~1989 年房地产行业贷款余额增速持续高于总贷款余额，1986 年甚至是总贷款增速的 4 倍，但是在实行总量控制后，房地产贷款余额增速几乎与总贷款增速持平。自总量控制出台后，提供给房地产行业资金减少，导致购买地产进行投机的需求降低，进而引发了土地交易的减少和价格下降。由于需求小于供给，根据供求原理，土地价格下降成为必然趋势。土地价格的下降引起投机者的恐慌，更加急于出售地产。对于企业来说，土地价格下降意味着通过抵押获得的贷款很难通过出售土地偿还，也很难再通过抵押土地获得高额贷款，土地投机已经成为过去。

如图 3-3 所示，日本 1990 年土地成交量依然为 221 万件，处于较高水平，然而到 1991 年成交量锐减至 200 万件。在三大城市圈中东京地区土地成交量下滑最为明显，1990 年成交数尚为 41 万件，到 1991 年下降

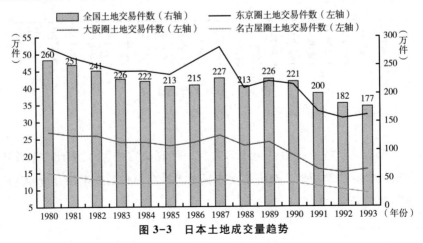

图 3-3　日本土地成交量趋势

资料来源：根据国土交通省《土地白皮书》统计所得。

至 33 万件，其他城市圈成交量也是纷纷下滑。可以说，总量控制成为刺破房地产泡沫的一个关键因素。

在土地价格方面，1992 年开始土地价格增速开始为负数，而且基本保持在-10%以上。地价的下跌一直持续，1997 年六大主要城市土地价格指数仅为 124.4，连 1991 年 285.3 的 1/2 都不到。土地价格的下降直到 2005 年才逐步收敛。

第二节　泡沫经济崩溃对日本经济的负面影响

一　产生大量不良债权导致金融危机

日本泡沫经济崩溃后，除了股价和房地产价格急剧下跌外，金融机构和企业由于深涉房地产市场和股市的投机，资金周转出现严重问题，银行不良资产增加，在资金周转困难情况下银行纷纷出现倒闭，引发了影响深远的金融危机。

20 世纪 80 年代后期，房地产行业中用于购买土地的资金来源几乎是从银行借款而来。在土地价格暴跌后，由于出售土地已经无法获得相应金额资金，很多企业难以支付贷款的利息和本金。银行的收益遭到挤压，更严重的是银行的不良债权问题在逐渐扩大。即使银行将土地收回，由于土地价格已经下跌，也难以弥补无法追回贷款的损失。泡沫经济崩溃后，房地产、股票的价格下跌导致企业的经营状况迅速恶化，企业无法偿还贷款。不动产作为贷款抵押担保，其价格下跌直接使正常贷款变成了不良资产。证券价格的下跌使得金融机构以有价证券形式保有的资产价值随之下跌。泡沫经济期间，金融机构贷出资金的结构过于失衡，大多资金流向了中小企业，不少大企业因为投资股票及房地产亏损影响经营活动，中小企业受大企业加工订货的减少以及市场需求下降的影响，经营情况迅速恶化，债务负担加重而难以偿还贷款，不得不倒闭破产，不良债权问题迅速恶化。

随着土地价格不断下跌，不良债权的数量越来越多。面对大量不良债权的存在，大藏省并没有及时做出正确的决策，甚至没有及时公布准确的不良债权数字，导致处理不良债权的良机一再错失。1992 年 4 月，大藏省公布了不良债权总额。根据数据，城市银行、信托银行和长期信用银行的不良债权总额为 7 万亿~8 万亿日元，其中有 2 万亿~3 万亿日元可能成为坏账。之后大藏省又提供了更准确的数据，不良债权总额为 7.99 万亿日元，坏账损失大约为 2.56 万亿日元。但是，事实证明，大藏省公布的数据仅仅是不良债权数额的冰山一角。其原因是：第一，大藏省在数据统计时没有将地方银行和第二银行包括在内；第二，并没有考虑隐性的不良债权数额。1992 年 10 月大藏省公布的不良债权数额已有明显增加，总额升至 12.3 万亿日元。

关于泡沫经济破灭对不良资产的影响，日本政府一直讳莫如深，直到 1995 年 7 月，日本大藏省银行厅才首次宣布，按照国际通行国际会计标准核算，日本银行业不良资产已经达到 50 万亿日元，占日本 GDP 的 1/10 以上。[①] 针对不良债权的扩增及金融机构、企业的接连破产，日本金融界也一致呼吁在金融自由化进程中加强金融行政的透明性，明确企业自我责任意识，促进竞争，完善企业的内部管理机制及金融机构的审查机制，调整经营姿态等。不可否认，不良债权问题加重了泡沫经济崩溃的影响，损害了企业、银行等的资产负债结构，降低了企业及银行等的风险承担能力，后来再加上银行谨慎的惜贷态度，在一段时期内抑制了投资活动的发展，损害了日本经济的长期发展。

金融系统的危机本应是优胜劣汰的过程，在这个过程中经营良好的企业得以生存、经营不善机构破产是自然规律。危机虽然带来破坏，但也能够提高金融系统的应变能力。然而一直将金融系统纳入保护圈的大藏省决定继续对金融机构统一保护，不让一个金融机构"掉队"。不良债权的规模大，而且是处于上涨趋势，大藏省企图挽救所有金融机构几乎是不可能的。大藏省的方式是调动各大金融机构共同对处于危机的机构进行救助，共同消除不良债权。这导致危机中的金融机构自身没有强烈的主动性去解决问题，而且协助式的救助给某些资产良好的银行带来负担。

---

① 王宇：《国际经济协调中宏观政策的可能失误——日本泡沫经济的形成与破灭》，《经济研究参考》2004 年第 67 期，第 2~26 页。

　　在大藏省错误的决策和潜在不良债权逐渐显现后，银行逐渐破产或重组。东洋信用金库和大阪府民信用组合分别在1992年和1993年被其他金融机构吸收合并。山一证券、北海道拓殖银行、长期信用银行等大型金融机构从1997年开始相继破产，"银行不倒"的神话被打破。随着1998年亚洲金融危机的到来，本来就深陷不良债权问题中的日本银行业在危机面前更毫无反抗之力。1998~1999年破产金融机构高达74家（见表3-1），日本陷入空前未有的金融危机之中。

表3-1　1991~2003年日本金融机构破产数量

单位：家

金融机构	1991~1994年	1995年	1996年	1997年	1998年	1999年	2000年	2001年	2002年	2003年
银行	1	2	1	3	5	5	0	2	0	1
信用金库	2	0	0	0	0	10	2	13	0	0
信用组合	5	4	4	14	25	29	12	41	0	0
合计	8	6	5	17	30	44	14	56	0	1

资料来源：张季风《日本经济概论》，中国社会科学出版社，2009，第204页。

　　不良债权的大量产生和金融危机极大地损害了家庭、金融机构及企业的资产负债表结构。从家庭经济角度看，在1987~1990年泡沫经济膨胀期间，日本家庭的资产及负债额均出现大幅增加的态势，其中，日本居民的金融负债规模比相对于1983~1986年增长了1.3倍，而同期的国民可支配收入增长率只有5.92%，其中家庭部门因购买住房和土地的负债占总负债的比重呈较快上升趋势，由1980~1985年的平均42%上升至1986~1990年的49%。① 资产及负债总额同时大幅增加，说明家庭用于购买资产的资金主要是来自贷款而非货币储蓄。根据日本家庭新增的住房贷款额的季度数据分析，20世纪70年代至80年代初，家庭新增的住房贷款额基本处于平稳增加的趋势，在7000亿~10000亿日元，但是1985年

① 王雪峰：《房地产泡沫和金融安全——日本泡沫经济的启示》，《外国问题研究》2006年第4期，第8页。

的第四季度陡然增加至 14641 亿日元，1987 年的第三季度高达 34710 亿
日元①，相较于 20 世纪 80 年代初增幅高达 3 倍左右。可见，日本泡沫经
济的膨胀使得家庭负债率迅速上升，偿付能力下降，加大了金融系统的违
约风险。从金融机构来看，日本泡沫经济严重恶化了金融机构的资产素
质。在泡沫经济加速膨胀乃至崩溃阶段，银行机构的贷款准备金比率迅速
上升，由 1988~1990 年的平均 0.05% 上升到 1995~1998 年的 1.27%；而
且贷存比也从 1980~1985 年的平均 77.9% 上升到 1986~1990 年的平均
88.1%，而且在泡沫经济生成、膨胀阶段，银行业贷款主要流向非金融机
构及非制造业的中小企业，这部分贷款主要用于购买股票及房地产，增加
了银行机构的流动性风险，加大了金融机构面临的违约风险，整体上损害
金融机构的资产素质。

　　从企业经济角度来看，由财务省关于法人企业统计的相关数据可知，
1973~1979 年，企业从金融机构贷款的资金总额为 5.9 万亿日元。1980~
1985 年为 11.2 万亿日元，其中制造业企业为 2.0 万亿日元，非制造业
9.2 万亿日元，中小企业贷款所占比例达到 60%~70%。1986~1989 年，
企业从金融机构贷款的资金总额为 19.9 万亿日元，其中制造业企业贷款
总额仅为 0.3 万亿日元，而非制造业企业则高达 19.6 万亿日元，占比高
达 98%，在此期间，企业用于购买股票的总金额为 7.5 万亿日元左右，相
较于 1973~1979 年、1980~1985 年的 1.1 万亿日元及 1.8 万亿日元，增幅
高达 3 倍以上。1990~1997 年，企业从金融机构贷款的总额降为 8.1 万亿
日元，非制造业仍占比 60% 左右，中小企业贷款占比近 80%，其中用于
购买股票的资金总额降至 3.2 万亿日元。在总的贷款资金中，用于金融及
土地投资的资金总额相对于用于实体设备投资的资金总额的比率，1973~
1979 年为 48.9%，1980~1985 年为 40.5%，而 1986~1989 年则高达
79.9%，1990~1997 年降为 15%。② 由此可知，在泡沫经济生成、膨胀乃
至崩溃的阶段，日本非制造业的中小企业贷款较多，且主要的贷款资金流

---

　　① 资料来源：wind 资讯。
　　② 资料来源：日本财务省『法人企業統計季報』，转引自村上和光『バブル経済の形成と
　　　　景気変動過程：現代日本資本主義の景気変動（6）』，金沢大学経済論集 = Kanazawa
　　　　University Economic Review，2009，29（2）：23-25。

向了股票、房地产市场，由此企业的资产结构失衡。在泡沫经济膨胀期间，企业的资产负债表扩张，因而企业负债率迅速提高，偿付能力下降，企业的流动性风险攀升。另外，诸多企业内部存在过剩流动性问题，进一步引发了整个市场投资的低效率以及资产投资热潮，为泡沫经济崩溃带来的企业破产问题埋下伏笔。

二　泡沫经济对宏观经济造成巨大冲击

（一）股票、房地产市场动荡直接拖累宏观经济增长

基于宏观视角来看，1970 年及 1979 年日本股票市场的月平均股市市值约为 17.2 万亿日元及 67.6 万亿日元，1980 年及 1989 年约为 72.9 万亿日元及 538.6 万亿日元，1990 年及 2000 年约 462.2 万亿日元及 366.8 万亿日元，其中 1989 年日本股市市值最高，之后基本上逐年减少至 300 万亿日元左右；日本的土地价格是在保值增值理念的推动下，一路飙升。1986 年日本土地价值为 1257 万亿日元，1990 年达到 2365 万亿日元，约是日本当年 GNP 的 3.3 倍。六大主要城市总体平均地价增速从 1980 年的 8.4% 左右骤升为 1990 年的 30% 以上，1990 年底，日本的土地资产总额大约为美国的 4 倍，可见日本的地价泡沫之大。之后 1992 年泡沫经济崩溃，之后几年地价逐年跌幅均高达 10% 以上。从上涨速度来看，如图 3-4 所示，在 20 世纪 70 年代，日本股价及地价出现过较快增长，与此同时经济的发展速度也较快，1970~1979 年，日本实际 GDP 年平均增长率为 4.65%，1980~1991 年为 3.88%，1992 年泡沫经济彻底崩溃之后，至 1998 年为 1.08% 左右。1979 年，日本股价及地价增长率是实际 GDP 增长率的 1.73 倍及 0.95 倍，但是 1988 年地价增长率则为实际 GDP 增长率的 3.5 倍，1989 年股价增长率为实际 GDP 增长率的 6 倍以上，可见资产泡沫膨胀速度之快。同样的，泡沫经济的崩溃速度也极快，1993 年相对于 1989 年，日经平均指数下跌 50% 以上，地价增长率由 8.3% 转为 -8.4%，实际 GDP 总额虽然保持上涨趋势，但是涨幅降为 0.3%，增长速度减为 1989 年的 1/16。[1] 由此可知，从经济增长方面来看，虽然在 20 世纪 80 年

---

[1]　根据东京证券交易所、日本内阁府及日本国土交通省的数据计算所得。

代泡沫经济生成与膨胀阶段，实际 GDP 保持增长态势，但是整体看与 20 世纪 70 年代后期经济的增长速度相差不大。但是，20 世纪 90 年代初泡沫经济崩溃，股价及地价迅速下跌，经济增长受此拖累转为负向增长，经济增长速度骤降并且开启了经济下行的轨道。整体来看，日本泡沫经济伴随着股票、房地产市场的价格暴涨暴跌，在股价、地价上涨阶段，其对经济增长的正向效应并不明显，实际 GDP 增幅不大，但是在股价、地价暴跌阶段，其对经济增长的负向效应却十分明显，直接导致宏观经济增速的大幅下滑。

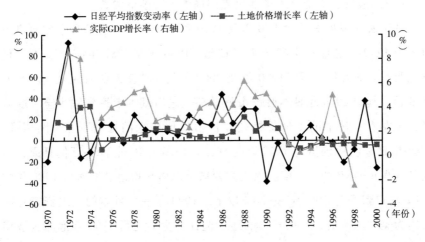

图 3-4　日本股价、地价及实际 GDP 的增长率

资料来源：日本内阁府、日本国土交通省及东京证券交易所。

（二）泡沫经济导致经济发展脱 "实" 转 "虚"

20 世纪 70 年代以来，世界经济发展出现新的趋势即经济虚拟化，虚拟经济不再依附于实体经济，而是逐渐成为相对独立的经济活动区域。在这种经济环境下，日本的金融自由化从 20 世纪 70 年代开始起步，在 80 年代发展十分迅速。而日本金融自由化的加速进行也成为滋生泡沫经济问题的重要原因之一，日本泡沫经济问题反过来将日本经济拉向脱离实体基础趋向经济虚拟化的轨道。马克思的虚拟资本理论认为虚拟资本是货币资本化与信用制度催生下的产物，是生息资本或者具有这种性质的货币资本的一种特殊的表现形式，相较于现实资本的价值及增值，其增值是自行完成的，不通过生产过程而只是通过借贷获得利润。虚拟资本本身不具有价值，仅代表了一种收益权或者货币索取权，但是却能够创造剩余价值。① 其外在表现形式通常是以股票、债券为主等，土地也被马克思看作一种虚拟资本。日本泡沫经济的膨胀主要是以股票、房地产市场泡沫膨胀为代表，而且主要受投机情绪、预期、投资者对市场信息判断偏差等不确定性因素的影响，投资者对其价格变动尤为敏感，相较于实体经济，虚拟资产价格的波动更为剧烈，日本泡沫经济的迅速膨胀以及之后的彻底崩溃均可以证明虚拟经济的相应特征。日本泡沫经济问题引致日本经济发展脱离实体基础而趋向于虚拟化经济，从宏观层面表现为虚拟资产与国民财富的比重攀升，从微观层面表现为民众财富、收入以及企业利润来源的结构中虚拟资产所占比重的增大。如在日本民众家庭的资产负债表中，金融资产所占比重大幅增加。1981 年，金融总资产占家庭总资产的比重为 28.79% 左右，之后逐年增加，1987 年、1988 年及 1989 年分别高达到 53.6%、49.44% 以及 47.91%，1991 年股市泡沫崩溃后降为 35.21%。②

　　但是与此对应实体经济发展却较为缓慢，对实体经济发展的测算通常可以采用工业增加值或者社会消费品零售总额指标。由日本经济产业省统计的工业生产指数数据可知，随着经济的发展，工业生产指数逐渐增加，但是自 1991 年第三季度达到峰值 108.6 之后，其逐渐下滑，而且直至 2006 年第一季度方才达到 108.9，超过之前的峰值。由工业生产指数的增加值来看，1970 年四个季度的指数增加值（与前一季度相比较）分别为 3.5、3.2、1.3 及 0.4，1980 年四个季度的指数增加值分别为 2.4、0.4、-2.5 及 0.2，1985 年分别为 0.1、0.1、-0.3、0.0，1989 年分别为 3.0、0.8、-0.2 及 0.3，一定程度说明在 20 世纪 80 年代泡沫经济生成、膨胀的时期，日本实体经济发展并没有与虚拟经济并驾齐驱，反而落后于虚拟资产的扩张，经济增长的基础已经脱离实体经济而趋向于虚拟经济的发展。而且，1991 年、1992 年泡沫经济崩溃，除了 1991 年第一季度之外，日本工业生产指数的增加值均转为负值，1992 年四个季度的工业生产指数增加值分别为-2.4、-2.3、-0.4 及-2.8，1993 年也基本保持负向

① 马克思：《资本论》（第三卷，中译本），人民出版社，1975，第 378~383 页。
② 资料来源：日本银行网站。

增长，由此可见泡沫经济的崩溃直接拖累了实体经济的发展。整体来看，日本泡沫经济的生成及膨胀使经济发展方向脱离实体经济转为经济虚拟化，但是经济虚拟化的发展改变了经济结构及影响经济主体行为，进而势必影响到整个经济的运行，埋藏巨大的经济风险。日本泡沫经济的崩溃及之后遗留的经济问题则足以说明这一点。

无论是日本泡沫经济的生成、膨胀还是崩溃，对股票、房地产市场的负面影响都十分巨大。通常而言，房地产、股票市场最重要的作用之一就是通过价格机制反映整个社会投资资金的分配情况，也就是说价格的变动是对社会资源优化配置的重要手段。但是如果市场出现泡沫，即表现为股价与企业业绩不再相关，地价脱离了经济基本面而疯涨，这就扭曲了市场的资本配置功能。之后，对经济预期悲观而导致的股票价格暴跌则直接将经济拉入萎靡的泥沼。毋庸置疑，日本泡沫经济的生成就是资产泡沫积累的结果，泡沫经济崩溃也最先从股票市场开始。诸多文献证明了股价、地价的异常变动是因，泡沫经济问题是果，但是反过来的作用机制却很少有人涉及。需要明确的是泡沫经济问题的产生前提是资产泡沫的过度积累，在资产泡沫积累的环节，社会资源的配置效率便开始下降，基于投机目的，资金从实体经济流向业已繁荣的金融及房地产部门，直至泡沫经济生成，在这个时间范畴下，泡沫经济问题必然伴随着资产市场的动乱与资源配置功能的低效。因此，日本泡沫经济问题的恶化导致了股票、房地产市场的动荡，影响了社会资源的有效配置，拖累了经济增长。

三　泡沫经济崩溃对产业活动造成巨大冲击

基于中观视角，泡沫经济生成、膨胀阶段，由于不正确的价格信息的传导，将过多资金引入股票及房地产市场，而忽视了对新的成长性产业的投资，如高科技产业，但是在泡沫经济崩溃后，市场对经济增长的前景看衰，对各产业的投资踌躇不前，进而又再次影响产业发展。从各经济活动的数据来看，20 世纪 70 年代中，1979 年工业总额为 2549.4 千亿日元，制造业总额为 728.7 千亿日元，1970 年工业总额为 1679.5 千亿日元，制造业总额为 488.6 千亿日元，相较于 1970 年，分别增长了 51.8% 及 49.1%。此阶段基本是日本经济稳速增长的阶段，也是资产泡沫开始积累的阶段。20 世纪 80 年代则是泡沫经济生成、膨胀阶段，如表 3-2 所示，相较于 20 世纪 70 年代，1980~1985 年，各经济活动的增幅较明显，但是 1986~1991 年，除了建筑业、批发零售业、金融保险业及房地产业等增幅明显提高外，其他经济活动的增幅未发生明显变化，不仅制造业的增幅未明显扩大，而且包含高技术含量的精密仪器的生产总额增幅下降，可见制造业并未随着经济泡沫的膨胀而等速发展，反而增长幅度变小，因而工业总额的增幅变大主要是建筑业、金融保险业等的拉动。而在泡沫经济崩溃之后，1991~1994 年，工业总额增幅相较于泡沫经济膨胀阶段（1986~1991 年）减少了 50% 左右，制造业增幅下降程度更大，减少了 122.8%，其中电子机械设备的增幅缩减为泡沫经济膨胀阶段的 10% 左右，其余减少了 2 倍左右。可见，泡沫经济崩溃后，日本工业受到重大打击，其中对制造业的打击尤为巨大。同时，相对于 20 世纪 70 年代，在泡沫经济生成、膨胀阶段，制造业中的精密仪器产值的增幅并未明显增加，但是泡沫经济崩溃阶段其增幅却明显减少，这在一定程度上说明，泡沫经济的膨胀并未有效促进技术进步，反而由于泡沫崩溃拖累经济进而影响了技术的发展。

表 3-2　泡沫经济各阶段主要的经济活动的增幅变化

单位：千万日元

经济活动	资产泡沫积累		泡沫经济生成、膨胀		泡沫经济崩溃
	1970~1975年	1976~1979年	1980~1985年	1986~1991年	1991~1994年
工业总额的变化额(下同)	42912.4	36316.9	52,249.3	102347.7	5132.6
1. 农业、林业、渔业	1096.4	-145.5	1017.2	-377.8	101.4
2. 采矿业	-126.7	-31.9	-374.7	42.2	-219.3
3. 制造业	9250.7	9757.9	20312.5	33368.4	-7612.5
(1) 食品、饮料	2605.5	1187.2	1130.0	384.0	-316.3
(2) 化学制品	29.1	1276.1	2613.3	2657.4	1167.4
(3) 机械制品	256.4	1472.0	4158.2	5392.9	-4422.4
(4) 电子机械、设备	1006.3	1610.3	5755.8	12076.1	1206.6
(5) 精密仪器	224.3	425.1	627.1	580.1	-673.2
4. 建筑业	5373.0	3406.0	-1,366.4	14116.2	1674.5
5. 批发及零售业	7639.7	7492.4	4278.0	17970.2	-842
6. 金融保险业	3411.5	3114.9	4277.9	7762.8	-401
7. 房地产业	6994.0	4828.2	6412.0	8547.9	5465.6

续表

经济活动	资产泡沫积累 泡沫经济生成、膨胀 泡沫经济崩溃				
	1970~1975年	1976~1979年	1980~1985年	1986~1991年	1991~1994年
8. 交通、通信业	3198.2	-643.9	3801.5	6359.8	268.9
9. 水、电、汽业	1321.2	1105.1	1224.7	2704.1	408.8
10. 服务业	4754.3	7433.6	12666.4	11853.9	6288.4
政府提供的服务	4434.0	2988.8	2868.0	880.6	1422.1
私人非营利组织提供的服务	1203.0	956.4	1299.6	1196.7	1015

注：数据表示变化额，如 42912.4 表示 1975 年相较于 1970 年工业总额的增加额。

资料来源：根据日本内阁府网站数据整理。

四　泡沫经济导致消费支出与投资结构失衡

根据经济学理论，资产价格的变动与消费、投资之间具有紧密关联，通常来说，资产价格的上涨将通过财富效应、资本成本效应等促使消费支出以及投资的增加，反之亦然。同样的，资产泡沫也对消费及投资具有"挤出"效应及"挤入"效应。所谓"挤出"效应是指，资产泡沫的积累吸收一部分储蓄，挤出投资以及消费的支出；所谓"挤入"效应是指，随着资产价格的提高，泡沫资产作为保值的一种工具，可以作为抵押品而放松企业的信贷约束，这都会提高资源配置效率，"挤入"投资从而促进经济增长。资产泡沫的存在对经济有一定的促进作用，这可以体现在其财富效应以及"挤入"投资的作用上，资产价格提高与经济增长的良性循环应该是，资产价格温和提高，通过财富效应促进消费支出的扩大，进而促进企业投资增加，产出增长，实体经济发展，进一步夯实资产价格提高的经济基础。但是，反之，资产泡沫的过度膨胀将导致投资—消费结构失衡，进而必将引致泡沫的崩溃，损害经济发展。日本泡沫经济时期便随着投资及消费结构的失衡，带来了严重的经济危机。

（一）泡沫经济对消费支出的负向效应

从消费支出的角度来看，如图 3-5 所示，20 世纪 70 年代以及 20 世纪 80 年代，无论是私人最终消费支出还是政府最终消费支出，均呈现缓慢上涨的态势。1989 年之后，日本国内总支出的增长减速，泡沫经济崩

溃阶段一度负向变动，而且从对经济增长的贡献度来看，也就是在 GDP
的年增长率中，国内总支出的贡献度整体上呈现下降趋势，甚至一度转为
负值。日本国内总支出的贡献度在 1970 年为 10.3，1979 年降为 5.5，
1980~1985 年为 3.3 左右，1986~1988 年为 4.4 左右，即使在 1989 年及
1990 年泡沫经济膨胀的顶峰时期，国内总支出对经济增长的贡献度也仅
为 4.8 及 5.1，不及 20 世纪 70 年代初期及后期的情况，但是泡沫经济崩
溃阶段，1991 年贡献度为 3.8，1992 年及 1993 年即跌至 1.0 及 0.3，之
后除 1995 年之外，贡献度基本上在 1.0 左右，1998 年则直接跌至负值。
相较于 1975 年及 20 世纪 80 年代初，除了 1988 年，日本实际收入及可支
配收入增长率在 1987~1991 年并未出现明显的增加，反而在 1992 年之后
出现明显的下降趋势，1993 年日本家庭实际收入增长率为 0.1%，可支配
收入的名义增长率为 0.9%，但是实际增长率降为 -0.2%（见表 3-3）。
而且，从经济学理论分析基于资产泡沫的财富效应，房地产价格暴涨阶
段，民众的消费倾向应该显著提高，但是日本平均消费倾向指数在
1987~1991 年并未提高反而有所下降，泡沫崩溃后也处于下降趋势，同
样的，消费支出的增长率也未发生显著变化。这就一定程度上说明，资

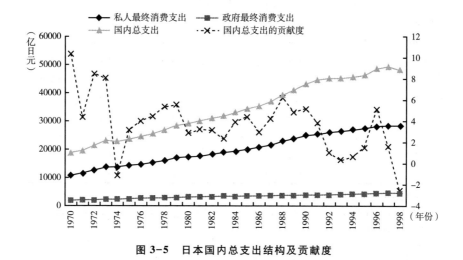

图 3-5　日本国内总支出结构及贡献度

　　注：私人最终消费支出＝家庭最终消费支出＋提供服务的私人非营利组织的最终消费
支出，国内总支出＝私人最终消费支出＋政府最终消费支出。

　　资料来源：日本总务省资料。

产泡沫的生成及膨胀的过程中并未有效拉动消费支出的增长，但是泡沫经济崩溃后却给消费活动蒙上阴影，也就是说，对于日本来说，资产泡沫促进经济增长的良性循环在消费环节已经被阻断，泡沫经济膨胀后的崩溃是必然的，而且正如武藤博道等通过对资产价格与消费进行实证分析认为，相对于资产价格的上升阶段，资产价格的下降对消费的影响更大。① 日本泡沫经济的崩溃对消费的负向作用反而更大，再次阻滞了经济复苏。

表 3-3　日本家庭收入及消费支出的变动

单位：%

年份	实际收入	可支配收入		平均消费倾向指数	消费支出	
		名义	实际		名义	实际
1975	2.7	14.7	2.6	77.0	16.8	4.5
1980	-0.6	6.5	-1.4	77.9	7.1	-0.8
1983	1.3	2.6	0.7	79.1	2.3	0.4
1984	2.3	4.4	2.2	78.7	3.9	1.7
1985	2.7	4.0	1.9	77.5	2.4	0.3
1986	1.4	1.6	1.2	77.4	1.4	1.0
1987	1.9	2.1	2.3	76.4	0.8	1.0
1988	4.0	4.8	4.3	75.7	3.8	3.3
1989	0.7	3.8	1.5	75.1	3.0	0.7
1990	2.0	4.5	1.4	75.3	4.8	1.6
1991	1.8	5.3	1.9	74.5	4.2	0.9
1992	1.1	2.1	0.5	74.5	2.1	0.5
1993	0.1	0.9	-0.2	74.3	0.7	-0.4
1994	-1.1	0.6	0.1	73.4	-0.6	-1.1
1995	0.9	0.2	0.5	72.5	-1.0	-0.7
1996	1.5	1.3	1.3	72.0	0.6	0.6

注：数据为同期增长率。

资料来源：日本厚生劳动省，http：//www.mhlw.go.jp/toukei_ hakusho/hakusho/roudou/1999/dl/13.pdf。

---

① 武藤博道、河井啓希、佐野美智子：『消費と逆資産効果〔含コメント〕（バブル・資本市場と日本経済）』，『日本経済研究』，1993。

（二）泡沫经济对投资的挤出效应

从投资的角度来看，资产泡沫对资源配置的作用主要取决于其"挤出"效应与"挤入"效应的相对大小。如果"挤入"效应相对较小，那么资产泡沫的膨胀就会使投资水平低于社会最优水平，不利于经济的长远发展。[1][2] 同样，如果资产泡沫的存在促进投资和消费的同等增长，便可能促成经济的良性循环。但是，如果资产泡沫膨胀到一定程度，"挤出"效应便愈加明显，使得资产从企业部门转移到非企业部门，"挤出"投资，此时，资产泡沫与投资便形成了相互"替代"的关系。从日本泡沫经济生成、膨胀以及崩溃的阶段来看，资产泡沫对投资的正面效应都远远小于对其的负面效应。首先，由日本法人企业资金运用结构的数据可知，20世纪七八十年代，日本企业用于设备投资的资金总量是增加的，但是相较于对金融、土地的投资资金来说，增长速度是缓慢的，1990年之后更是受泡沫经济崩溃的影响而迅速下滑。1973~1979年，金融投资资金总额与实物投资资金总额的比率为36.1%，1980~1985年为26.3%，1986~1989年即增长至58.6%，1990~1997年降至35.3。金融和土地的投资资金总额与设备投资资金总额的比率，则分别为48.7%、40.5%、52.7%以及13.2%。[3] 由此可知，在资产泡沫迅速膨胀，泡沫经济达到峰值的阶段，日本企业对设备投资等实物投资的力度相对较小，资产泡沫"挤出"了投资，使生产性投资下降，生产部门萎缩，资源配置的效率低下，加剧经济波动及经济危机的风险。而且泡沫经济崩溃后，随着股票、房地产价格的快速下滑，企业资产负债表急剧恶化，进一步"挤出"投资，致使经济复苏缺乏动力。

从日本建筑投资的同比增速数据来看，如图3-6所示，尽管住宅与非住宅的建筑投资同比增速的整体趋势大体相同，但是可以明显看出

---

[1] Martin, A. J., Ventura. Economic Growth with Bubbles [J]. American Economic Review, 2012, 102（6）: 3033-3058.

[2] Farhi, E. J., Tirole. Bubbly Liquidity [J]. Review of Economic Studies, 2012, 79（2）: 678-706.

[3] 资料来源：日本财务省『法人企業統計季報』，转引自村上和光『バブル経済の形成と景気変動過程：現代日本資本主義の景気変動（6）』，金沢大学経済論集＝Kanazawa University Economic Review, 2009, 29（2）: 23-25。

1988~1990 年，日本非住宅的建筑投资增长迅速，分别高达 18.5%、16.2%以及16.1%①，但是在泡沫经济崩溃后下滑也明显。也就是说，泡沫经济的崩溃导致在其膨胀时期大量施工的写字楼等建设工程停滞，房地产市场出现大量库存亟待解决，造成了生产的低效率及资源的浪费，不仅人们对房地产市场缺乏信心，而且已经进行的诸多土地开发项目也存在诸多问题，如资金链断裂项目搁浅、过度开发破坏自然环境、机械设施停工搁置等不胜枚举，这些造成了生产的低效、资源的浪费以及环境的破坏。而且，从租房价格来看，1985~1990 年，日本土地价格飙升，但是租房价格指数却温和上涨，由此可一定程度上说明日本资产泡沫的膨胀进一步带动土地的投机活动，而泡沫的崩溃则直接打击了建筑投资活动，无论是住宅的建筑投资还是非住宅的建筑投资，进一步恶化了房地产市场的经营活动。

　　另外，泡沫经济崩溃后企业运营受到严重打击。在泡沫经济时期，企业通过直接融资（权益融资和债券融资）获得的资金被大量投放到金融资产的购买中。在股票价格下跌后，企业拥有资产的迅速缩水。如果是通过债券融资获得资金，企业有责任将债务还清。但是在资产缩水情况下，企业偿还能力严重下降，资产负债率急剧上升，偿债压力升高。在这种情况下，企业没有足够的自有资金进行资本投资，拖累了企业持续稳定发展。如果企业想获得足够资金只能通过外部融资，但是外部融资在当时也受到严重阻碍。权益融资方面，由于股票价格下跌，股票发行价格也会下降，发行股票的固定成本不变，因此权益融资成本率提高；银行贷款方面，由于银行深陷不良债权危机中，银行开始紧缩银根，通过银行贷款融资的道路也很难行得通。在这种情况下，企业资金周转出现困难，从而投资和生产都受到严重影响。

　　总而言之，日本泡沫经济的生成、膨胀阶段，资产泡沫的"挤出"效应占主导地位，导致日本经济的投资及消费结构失衡，遏制了经济的良性循环；在泡沫经济崩溃阶段，其负面效应加重了经济的悲观预期，消费及投资迅速减少，也阻滞了经济的复苏。

---

　　①　资料来源：日本国土交通省。

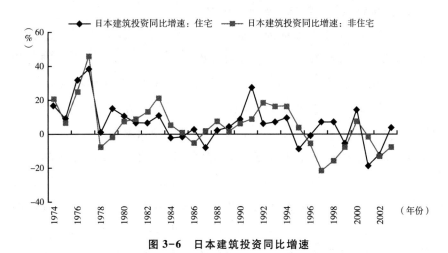

图 3-6 日本建筑投资同比增速

资料来源：日本"住宅金融公库"资料。

五 泡沫经济的其他负面影响

（一）引起资产分配的不平等化

日本社会学家橘木俊诏认为日本泡沫经济的遗留问题之一就是导致资产分配的极端不平等化。这可以通过资产泡沫的分配效应及财富效应予以解释，即在泡沫经济生成及膨胀阶段，富人手中持有的股票及房地产升值，其财富积累的速度加快，但是穷人因为没有股票及房地产等资产或者持有较少资产，因此无法搭上资产价格上涨、财富增加的顺风车，所以与富人之间的财富差距越来越大，如果穷人用其仅有的金钱去购买股票，那么股市泡沫一旦崩溃，对其打击也远远超过对富人阶层的打击，将直接使穷人面临生存危机。不过由于日本的社会安全网比较健全，尽管泡沫经济的生成、膨胀及崩溃阶段一定程度上拉大了民众的贫富差距，但是日本民众的贫富差距仍然较小。不过，泡沫经济导致的资产分配不平等化问题不容忽视，特别是对于中国来说，社会保障体系尚不健全，一旦形成泡沫经济问题，则无疑进一步拉大国民间的贫富差距，民众资产得到重新洗牌，收入分配不平等容易引发逆社会行为，对社会和谐稳定带来巨大挑战，后果也不堪设想。

（二）导致通货紧缩与企业破产增加

泡沫经济成为日本长期通缩的主要原因。自 20 世纪 70 年代以来，日本物价指数增长率基本处于下行的趋势。如图 3-7 所示，从消费者物价指数（CPI）来看，其增长率在 20 世纪 80 年代初期为 5% 左右，但是 1987 年仅为 0.1%，1989~1991 年有所上升，为 3% 左右，但是泡沫经济崩溃后，其增长率逐年下降，甚至在 1995 年出现负增长。从批发价格指数来看，1983~1988 年，其增长率均为负，1989 年及 1990 年虽然为正向增长，但很快在 1991 年又转为负增长。由此可见，泡沫经济膨胀时期，资产价格高企，但是物价指数却保持较低增长，甚至在泡沫经济崩溃后出现负增长，这一方面验证了日本货币政策盯住物价指数，忽视资产价格上涨，过于宽松促使了资产价格的膨胀；另一方面可以看出日本的经济难题——通货紧缩，从泡沫经济时期便表现出来，由于消费者物价增长较小，批发价格指数负增长，不利于企业的生产，损害了实体经济基础。

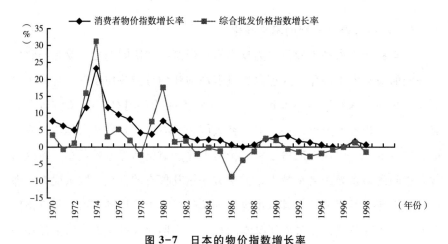

图 3-7　日本的物价指数增长率

资料来源：総務省統計局：「消費者物価指数（CPI）」。

另外，泡沫经济还导致企业大量破产。泡沫经济膨胀阶段，由于企业在资产市场的投机行为火爆，对经营的管理相对弱化，资产泡沫崩溃后，诸多企业出现经营困难，无法偿还银行贷款，不得不倒闭破产。1987~1990 年，日本企业破产件数连年减少，年平均减少幅度达到 20%左右,但是 1991 年泡沫经济开始崩溃之后,仅 1991 年,企业破产件数便增长 4000 多件,增长率高达 65.8%,1992 年企业破产件数达到 14069 件,相较于 1991 年增长率为 31.2%。① 之后几年,企业破产件数也保持上升趋势,一时间日本企业破产情况严峻,生产受到重大冲击。

(三) 非生产性、非理性泡沫抑制技术进步

对于经济泡沫来说,分为合理泡沫及非合理泡沫。岩田规久男认为在日本泡沫经济中不可否认有理性泡沫的成分。就泡沫膨胀程度来看,其认为,由于对未来经济基本面的判断失误引起股票价格快速上涨的部分并不是资产泡沫,这样就给经济泡沫膨胀的程度列出了相对的极限范围,因此,除了对货币政策宽松与企业投资收益率上升的预期之外的其他引起资产价格上涨的原因就是滋生泡沫的渠道。② 也就是说,日本泡沫经济中既存在理性泡沫的成分,也存在非理性泡沫的成分,其中对经济影响更大的是非理性泡沫。同样的,经济泡沫也分为生产性泡沫及非生产性泡沫,两者对经济的影响也是不同的。其中,非生产性泡沫对经济影响的负面效应明显。日本泡沫经济是一次典型的非生产性资产泡沫事件。③

日本泡沫经济中非生产性、非理性泡沫损害了经济的长远发展。这一定程度上可以由其抑制技术进步予以说明。首先,非理性、非生产性资产泡沫的膨胀本身就不利于技术进步及分工。一方面,非理性泡沫主要受预期、市场情绪等的影响,依赖于投机心理的支撑,非生产性泡沫指的是在最终产品价格上产生的泡沫,不涉及生产环节,只是提高了非创造性劳动的收益,这样就导致创造性劳动收益的相对减少,创造性劳动相对减少,影响技术的进步及劳动的分工。其次,非理性、非生产性资产泡沫的膨胀挤占了实体经济的资金,对饱含科技水平的制造业生产具有"挤出"效

---

① 资料来源:日本厚生劳动省,http://www.mhlw.go.jp/toukei_ hakusho/hakusho/roudou/1999/dl/13.pdf。

② 岩田规久男:『ストック経済の構造』,岩波书店,1992,第 116~127 页。

③ 刘宪:《非生产性资产泡沫与日本经济增长——对日本房地产泡沫的重新诠释》,《日本研究》2010 年第 3 期,第 24~28 页。

应。资产泡沫的过度膨胀扭曲资本配置机制，引导资金迅速从实体经济抽离流向虚拟经济，社会有效投资水平下降，特别是技术研发具有较高风险，其转化为实物产出也需要较长时间，在市场投机风气盛行之时，那些原本用于基础科学、技术研发的资金便更容易流向投资回报率较高的资本市场，导致技术进步的停滞。从日本 R&D 经费支出的总额数据来看，1979 年为 1975 年的 1.55 倍，年平均增长 13.75%，其中 50% 以上的经费用于实验研究，其次 25% 左右的经费用于应用技术研究，用于基础技术研究的经费不足 15%，同样，1991 年 R&D 经费总额也为 1987 年的 1.5 倍，年平均增长率为 12.5%，其中制造业用于 R&D 活动的经费也相应增长 1.51 倍，年平均增长率为 12.75%，由此可见尽管泡沫经济膨胀时期资产市场一片繁荣景象，企业及民众的财富扩增，但是并没有提高对技术研究及发展的经费支出，相对而言虚拟经济的繁荣发展 R&D 经费支出增长程度反而不如 20 世纪 70 年代后期，这一定程度可以验证 20 世纪 80 年代末期日本泡沫经济之所以持续膨胀是挤占了实体经济用于科研发展的资金。而且日本泡沫经济问题并不仅仅只是挤占资金，泡沫经济崩溃后，1992 年之后 R&D 经费支出总额反而下跌，至 1994 年下跌幅度超过8%。[①] 另外，泡沫经济问题对技术进步的影响也体现在从事科研工作的人员总数增长率趋缓，对创新活动的投入降低，以及专利申请总数增长速度的下降等。也就是说，泡沫经济生成、膨胀期间挤占科学研究的经费支出，势必影响技术的进步，泡沫经济崩溃后由于经济衰退也拖累了技术进步。

第三节　房地产崩溃影响的实证分析

由于资产泡沫受货币、金融、实体经济等多方面因素推动，政府经常难以分辨价格上升是否为正常情况。在 1985~1990 年，曾有学者指出日本经济处于泡沫时期，但是更多的学者将资产价格提高、地价飞升等现象归根于经济快速发展和人口向城市集中等因素。直到资产泡沫崩溃后，日

---

① 根据 OECD 数据库的相关数据计算所得。

本才逐渐承认泡沫经济的存在。经济发展、人口向大中城市集中固然也是资产价格上涨的因素，但并非主要因素。更重要的是国民在预见土地和股票价格上涨后所产生的大量的投机需求。

如前所述，日本有两大经济泡沫，一个是房地产泡沫，另一个是股市泡沫。由于我国目前不存在股市泡沫问题，因此，文章将以房地产泡沫为例对日本泡沫经济进行测度与实证分析。

一　日本房地产市场泡沫指标变化

（一）房价收入比

房价收入比是指住宅价格与城市居民家庭年收入之比。按照国际惯例，目前比较通行的说法认为，房价收入比在 4~6 倍为合理区间，如果考虑住房贷款因素，住房消费占居民收入的比重应低于 30%。在日本，政府在平成 4 年《生活大国五年计划》中将"大型城市圈房价在收入五倍以内"为目标提了出来。因此，房价在年收入 5 倍以内是较合理的价格。

回顾在泡沫经济时期的日本东京圈房价收入比可以发现，从 1980 年开始，东京圈平均房价收入比已经超过 5 倍（见表 3-4）。1987 年，房价开始猛涨，东京圈 10 公里以内房价收入比高达 10.89，这意味着不计算利息的前提下，普通劳动者仅依靠劳动收入要不吃不喝 10 年才能购买一套 75 平方米中高级住宅。如此高的房价收入比并没有约束房价的上涨，在 1990 年，东京圈平均房价收入比达到 10.02，而中心地区收入比高达 18.70。这严重超过了收入 5 倍以内的合理区间范围，甚至超过了国际比较通用的 4~6 倍的上限。与东京圈相比，大阪圈和名古屋圈房价收入比相对缓和，但是也超过了合理区间。大阪圈的房价收入比最高点为 7.7，名古屋圈房价收入比最高达到 5.24。

从时间方向比较，在房地产泡沫崩溃后，日本住宅价格迅速下降。截至 1993 年，东京圈平均房价收入比降为 6.8，名古屋和大阪圈分别为 4.05 和 5.16。之后房价收入比几乎稳定在此水平上（见图 3-8）。

不论从绝对值比较还是时间上的相对值比较，都几乎可以肯定，1985~1990 年日本房地产含有一定泡沫成分。

表 3-4　东京圈住宅价格收入比

年份	日本居民平均年收入（千日元）	距离圈（km）							东京圈（平均）
		0~10	10~20	20~30	30~40	40~50	50~60	60及以上	
1980	4493	7.96	6.39	5.54	5.07	5.14	4.91	5.19	6.26
1981	4795	7.95	6.73	5.68	5.36	4.52	4.88	4.50	6.32
1982	5024	8.12	6.51	5.37	4.96	4.96	4.37	5.60	6.18
1983	5261	7.20	6.61	5.37	4.99	4.99	—	—	5.84
1984	5453	6.93	6.15	5.20	4.59	4.60	4.47	—	5.64
1985	5655	6.95	5.78	5.13	5.28	4.66	4.67	—	5.62
1986	5851	7.10	5.93	4.94	4.79	4.54	4.65	—	5.36
1987	6069	10.89	7.93	5.86	5.40	4.63	4.60	—	6.48
1988	6210	15.62	10.43	7.25	7.10	4.91	6.10	4.28	8.14
1989	6523	16.95	10.38	8.27	7.53	6.26	6.90	5.07	8.73
1990	6941	18.70	12.61	8.95	9.05	8.16	7.92	5.54	10.02
1991	7375	16.05	11.19	8.64	8.17	7.09	6.65	5.08	8.99
1992	7551	13.41	10.21	7.82	6.99	6.42	5.86	4.90	8.11

资料来源：野口悠紀雄『バブルの経済学——日本経済に何が起こったのか』，日本経済新聞社，1992，68ページ。

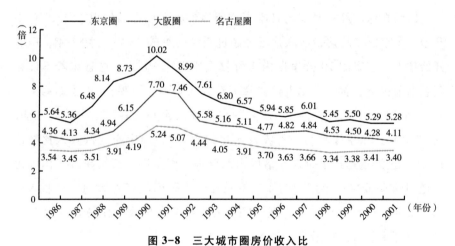

图 3-8　三大城市圈房价收入比

资料来源：都市開発協会，http://www.nomu.com/column/vol36.html。

（二）房价增长率与名义 GDP 增长率关系

房价增长率与名义 GDP 增长率之间的比值也能反映房地产泡沫情况，此指标也经常被用来监测房地产行业的扩张速度。一般而言，如果房价增长率与名义 GDP 增速比值小于 1，属于合理范围；如果二者之比大于 1 小于 2，则泡沫预警；房价增长率与名义 GDP 增速之比大于 2，则表明房地产泡沫已经形成。用此方法能够快速判定房地产价格是否存在泡沫。

　　1985 年后，日本 6 大主要城市土地价格增速明显高于 GDP 增速，尤其是商业用地地价增速曾接近45%。全国城市土地价格增速在 1985~1991 年也远高于名义 GDP 增速（见图 3-9、图 3-10）。

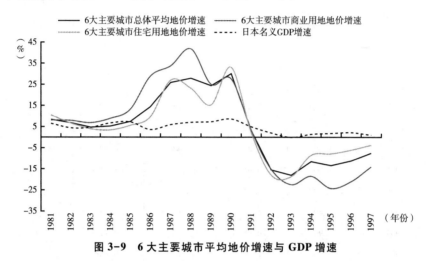

图 3-9　6 大主要城市平均地价增速与 GDP 增速

　　资料来源：平均地价来自日本统计局，名义 GDP 来自 Wind 数据库，增速 =（城市土地价格指数/去年同期城市土地价格指数-1）×100。

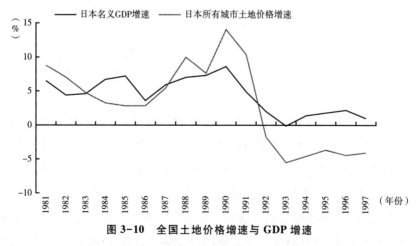

图 3-10　全国土地价格增速与 GDP 增速

　　资料来源：平均地价来自日本统计局，名义 GDP 来自 Wind 数据库，增速 =（城市土地价格指数/去年同期城市土地价格指数-1）×100%。

将地价增速与名义 GDP 增速相除之后，得到表 3-5 地价增速与名义
GDP 增速比（地价增速=房价增速，房价与地价正相关）。

表 3-5　日本房价增速与名义 GDP 增速比的变化

年份	日本名义 GDP 增速	日本所有城市土地价格增速	日本 6 大主要城市房价增速	全国房价增速/ GDP 增速	6 大主要城市房价增速/ GDP 增速
1981	6.50	8.77	8.41	1.35	1.29
1982	4.40	7.02	6.80	1.60	1.55
1983	4.60	4.74	4.71	1.03	1.02
1984	6.70	3.25	5.23	0.49	0.78
1985	7.20	2.81	7.40	0.39	1.03
1986	3.60	2.84	14.32	0.79	3.98
1987	5.90	5.42	25.89	0.92	4.39
1988	7.00	9.98	27.90	1.43	3.99
1989	7.30	7.61	24.44	1.04	3.35
1990	8.60	14.05	30.08	1.63	3.50
1991	4.90	10.38	3.07	2.12	0.63
1992	2.00	-1.76	-15.53	-0.88	-7.77
1993	-0.10	-5.51	-17.97	55.1	179.70
1994	1.40	-4.59	-11.53	-3.28	-8.24
1995	1.80	-3.67	-13.44	-2.04	-7.47
1996	2.20	-4.44	-11.16	-2.02	-5.07
1997	1.00	-4.07	-7.51	-4.07	-7.51

资料来源：日本统计局，价格增速=（当期价格指数/上期价格指数-1）×100%。

从全国指标来看，1985~1987 年房价增速与名义 GDP 增速比均小于
1，房地产价格处于合理范围内，从 1988 年开始到 1991 年，全国房价与
GDP 增速比持续大于 1，1991 年甚至达到 2.12 倍。房地产行业在此期间
价格不断膨胀，到 1991 年房价虚涨、泡沫显现。

全国指标有普遍性，然而房地产泡沫的特点是具有地域性。6 大主要
城市房价增速与 GDP 增速比更能够明确反映房价在 20 世纪 80 年代的泡
沫程度。

假定 6 大主要城市 GDP 增速与全国大体一致（通过对比对中国各省间 GDP 增速发现，GDP 增速与各地区发达程度无关，各省 GDP 增速几乎一致。另外，由于 6 大主要城市处于不同地区，发展状况不同，因此可假定主要城市 GDP 增速与全国平均数之间的差异可以相互抵消）。将 6 大城市地价增速与名义 GDP 增速相除得 6 大主要城市地价增速与 GDP 增速比。从 1981 年开始，六大主要城市地价增速已经超过名义 GDP 增速，其比在 1 以上，泡沫开始积聚。在 1986 年，6 大主要城市地价增速是名义 GDP 增速的将近 3.98 倍，房地产泡沫已经形成。之后 4 年土地价格增速依然持续超 GDP 增速 3 倍，房地产泡沫继续扩大。

从房价增速与名义 GDP 增速比值中可以得出，日本在 1985～1990 年土地价格快速增长，远远超过名义 GDP 增速，已经构成房地产行业的泡沫。房地产行业泡沫不断扩张，价格不断攀升，上涨的价格给房地产商和其他关联行业带来巨大利润，但是之后迅猛的下跌也导致整个经济一蹶不振。

二　房地产泡沫形成与崩溃阻碍经济增长的实证分析

泡沫经济时期，由于股票价格和土地、房屋价格上涨，消费和投资被过度刺激，经济快速发展。但是随着房屋价格的上升，企业经营的成本就会增加，成本增加会挤压投资，反过来会制约经济的增长。因此，基于日本泡沫经济期间相关数据，对房地产价格持续攀升是否影响经济增长进行实证检验。

（一）模型的选择

实证的目的是得出房地产价格与经济增长之间的关系，因此在模型方面选择了经典线性回归模型。回归分析是研究一个变量关于另一个变量的具体依赖关系的计算方法和理论。如果能够得出经济增长与房地产价格之间的关系为负相关关系，则证明房地产价格过高对经济增长具有制约作用。

（二）变量的选择

选取日本泡沫经济生成与膨胀期间（1985～1990 年）的数据进行实证检验，为了保证数据的平稳性和有效性，数据采用月度数据。被解释变量为经济增长。由于 GDP 增速和规模数据是季度数据,被解释变量的数据选择了来自日本经济产业省的月度工业生产指数。解释变量分别为出口、股票价格和房地产价格。出口资料来源于日本财务省的月度出口规模数据,股票价格数据选用了日本股市总市值的月度数据,房地产价格来自国土交通省的月度不动产价格指数。各变量的字母表示如表 3-6 所示。

表 3-6　变量列表及变量含义

Y	X1	X2	X3
经济增长	出口	股票价格	不动产价格指数

(三) 实证分析

1. 变量的单位根检验

在经典回归模型中,为了防止出现伪回归[①],必须要符合所选变量的数据要满足平稳性的前提条件,只有同阶单整平稳序列才可能具有协整关系。因此,本文首先使用 ADF 对各变量的平稳性进行检验,利用 Eviews7.0 得到的检验结果见表 3-7。

表 3-7　ADF 单位根检验

变量	ADF 检验值	检验形式	5%临界值	Prob.	结论
Y	-0.141420	(c,t,0)	-2.913549	0.9393	不平稳
iY	-2.469727	(c,t,1)	-3.490662	0.3415	不平稳
X1	-1.777525	(c,t,0)	-3.487845	0.7031	不平稳
iX1	-8.959385	(c,t,1)	-3.502373	0.0000	平稳
X2	-2.985883	(c,t,0)	-3.485218	0.1446	不平稳
iX2	-6.575780	(c,t,1)	-3.486509	0.0000	平稳
X3	-1.615927	(c,t,0)	-3.485218	0.7752	不平稳
iX3	-9.350273	(c,t,1)	-3.486509	0.0000	平稳

---

① 伪回归会造成结论无效。

在表 3-7 中能够发现，所有变量数值在 5% 的显著水平下都高于临界值，各变量都接受原假设，即存在单位根，该序列不稳定。再看各变量的一阶差分序列，仅有 Y 值的一阶差分序列在 5% 的显著水平下不能拒绝原假设，无法通过平稳性检验。

再将变量进行对数处理，对对数处理的结果进行 ADF 检验，利用 Eviews7.0 得到表 3-8 的结果。

表 3-8　对数的 ADF 单位根检验

变量	ADF 检验值	检验形式	5%临界值	Prob.	结论
lnY	-3.181128	(c,t,0)	-3.502373	0.0999	不平稳
ilnY	-3.647258	(c,t,1)	-3.508508	0.0364	平稳
lnX1	-1.894414	(c,t,0)	-3.487845	0.6449	不平稳
ilnX1	-10.17493	(c,t,1)	-3.502373	0.0000	平稳
lnX2	-1.609819	(c,t,0)	-3.485218	0.7777	不平稳
ilnX2	-6.914622	(c,t,1)	-3.486509	0.0000	平稳
lnX3	-1.288115	(c,t,0)	-3.485218	0.8816	不平稳
ilnX3	-9.230185	(c,t,1)	-3.486509	0.0000	平稳

根据表 3-8 可以发现，所有变量数值在 5% 的显著水平下都高于临界值，各变量都接受原假设，即存在单位根，该序列不稳定。各变量的一阶差分序列在 5% 的显著水平下都低于临界值，说明不存在单位根，否定原假设，该对数序列稳定。

2. 协整检验

根据表 3-8 的单位根检验结果，由于该对数序列稳定，变量间可能存在协整关系，即经济增长与出口额、股票价格和土地价格存在长期稳定关系。因此，用 Johansen 进行协整检验，检验是否存在协整方程。

通过 Johansen 协整检验，根据表 3-9 可知，迹统计量显示有 2 个协整关系（统计量大于 5% 临界值），极大特征根统计量显示有 1 个协整关系（统计量大于 5% 临界值），因此可以确定变量之间存在一个协整方程。

表 3-9　Johansen 协整检验结果

假定 CE 数量	特征值	原假设	备择假设	迹统计量	极大特征根统计量
无	0.384804	r = 0	r = 1	61.33197 (47.85613)*	28.66304 (27.58434)*
最多 1 个	0.278603	r ≤ 1	r = 2	32.66893 (29.79707)*	19.26738 (21.13162)
最多 2 个	0.172899	r ≤ 2	r = 3	13.40155 (15.49471)	11.19986 (14.26460)
最多 3 个	0.036629	r ≤ 3	r = 4	2.201691 (3.841466)	2.201691 (3.841466)

注：r 代表协整方程的个数，"（ ）"内表示 5%临界值，*代表在 5%下拒绝原假设。

3. 模型回归结果分析

本文以 lnY 作为被解释变量，以日本 1985～1990 年的出口（lnX1）、股价（lnX2）、房价（lnX3）作为解释变量，使用 Eviews7.0 进行估计，协整方程结果如下：

$$lnY = 0.10051lnX1 + 0.256730 lnX2 - 0.109197lnX3 - 2.128908$$

根据表 3-10，拟合优度为 0.839760 说明方程解释力度 84%，较理想。相关系数和常数的 p 值均小于 5%，较好。DW 值 = 1.311230，经查表可知 DW 值在 du~dl，不能确定是否存在正相关，因此要进行 LM 检验。

4. LM 检验

LM 检验方法是自相关检验的一种方法。原假设是：对于给定阶数，残差不具有序列相关。证明思路是，如果变量 P 值高于 10%，则表明原假设成立，即变量非自相关。

LM 检验结果如表 3-11 所示。根据表 3-11 数据，变量 P 值均大于 10%，证明接受原假设，即变量不存在自相关。因此，协整方程有效。

5. 结果解释

根据协整方程 lnY = 0.10051lnX1 + 0.256730 lnX2 - 0.109197lnX3 - 2.128908 可知，经济增速与房价（X3）关系为负相关，证明在日本泡沫经济时期，房价上升对经济增速确实起到制约作用。

表 3-10 回归数据分析报告

Dependent Variable：LNY

Method：Least Squares

Date：04/14/17 Time：14：01

Sample：1985M01 1990M02

Included observations：62

Variable	Coefficient	Std. Error	t-Statistic	Prob.
LNX1	0. 100551	0. 040984	2. 453399	0. 0172
LNX2	−0. 109197	0. 031980	−3. 414505	0. 0012
LNX3	0. 256730	0. 025800	9. 950741	0. 0000
C	−2. 128908	0. 867671	−2. 453590	0. 0172
R-squared	0. 839760	Mean dependent var		4. 510984
Adjusted R-squared	0. 831471	S. D. dependent var		0. 076462
S. E. of regression	0. 031390	Akaike info criterion		−4. 022342
Sum squared resid	0. 057148	Schwarz criterion		−3. 885107
Log likelihood	128. 6926	Hannan-Quinn criter.		−3. 968460
F-statistic	101. 3188	Durbin-Watson stat		1. 311230
Prob(F-statistic)	0. 000000			

表 3-11 LM 检验数据报告

Breusch-Godfrey Serial Correlation LM Test：

F-statistic	59. 34854	Prob. F(1,57)	0. 0170
Obs * R-squared	31. 62575	Prob. Chi-Square(1)	0. 0012

Test Equation：

Dependent Variable：RESID

Method：Least Squares

Date：04/15/17 Time：00：27

Sample：1985M01 1990M02

Included observations：62

Presample missing value lagged residuals set to zero.

Variable	Coefficient	Std. Error	t-Statistic	Prob.
LNEX	−0. 031696	0. 029228	−1. 084451	0. 2827

Variable	Coefficient	Std. Error	t-Statistic	Prob.
LNHOUSE	0. 022727	0. 022771	0. 998049	0. 3225
LNSTOCK	-0. 021978	0. 018438	-1. 192000	0. 2382
C	0. 999631	0. 626208	1. 596325	0. 1159
RESID(-1)	0. 742450	0. 096374	6. 703800	0. 1032
R-squared	0. 610093	Mean dependent var		1. 68E-15
Adjusted R-squared	0. 475713	S. D. dependent var		0. 030608
S. E. of regression	0. 022163	Akaike info criterion		-4. 703623
Sum squared resid	0. 027997	Schwarz criterion		-4. 532080
Log likelihood	150. 8123	Hannan-Quinn criter.		-4. 636271
F-statistic	14. 83713	Durbin-Watson stat		2. 110213
Prob(F-statistic)	0. 001324			

　　需要指出的是，以上的分析过程中，主要是验证房地产价格与经济增长的相关性，因此为简便处理，引入的研究变量较少。最终结论也与经验分析相吻合，验证了房地产价格对经济增长具有负向影响。关于这方面更复杂的分析与影响，将在之后的研究中进一步深入。

第四章
日本泡沫经济后遗症的处理

日本在泡沫经济崩溃之后，房地产价格与股票价格迅速跌落，留下了众多危害经济发展的后遗症，也使得日本经济开始陷入长期低迷的轨道。为此，日本政府也开始积极制定政策措施，处理泡沫经济后遗症，而其中的一些措施确实可圈可点。本章主要梳理日本泡沫经济的后遗症，并阐述其后遗症处理过程。泡沫经济崩溃后产生的后遗症主要有三方面：一是房地产泡沫带来的负面影响，诸如房地产库存消解难题；二是不良债权问题，其被认为是日本泡沫经济崩溃后的最大后遗症；三是僵尸企业问题，即随着资产泡沫崩溃，一些企业背负上了沉重的债务负担，影响了企业的主营业务，只能依靠银行的持续贷款维持经营。僵尸企业数量大幅增加，成为阻碍日本经济走出长期低迷的一大难题。而相对应的，日本分别采取了针对性的措施，并取得了较好的成效，值得我们借鉴。

第一节　对不良债权的处理

日本泡沫经济崩溃后，留下的最大后遗症就是金融机构巨额的不良债权。所谓不良债权是指银行等金融机构所贷出的资金，由于借款方财务、偿还能力丧失等因素不能回收或回收困难的融资。资产泡沫崩溃后，如何处理金融机构背负的不良债权，重建现代金融体制，恢复金融机能，成了世纪之交日本经济能否摆脱困境并获得新生发展活力的关键。如果从1995 年 7 家住宅专业金融机构不良债权问题的曝光算起，到 2005 年不良债权问题基本解决为止，日本政府为解决不良债权问题，不仅耗费了整整

10 年时间，而且付出了沉重代价。也恰恰是不良债权的彻底解决，才使日本此后的金融秩序得以稳定，金融监管得以健全，才使得日本在席卷全球的国际金融危机中未受到重大损失，并能很快渡过难关。

一　巨额不良债权的形成及其危害

1985 年"广场协议"后，美元贬值和日本经常收支顺差持续扩大，强化了日元升值预期，促使一部分资本从美国流回日本，国内出现严重的资本过剩。另外，随着后发展效应消失，有力的投资机会减少，实体经济方面的资金不足状况发生逆转。加之金融自由化以后资本市场逐渐发达，新金融商品不断出现，大企业对银行贷款的需求减少，甚至出现了大企业"摆脱银行"的现象，导致银行的危机感上升。为提高利润和扩大在贷款市场的份额，银行等金融机构争夺贷款客户的竞争加剧，放松对贷款对象的资信审查，有的甚至违规发放贷款。

资金的过剩引起了银行业存贷差扩大。为消化过剩资金和增加收益，银行纷纷成立非银行业的金融子公司，诸如"住宅金融公司""金融顾问公司""投资基金"等。大量银行资金通过这些子公司流向股市和房地产。另外，银行也增加对以房地产和股票为担保的贷款。1985~1987 年，城市银行贷款总量增加 10%，而对房地产经营者的贷款增加了 20% 以上。1985 年后，银行业持有的股票曾相当于东京证券交易所股票市值的 20% 左右。

包括银行在内的各行各业在暴利引诱下，将大量资金投入与本业无关的股票和房地产。结果造成 20 世纪 80 年代后期股价、地价暴涨。日经平均股指由 1985 年 12 月的 12977 点上涨到 1989 年 12 月的 38130 点，涨幅近 2 倍。1986~1990 年，全国商业用地平均价格累计涨幅 67.4%，其中，3 大城市圈平均地价累计涨幅近 1.2 倍。土地等资产价值的增长，明显脱离实体经济并超出其实际价值。在土地升值预期下，银行疏于审查，若以土地为担保，可提供等于甚至超过担保物市值的贷款，所贷的款又被用于购买房地产，购买的房地产又作为申请贷款的担保。经济泡沫越吹越大。1991 年初夏，以政府实施紧缩政策为转折点，泡沫经济崩溃，股市与地价大跌，银行及企业投向不动产的投资无法回收，银行形成巨额的不良债权。此后，不良债权就像幽灵一样，长期困扰着日本经济。

"泡沫经济"崩溃后，金融机构的巨额不良债权成为日本金融危机和经济萧条的主要原因，当然也成为经济走向复苏的主要障碍，大量不良债权的存在降低了银行的金融中介功能，引起整个经济运行的恶性循环（见图4-1）。

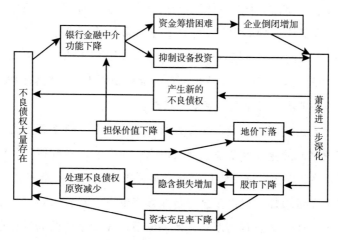

图4-1　不良债权问题与经济景气的相互关系

资料来源：作者根据有关资料绘制。

第一，不良债权冲销费用不断增大，机会成本直接抑制银行经营效益。在不良债权的压迫下，降低了银行的资本充足率，导致银行抵御风险能力的下降，最终迫使银行对贷款采取消极态度。根据国际清算银行《巴塞尔协议》规定，从事国际结算业务的银行，其自有资本占风险性资产的比率不得低于8%。为了提高资本充足率，避免因回收不良债权而减少自有资本的风险，日本的银行采取了对其融资对象中经营不善的企业进一步追加贷款的方式，尽可能延长其经营寿命，防止其破产而导致不良债权显现。这种追加贷款大部分融资于收益低下的不动产、建筑和批发零售等行业。人为地对这些本应清算的企业进行无效率投入，反而延误了不良债权的处理进程。另外，对问题企业的追加贷款，挤占了银行资产，也压缩了对优良企业的贷款空间。同时，银行加大对既有贷款的回收，并严格限制新贷款，出现了严重的"惜贷"现象，使企业力图通过贷款进行投资的常规做法难以实现。在银行"惜贷"的状态下，对间接金融依赖度较强的中小企业在筹措资金时将受到制约。另外，由于企业本身"债务过剩"，破产风险增大，也不敢积极借款。企业资金不足必然使设备投资受到抑制、倒闭增加，结果导致萧条进一步加深。经济萧条的深化又进一步导致通货紧缩、企业效益下降、土地及股票等担保价值下落以及银行持有的股票贬值，最终引起银行账面利益减少。随着经济萧条的深化，又不断产生新的不良债权，而银行的不良债权处理能力相对下降，不良债权的危害进一步加重。不良债权总量长期居高不下，银行被置于"自身难保"之地，根本无法放开手脚开拓、创新，其他产业和企业也由于资金短缺而不能扩展新的发展领域，最终整个国民经济运行处于"窒息"状态。

第二，不良债权的大量存在使人员、经营资源、资本、土地等资源停留在生产效率低的企业和产业，而效率高的企业和产业却得不到资源的分配。20 世纪 90 年代以来，银行对效率很低的不动产业、服务业以及流通业贷款资金大量增加，但由于这些行业效率低下、经营艰难，长期占用贷款，却无力偿还。从宏观角度看，效率低下产业和企业的大量存在直接影响了日本经济的总体效率。

第三，在大量不良债权的压迫下，许多银行纷纷破产。银行的破产降低了金融系统的信用，使企业和消费者的经济活动和消费活动变得更加慎重，直接影响到设备投资和居民消费的提高，结果是通缩长期持续。从 1992 年东洋信用金库、1993 年大阪府民信用组合在存款保险机构帮助下被其他金融机构吸收合并，到 1997 年开始北海道拓殖银行、山一证券、日本长期信用银行等大型金融机构破产，"银行不倒"的神话彻底崩溃，金融机构陷入资金周转困难局面。同时，对金融机构的不安心理也会导致消费和投资的低迷，使经济情况进一步恶化。目前，与 1997 年、1998 年金融危机时期相比，金融危机对策体制已经比较充实，但人们对金融机构市场经营的疑虑和不信任并未彻底消除，当然这与借贷方的企业经营的不确定性，以及居民消费的不确定性也有一定关系。

第四，企业出现债务过剩问题。从借款方角度来看，银行的不良债权问题实际上意味着企业负担了大量债务，而且这些债务因企业经营陷入困境难以立刻返还。为了尽快削减债务，避免破产风险，企业只能采取优先返还债务的做法，对新增设备以及新型项目的投资非常谨慎，甚至因此错失投资良机。

二　不良债权的分类

如前所述，不良债权也称不良贷款，主要指银行发放的逾期或到期无法收回的贷款以及进行利率减免的债权。为了完善不良债权的信息披露制度，1992 年 8 月，日本大藏省公布了《当前金融行政的运营方针》。同年 12 月，在中间报告《关于金融机构资产健全性的信息公开》中，首次明确提出从 1993 年 3 月起，公开不良债权信息。包括：（1）因企业破产造成的坏账债权，要求全部银行进行信息披露；（2）6 个月以上未支付利息的延滞债权（即逾期贷款），披露对象为城市银行、长期信用银行和信托银行。[①]

日本银行业的资产分类标准有所不同，所披露的不良债权总额也大相径庭。总体看来，银行所持资产（债权）主要有三种分类方法。

（一）风险管理债权分类

风险管理债权是根据《银行法》及其相关规定，以贷款为对象资产，根据贷款人的返还情况，将不良债权分为破产方债权、延滞债权、3 个月以上延滞债权和放松贷款条件债权。

（二）根据银行业自查进行债权分类

按照大藏省《早期纠正措施》规定，从 1998 年 4 月起，银行以总资产为对象进行自查，根据经营情况和财务内容，将债务人分为正常对象、要注意对象、可能破产对象、实际破产对象和破产对象五类，再按担保情况将其进行细分。

（三）以《金融再生法》为基准披露的资产分类

以《金融再生法》为基准披露的资产分类从 1999 年 3 月开始实施。日本政府专门成立金融再生委员会，以包括总资产在内的全部银行授信为对象，根据金融机构自查的债务人分类，对银行资产进一步细分。根据债务人状况，分为破产更生债权及相当于此类的债权、危险债权、要管理债权和正常债权。其中，破产更生债权及相当于此类的债权相当于银行自查的实际破产对象和破产对象债权，危险债权相当于可能破产对象债权，要管理债权相当于要注意对象。从总体看，上述三种分类标准基本相似，三者之间的区别及联系请详见表 4-1。

[①]　张季风：《日本经济概论》，中国社会科学出版社，2009，第 201~203 页。

表 4-1　三种分类方式比较

项目	风险管理债权	《金融再生法》披露债权	银行业自查
依据	《银行法》及其相关规定	《金融再生法》	《早期整改措施》制度
披露开始时期	1993 年 4 月开始,但 1998 年 4 月起必须承担披露义务	主要银行 1999 年 3 月;其他银行 1999 年 9 月;合作性金融机构 2000 年 3 月	1998 年 4 月
目的	信息披露	信息披露	为适当确定贷款冲销及提取呆账准备金而进行的准备
对象资产	贷款	总信贷(贷款、外汇、应收利息、预付款等)	总资产(但金融当局计数以总信贷为基准)
对担保、准备金保证部分的处理	包含担保、准备金保证部分	包含担保、准备金保证部分	根据担保情况分类别进行调整
分类方法	根据债权的客观情况分类	根据债务人状况分类	对债务人分类后,按担保的保全情况对不同债务人根据债权回收可能性进行分类

| 具体分类 | 破产方债权
对应收未收利息无法记入当期的贷款中,由于进入破产程序等发生的部分

延滞债权
对应收未收利息无法记入当期的贷款,排除以支援破产方债权及债务人经营重组为目的延期支付利息的部分 | 破产更生债权及相当于此类的债权
债务人因破产、重组等经营失败而产生的债权及相当于此类的债权

危险债权
债务人虽未陷入破产,但经营状况恶化,无法按时偿还本金利息的可能性很大 | 破产对象
实际破产对象 |

（续上表，银行业自查具体分类子表）

第Ⅰ分类	第Ⅱ分类	第Ⅲ分类	第Ⅳ分类

可能破产对象

第Ⅰ分类	第Ⅱ分类	第Ⅲ分类

续表

项目	风险管理债权	《金融再生法》披露债权	银行业自查	
	3个月以上延滞债权 超过3个月以上无法支付本金或利息的债权	要管理债权 3个月以上延滞债权及放松贷款条件债权	要注意对象	
	放松贷款条件债权 为支援经营困难债务者重组,促进债权回收,对债权条件进行一定更改和让步		第Ⅰ分类	第Ⅱ分类
			正常对象	
			第Ⅰ分类	

资料来源：金融厅平成18年年次报告。

根据上述三种定义，计算出的不良债权金额及比率各不相同。其中，按照风险管理债权和以《金融再生法》为基准分类所计算的结果基本一致，而按照银行业自查标准计算的不良债权总额则远远高于前两种分类标准（见表4-2）。

表4-2　三种定义下的不良债权总额及比率（2001年3月末）

银行种类	银行数（家）	风险管理债权		金融再生法披露债权		银行业自查	
		总额（亿日元）	比率（%）	总额（亿日元）	比率（%）	总额（亿日元）	比率（%）
都银、长信银、信托	18	192810	6.1	200080	5.7	421520	12.0
地方银行	65	95630	7.0	98380	7.0	170300	12.1
第二地方银行	55	36710	8.2	37840	8.2	64880	14.2
信用金库	372	68400	9.4	71840	9.6	108550	14.5
信用组合	251	20070	15.9	20590	15.5	24300	18.4

资料来源：小川一夫『大不況の経済分析』，日本経済新聞社，2003，第39页。

三　日本不良债权处理过程

关于不良债权的数量，泡沫崩溃后，尽管所有金融机构都出现了大量不良债权，但是事关企业声誉，都在尽量隐瞒真相或低报，金融管理当局也是一笔糊涂账，搞不清真实数字。1996 年 3 月，大藏省公布的金融机构不良债权总额为 34.7 万亿日元①。但是事后证明，这个统计还不到真实数字的 1/3。

（一）初期对不良债权的危害认识不足，处理不力

事实上，泡沫经济崩溃后，日本政策当局并没有意识到不良债权的危害。为了维护银行的经营信誉，政府对民间银行的不良债权状况遮遮掩掩。20 世纪 90 年代初，日本政府并没有强制要求银行将不良债权的真实情况以及危害公布于众。1992 年日本大藏省仅公布了当时 21 家主要银行的不良债权的合计总额，1993 年勉强公布了每个银行的不良债权数额，而地方银行不良债权是在 1994 年才开始公布的。在"泡沫经济"破灭后，政策当局仍像对待以往的经济萧条那样，以为通过扩大需求、促使经济回升，就可以使呆账自然减少和化解，因而迟迟未对银行不良债权规模进行认真清查，也未能提出切实的解决方案。更没有像美国和北欧等国家那样，采取果断措施，及时向大银行注资，将不良债权问题扼杀于摇篮之中。从而贻误战机，丧失了解决不良债权的最佳时机，② 致使不良债权问题越拖越严重。

直到 1995 年底日本才开始着手处理不良债权问题（见表 4-3），1996 年 1 月桥本内阁上台后，声称将解决"住专"问题和金融体制改革作为头等大事，并于 4 月 12 日提出存款保险、金融机构健全化及金融机构重建的所谓"金融三法案"。政府划拨财政补贴资金 6800 亿日元，处理了"住专"清偿事务。然而，住专问题只是整个金融界不良债权问题的冰山一角，进入 1997 年，地方银行、城市银行、债权公司、生命保险信托公司等金融机构的不良债权问题接连曝光，一批颇具影响和实力的银行和证券公司破产。

---

① 经济企划厅编：《经济白皮书》，大藏省印刷局，1996，第 270 页。
② 1992 年夏，时任日本首相的宫泽喜一曾经提出向金融机构注入公共资金的方案，但由于未得到产业界、金融界和大藏省的支持而流产。

表 4-3　日本政府处理不良债权的主要金融政策

年份	政策名称	主要政策内容
1995 年 12 月	《政府作出整顿、清算 7 家住专公司决定》	决定从政府一般财政开支中支付 6850 亿日元抵消住专债务
1996 年 6 月	《修订存款保险法》	冻结上限为 1000 万日元的存款支付制度
7 月	《住宅金融债权管理机构成立》	该机构接管了 7 家住宅公司 6.78 万亿日元债权并负责回收贷款
1996 年 9 月	《整理回收银行成立》	该机构接管了破产信用金库的债权并负责回收贷款
1998 年 2 月	《颁布金融机能安定化紧急措施法、修订存款保险法》	存款保险法的重要规定有：建立"特定业务账目"，保证银行全额支付客户存款，建立"金融危机管理账目"，以公共资金援助问题银行
3 月	《存款保险机构决定向 17 家城市银行注入公共资金》	投入公共资金额为 1.8 万亿日元
10 月	《颁布金融机能再生紧急措施法和金融机能早期健全化紧急措施法》	进一步强化公共资金对金融机构的援助
1999 年 3 月	《金融再生委员会决定向 15 家大银行投入公共资金》	同意投入公共资金额 7.5 万亿日元
4 月	《原住宅金融债权管理机构和整理回收银行合并,成立整理回收机构》	
9 月	《金融再生委员会决定向 4 家地方银行投入公共资金》	同意投入公共资金额为 2600 亿日元
2001 年 11 月	《金融厅决定向 3 家第二地方银行投入公共资金》	投入公共资金额为 1120 亿日元
2002 年 10 月	《政府制定金融再生计划》	计划至 2005 年 3 月解决不良债权问题
12 月	《颁布金融机构等组织重组促进特别措施法》	
2003 年 4 月	《成立产业再生机构》	授权该机构可使用 10 万亿日元公共资金
2004 年 6 月	《颁布金融机能强化特别措施法》	—

资料来源：三和良一、原朗编《近现代日本经济史要览》，东京大学出版会，2007，第 187 页。

2001 年之前，日本处理不良债权主要采取以下几种方式：第一，向持有大量不良债权的金融机构注资；第二，公开不良债权，逐渐强化对银行的监管；第三，效仿美国成立了专门处理不良债权的"回收整理机构"

（RCC），促进不良债权的直接冲销；第四，推动金融业的整合与合并。

1992~2001 年，日本全国银行共处理不良债权 81.5 万亿日元，如果加上破产银行的处理额累计达到 90 万亿日元左右①。这一期间，日本对不良债权处理尽管每年都进行处理，但并没有使不良债权减少，反而越滚越多。据日本金融厅的检查结果，日本全部金融机构的不良债权，如图 4-2 所示，2000 年达到 31 万亿日元，2001 年 3 月为 32.5 万亿日元，而 2002 年 3 月猛增加到 43.2 万亿日元。

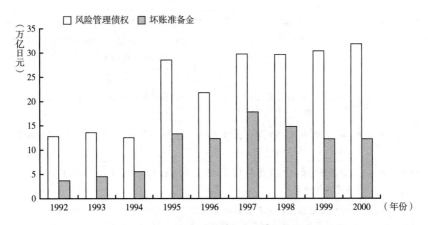

图 4-2　1992~2000 年日本银行不良债权的变化

资料来源：日本金融厅。

（二）小泉内阁推行强硬而又灵活的政策

1. 提出强硬具体的解决不良债权时间目标

小泉内阁上台后，日本不良债权的处理进入快车道。2001 年 4 月，小泉内阁发表的"紧急经济对策"中提出，不良债权在今后两三年内必须达到平衡状态。同年 6 月，政府又在《今后的经济财政运作以及经济社会的结构改革的基本方针》（以下简称《基本方针》）中，将处理不良债权问题确定为日本经济再生的第一步，列为"小泉改革"的重要组成部分。2002 年 10 月，政府在《金融再生计划》中又进一步提出："到 2004 年度末主要银行的不良债权率必须从 2001 年度末的 8.4% 降至一半，

---

① 日本银行考察局局长稻叶延雄讲演稿《日本金融系统的现状和课题》，2003 年 4 月。

即降为 4% 左右。其中 2000 年 9 月以前发生的不良债权在 2 年以内、此后新发生的不良债权在 3 年以内进行最终处理。"金融担当大臣竹中平藏多次强调要采取美国式的"市价资产折价方式"① 来核定银行资产，采取"休克"疗法处理不良债权。政府态度明确而且强硬，向银行施压，推动不良债权的处理。

泡沫经济崩溃以来，日本历届政府虽然都强调处理不良债权，但都没有提出明确的处理时间表，其监管也多处于敷衍状态。而 2002 年以后，金融厅强制要求银行处理不良债权时，则实实在在地加大监管力度：一是对资产的核定更加严格。在 2002 年 3 月决算期和 2003 年 3 月决算期实施特别检查，并且要求公开金融厅检查和主要银行自查的结果与差距，提出明确的整改措施与期限；二是对充实银行自我资本提出明确要求；三是对加强企业治理提出具体目标。对各银行解决不良债权提出具体整改时间表等。过去那种敷衍审查以及对担保价值的过高评估（对股票价格、地价在上升的期待）等现象已基本被杜绝。

2. 根据形势变化出台灵活应对措施

当然政府的强硬态度，也存在许多不符合实际之处，当形势发生变化或出现偏差时，应及时加以纠正。政府在向银行施压和加强监管的同时，根据经济形势的需要不断软化政策，为民间银行处理不良债权积极构筑良好的外部环境。主要措施如下。

（1）继续保持每年 30 万亿日元以上的国债发行

小泉上台之前就曾提出"国债发行额控制在 30 万亿日元以内"的口号，并将其作为自己的"政治承诺"。但是，由于经济景气始终没有起色，因此不得不放弃这一承诺。也许正是这种无奈，反而歪打正着，每年 30 万亿日元以上的国债发行，使得日本经济得以缓慢复苏，为不良债权的最终处理创造了良好的环境。

（2）成立"产业再生机构"，救助中坚企业

2003 年 4 月成立"产业再生机构"，最终形成了一套由存款保险机

---

① 其具体做法是：扣除地价、股票担保物资产下降的部分，按市价核定银行资产并计算出实际债权额。

构、整理回收机构和产业再生机构三位一体的制度设计。产业再生机构由存款保险机构全额出资 495 亿日元，公共资金最高使用限额为 10 万亿日元，用来帮助有实力但因短期资金短缺而暂时大量欠贷的企业继续生存下去。到 2004 年 1 月为止，RCC 配合"产业再生机构"帮助 200 多家企业实现了重建。① 按照过去严格的不良债权处理方式，可能使不该"死"的企业也死掉，通过救助后，不该"死"的企业可以继续"生存"下去。将处理不良债权与产业再生结合起来，保存了发展经济的有生力量，为彻底处理不良债权增强了宏观和微观实力，其经济意义与社会意义不言自明。

（3）救助理索纳银行

2003 年 5 月，大型商业银行理索纳银行出现危机，濒临破产，日本政府采取果断措施向该行投入公共资金，稳定了金融秩序。对理索纳银行的救助是一种"软"政策，但"软中有硬"。本次注资与 1998 年和 1999 年的政府对 15 家大银行注资具有明显区别：前一次注资并没有附加追究银行经营者经营责任的条件，而这次注资附加了这一条件。注资后对理索纳银行经营管理层进行了大手术，原来的主要负责人和绝大多数董事全被炒鱿鱼。②

（4）央行大量购买银行股

由央行出面大量购买银行股，以减轻股市波动对银行带来的负面影响，对提高银行的资本充足率发挥了积极作用。由于上述对强硬政策的软化，不良债权处理由硬着陆，变为软着陆。

在企业、金融机构和政府的共同努力下，到 2005 年 3 月日本的不良债权终于处理完毕。其主要标志是：第一，整个银行业不良债权总量明显下降。从 2002 年 3 月的 43.2 万亿日元下降到 2004 年 9 月的 23.8 万亿日元，两年半时间减少了 19 万亿日元，降幅高达 45%。其中，主要银行的不良债权的下降幅度更大，从 2002 年 3 月的 28 万亿日元下降到 2005 年 3 月的 12.1 万亿日元，下降幅度为 57%。主要银行的不良债权率，2002 年

---

① 『日本経済新聞』2004 年 5 月 25 日。
② 张季风：《挣脱萧条：1990~2006 年的日本经济》，社会科学文献出版社，2006，第 192 页。

9 月为 8.1%，2003 年 3 月下降到 7.2%，2004 年 9 月下降到 4.7%，2005 年 3 月又下降到 2.9%（见图 4-3）。银行只要贷款就会有风险，不良债权不可能为零。不良债权率降为 4% 以下的正常范围，可认为不良债权问题已经得到解决。

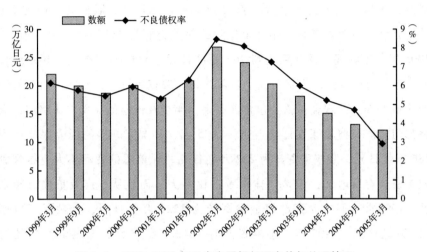

图 4-3　1999~2005 年日本主要银行不良债权处理情况

资料来源：根据日本全国银行协会资料绘制。

（三）不良债权的处理过程中的"去杠杆化"

由上述可知，在日本企业、金融机构以及政府的不懈努力下，经过较长时间，泡沫经济崩溃后遗症——不良债权处理完毕，而且在此期间也在进行金融市场的"去杠杆化"。"去杠杆化"即金融机构或金融市场减少杠杆的过程，而"杠杆"指"使用较少的本金获取高收益"。

日本泡沫经济生成伴随着金融市场"高杠杆"，而这种"高杠杆"不仅蕴含了金融市场的高风险，也势必损害企业及家庭的资产负债表。日本泡沫经济崩溃使企业及家庭的资产负债表受到重创，众多企业资不抵债，不得不将现金流或者盈利用于偿债，因此减少了投资，经济步入衰退。但是根据日本银行的数据来看，伴随不良债权的处理，日本企业部门及家庭部门也在"去杠杆化"。从企业部门来看，非金融企业部门主要通过归还贷款完成"去杠杆化"，1993~2005 年，在不良债权处理的同时，日本非金融企业的银行贷款及债券负债也基本处于下行趋势，即企业同时进行

"去杠杆化",而且取得一定成效。1994 年,日本非金融企业的银行贷款及债券负债达到 600 万亿日元,但是,2000 年即减少为 500 万亿日元,2005 年为 369 万亿日元。而与此同时,现金及等价物则基本处于上行趋势。从家庭部门来看,1994 年,股权类资产并不是家庭部门的主要金融资产,1994 年,家庭现金及存款仅为 612 万亿日元,股权类资产约 110 万亿日元,包含养老金、年金及保险的保单金额为 353 万亿日元。但是,2000 年,家庭现金及存款达到 766 万亿日元,股权类资产为 120 万亿日元,保单金额为 484 万亿日元。也就是说,股权类资产占家庭部门金融资产比重下降,而现金存款及包含养老金、年金及保险的保单占比增加,家庭部门资产负债表正在逐渐改善。2005 年,日本家庭部门现金存款达到 786 万亿日元,股权类资产为 232 万亿日元,保单总额变动不大。尽管股权类资产有所增加,但是整体来看占比不大,而且从资产及负债总额来看,1994 年,日本家庭部门金融资产为 1221 万亿日元,金融资产负债 312 万亿日元,2005 年,金融资产有 1642 万亿日元,金融资产负债为 319 万亿日元,负债率由 1994 年的 26% 下降到 2005 年的 19%。① 总而言之,日本家庭部门及企业部门的资产负债表均有了不同程度的改善,伴随着不良债权的处理,日本家庭部门及企业部门也进行着不同程度的"去杠杆化"过程,并取得一定成效。

通过以上分析可以看出,日本处理不良债权问题的道路十分曲折,但最后终于得以解决。初期政府对不良债权的危害认识不足,处理不力,险些使经济陷入螺旋通缩萧条的深渊,其教训是深刻的。而后期痛下决心,采取强硬手段、"休克疗法",终于彻底搬掉了这一压在日本经济头上的"重石",可以说在当代日本经济史上具有划时代的意义。从解决手法上看,主要是靠政府买单,而不是靠市场的自行调节。顺便指出,21 世纪初美国处理次贷金融危机的办法,也几乎与日本如出一辙。从政策效果看,虽然日本政府的做法投入大量公共投资,加重了财政负担,但保护了有产者,维持了社会稳定,促进了战后金融体系的改革、调整和重建。日

---

① 资料来源:日本银行网站,http://www.esri.cao.go.jp/jp/sna/data/data_list/kakuhou/files/h19/21annual_report_j2.html。

本不良债权的最终处理，再加上日本央行不遗余力地推行反通缩货币政策，强化金融监管等举措，恢复了金融市场的正常秩序与功能，为日本经济在低迷中保持稳定增长和抗击国际金融危机奠定了良好的基础。

第二节　日本房地产"过剩库存"的处理

人们普遍认为，中国房地产市场存在价格泡沫，从中长期来看，警惕资产泡沫成为中国经济面临的重要课题。之前的章节已经简单阐述了日本房地产泡沫的情况，但是并未过多涉及房地产泡沫对经济的负面影响以及日本处理房地产泡沫后遗症的具体措施，本节从这两方面入手，重点解析了房地产泡沫对日本经济的影响，如挤出投资，影响相关产业发展，损害金融安全，引起资产分配的不平等化，导致资源的浪费及空置，抑制技术进步，等等。而且，总结了日本房地产泡沫崩溃后带来的库存严重积压的问题，并系统阐述了日本在"去库存"方面的具体措施。当然，为表述更加清晰、连贯，也将简单回顾日本房地产泡沫的生成与崩溃过程，难免与之前的章节稍有重复。

一　日本房地产泡沫的生成、崩溃与影响

（一）日本房地产市场泡沫的生成

1. 日本房地产泡沫概述

学术界普遍认为，日本股市的"泡沫期"是 1987~1990 年。[①] 而房地产市场的"泡沫期"也在 1987~1991 年。泡沫经济的生成并非一蹴而就，资产泡沫的积累也需要经历较长的时间。因而，为更好探究日本房地产市场泡沫问题的发展趋势，基于 1970~2000 年的时间范畴进行相关论述。从土地价格的增速来看，日本土地价格在 20 世纪 70 年代前期以及 20 世纪 80 年代后期都出现过快速上涨（见图 4-4）。20 世纪 70 年代前期的上涨速度相对更快，1970~1974 年，年平均土地价格增长率高达

---

① 翁邦雄、白川方明、白塚重典：『資産価格バブルと金融政策：1980 年代後半の日本の経験とその教訓』，IMES Discussion Paper Series，2000，http：//www.imes.boj.or.jp/japanese/jdps/2000/00-J-11.pdf。

23.2%。20世纪80年代后期，土地价格又开始新的一轮快速增长，1988年土地价格增长率高达为21.7%，1990年高达16.6%，整体不及20世纪70年代前期的增速。20世纪70年代前期日本经济尚处于高速增长阶段，1972年及1973年，日本实际经济增速高达8%以上，土地价格的快速上涨是以实体经济的发展为砥柱。1975~1979年，土地价格增长率均小于实际经济增长率，如1976年实际经济增长率为3.98%，而土地价格增长率仅为0.5%，也就是说，即使20世纪70年代初，日本土地价格的快速增长产生一定泡沫，在之后也被经济的实际增长所抵消或者疏解。但是不同于20世纪70年代前期的情况，20世纪80年代，日本土地价格增长率普遍高于本年的实际经济增长率，1980~1985年，年平均土地价格增长率为6.3%，实际经济增长率仅为3.3%，土地价格增速是经济增速的近2倍。由此可知，房地产市场的价格泡沫已然开始积累。1987年开始，土地价格加速增长，1988年其增长率高达21.7%，实际经济增长率为6.2%，土地价格增速是经济增速的3.5倍以上，1990年及1991年土地价格增长率为16.6%及11.3%，尽管土地价格增长率有所回调，但是仍然相当于实际经济增长的3倍以上。在此阶段，日本房地产市场泡沫得以迅速膨胀。不过，之后由于日本政府对房地产市场的管控政策趋严以及预期土地价格下跌的作用下，房地产泡沫很快崩溃，1992年之后在相当长的时间里，日本土地价格增长率均为负，处于下行态势。①

2. 日本房地产泡沫的生成原因

日本房地产泡沫的生成背景与原因如下。

第一，工业化程度成熟与城市化进程减慢导致日本国内实体投资机会减少，房地产投机投资增多。一方面，20世纪80年代后期，日本工业化进程基本完成，经济由高速增长转为低速增长，这样就导致资产泡沫的膨胀缺乏实体经济发展的支持。同时，日本由重工业向信息工业的转型受阻，产业升级失败，在全球制造业产业转移的趋势下日本国内出现了产业空心化。由于日元升值，日本企业纷纷进行对外投资设厂，国内实体投资机会减少。另一方面，20世纪80年代后期，日本城镇化进程接近尾声，

① 根据日本国土交通省及日本内阁府网站数据计算而得。

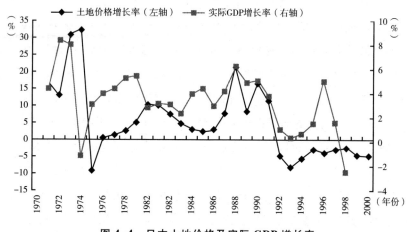

图4-4 日本土地价格及实际GDP增长率

资料来源：日本"住宅金融公库"资料。

住房刚性需求基本得到满足，因而房地产价格的迅速上涨更多是基于投机目的。1975年，日本的城市人口比例已经超过总人数的3/4，之后，城市化进程减慢，在1985年日本的城镇化进程已经接近尾声，1985年，日本城市化率为76.7%，1990年则为77.4%，也就是说在1985~1990年日本城市化率仅提高了0.7个百分点。① 这样一来通过城镇化进程带动人口的大量流动进而产生住房的刚性需求就减少，人口结构及规模趋向稳定，很难再有较大幅度的改变。因此，从这一方面看，20世纪80年代后期日本房地产价格的提高并不是基于供给需求结构的变化，而只是非理性的投机作用。

第二，"土地神话"。首先，由于日本国土面积狭窄，土地资源稀缺，日本民众对于房地产市场一直比较看好。其次，随着日本经济的迅速发展，城市化进程的推进，各大城市土地所获得的级差地租迅速增长，如金融自由化、信息化给城市带来更多工作机会，增加办公需求，进而刺激房地产价格增长。再次，随着国土开发计划，日本各大城市土地价格大幅增长。最后，战后日本经济取得高速发展，一跃成为世界经济大国，日本国

---

① 日本统计局，转引自张若雪《房地产泡沫国际比较及中国房地产业发展》，《财经科学》2010年第12期，第92页。

民对经济前景充满信心与自豪感。在"土地神话""银行不倒神话"的意识形态下，日本国民对于房地产、金融资产的前景普遍持有乐观态度，不仅土地交易及金融产品交易火爆，而且金融机构也容易发生败德行为，过度放贷使得房地产、金融市场泡沫膨胀。泡沫经济崩溃后，资产价格大跌，经济景气预期快速逆转，因而"土地神话"的意识形态在日本国民心理上迅速崩塌，经济泡沫的崩溃进程更为迅速，产生的不良影响更为严峻。

　　第三，土地税等税收政策导致房地产市场泡沫问题恶化。日本土地税收政策导致房地产泡沫问题的恶化。一方面，在 1985 年之前，日本土地税收政策是经济增长及土地价格上涨的激励因素，在此期间，尽管房地产市场已然开始价格泡沫的积累，但是日本政府未给予充分的重视，采取放任的态度，其间积极鼓励房地产投资规模的扩大。1985 年之后，房地产泡沫进入快速膨胀期，日本政府利用行政管制手段抑制土地价格上涨，但是未取得理想效果。直到 1989 年之后，日本政府确立税制改革才是调控土地价格的有力工具的理念。但是，在此之前，日本转让税率、固定资产税率较低，土地税收制度的改革又落后，因而纵容了房地产市场泡沫的蔓延。另一方面，日本政府将调控土地价格的手段由行政管制调整为土地税收制度改革，在 1991 年制定了严苛的税收制度打压土地价格暴涨，不仅开征地价税，强化了特别土地保有税、农地征税及转让所得税，而且提高了遗产税及下调了物业税，但是由于政策时滞，最终出台的时候房地产泡沫已然破裂，政策的滞后不仅没有起到最初效果，反而加重了经济泡沫破裂程度。① 日本的税收体系中，所得税的课征并不包括红利及利息所得，但是却对几乎任何商品课征重税，这样就一定程度导致民众在持有过剩资金的时候，更倾向于投资资产，而非消费，因此这项征税原则一定程度将资金引向了房地产投资。同时，1988 年 6 月 14 日自民党总务会提出以普通消费税为基础的新型附加价值税，这项政策结果是减税额超过增税额，因此成为资产泡沫膨胀的助燃器。②

　　第四，宽松的经济政策、金融自由化加速以及金融监管不利，使得日

---

① 王雪峰：《房地产泡沫和金融安全——日本泡沫经济的启示》，《外国问题研究》2006 年第 4 期，第 6~17 页。
② 陈江生：《"泡沫经济"形成的原因分析》，《世界经济》1994 年第 6 期，第 5~8 页。

本银行业对房地产贷款比重迅速增加。从日本银行业贷款资金的流向来看，房地产贷款资金所占比重逐年上升，建筑业贷款资金总额所占比重基本上保持上涨趋势，1983 年房地产产业贷款总额占总贷款比重为 6.4%，1983~1989 年，房地产产业贷款年增长率高达 20%，1989 年、1990 年、1991 年及 1992 年银行贷给房地产产业的资金总额占总贷出资金总额的比率分别高达 11.5%、11.3%、11.6% 以及 12.1%。① 在 20 世纪 80 年代后半期，日本的房地产所需融资中有 3/4 是源于银行贷款。另外，日本金融监管体制改革的滞后，变相纵容了房地产泡沫的膨胀，也为后来市场泡沫的崩溃埋下伏笔。

由上述分析可知，日本房地产市场泡沫膨胀机制如图 4-5 所示。

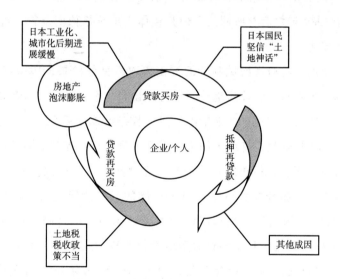

图 4-5　日本房地产市场泡沫形成机制

资料来源：作者绘制。

（二）日本房地产泡沫的崩溃

由上述分析可知，早在 1985 年以前，日本土地价格便开始了泡沫积累。但是，日本对房地产市场泡沫问题认识不足而且滞后。针对土地价格

---

① 资料来源：日本銀行『経済統計年報』［1996］，转引自村上和光『バブル経済の形成と景気変動過程：現代日本資本主義の景気変動（5）』，金沢大学経済論集＝Kanazawa University Economic Review，2008，29（1）：137。

飞涨问题，日本政府直至 1987 年才制定相关措施，即日本政府修改推出"土地交易监视区域制度"。土地交易监视区域制度是指监视区域内，交易土地超过一定面积时需要将土地买卖价格告知都道府县知事，如果价格不合理，知事可以提出改正劝告。

　　1987 年 7 月开始，该制度将东京城市区部和东京下的 13 个市均列为见识区域。之后该制度被扩展到神奈川、千叶、埼玉等县，其制度范围逐渐扩大。① 但是，土地交易监视区域制度并没有对抑制土地价格高涨起到明显作用。这是因为，尽管从日本六大城市价格指数来看，1988 年土地价格增速有所放缓，但是从图 4-4 可知，1985 年日本土地价格增长率在 5%左右，之后则迅速增加，1989 年前后更是高达 20%以上。而且土地价格增速在 1989 年之后有所回落，但是整体土地价格依旧上行，直至 1991 年前后才有所回落。

　　鉴于土地交易监视区域制度的推出未取得良好效果，1990 年 3 月 27 日，日本大藏省对银行业房地产行业融资出台了总量控制的行政指导，通过控制日本银行对房地产产业的融资进而控制房地产资产泡沫。总量控制于 1991 年 12 月解除，持续了约 1 年零 9 个月，总量控制范围不仅局限在房地产行业，而且包括建筑业及非银行金融机构。可以说，在 1990 年前后泡沫经济趋近高峰的背景下，总量控制的行政指导直接向市场释放了"流动性收紧"的信号，预示房地产市场泡沫崩溃的来临。从表 4-4 来看，自 1990 年开始，日本银行对房地产行业贷款余额显著下降。1989 年为 5.80 万亿日元，到 1990 年房地产贷款增长额仅为 1.58 万亿日元，下降了大约 72.76%。总量控制的效果较为明显，从图 4-6 中可以看到，1989 年房地产贷款余额增速仍为 14.1%，到 1990 年增速猛跌至 3.37%，同年总贷款余额增速为 6.28%。1981～1989 年房地产行业贷款余额增速持续高于总贷款余额，1986 年甚至是总贷款增速的 4 倍，但是在实行总量控制后，房地产贷款余额增速几乎与总贷款增速持平。可以说，在控制银行向房地产融资方面总量控制达到预期效果。不过总量控制范围中没有

---

① 野口悠紀雄：『バブルの経済学——日本経済に何が起こったのか』，日本経済新聞社，1992。

包含住宅金融专门公司和农林系金融机构，因此农林系金融机构继续向住宅金融专门公司融资投向房地产行业。这为房地产泡沫崩溃后住宅金融专门公司严重的不良债权问题埋下了隐患。

表4-4　日本新增房地产贷款与新增总贷款

单位：亿日元，%

年份	新增房地产贷款	新增总贷款	新增房地产贷款占新增总贷款比例
1983	2.22	19.78	11.22
1984	2.60	22.13	11.75
1985	4.26	24.32	17.52
1986	7.44	22.99	32.36
1987	5.46	28.48	19.17
1988	4.66	23.49	19.84
1989	5.80	34.52	16.80
1990	1.58	24.17	6.54
1991	2.14	12.29	17.41
1992	2.60	6.89	37.74
1993	6.77	83.05	8.15
1994	1.04	-2.17	-47.92
1995	1.22	3.90	31.28

资料来源：根据日本银行贷出先别贷出金時系列データ。

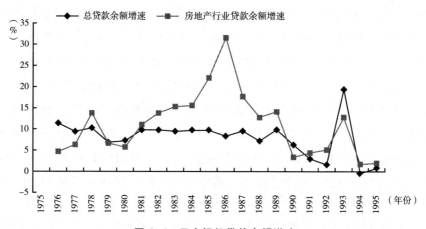

图4-6　日本银行贷款余额增速

资料来源：根据日本银行贷出先别贷出金時系列データ计算所得。

（三）日本房地产市场泡沫的负面影响

资产泡沫可以通过财富效应、分配效应、资本成本效应等影响宏观经济。由于房地产的产业关联程度高，房地产泡沫对经济的影响较大。从日本房地产市场泡沫问题来看，无论是泡沫的生成、膨胀还是泡沫的崩溃都对日本经济产生了巨大的负面效应。

1. 房地产市场泡沫问题影响投资

房地产市场泡沫影响投资的作用机理可以通过其"挤出"效应及"挤入"效应进行解释。所谓"挤出"效应是指，房地产泡沫的积累吸收一部分储蓄，挤出投资以及消费的支出；所谓"挤入"效应是指，随着房地产价格的提高，泡沫资产作为保值的一种工具，因而可以作为抵押品而放松企业的信贷约束，提高资源配置效率，"挤入"投资从而促进经济增长。而房地产市场价格提高是否对投资有负面影响取决于"挤出"效应与"挤入"效应的大小。对于日本而言，从企业资金流向来看，1973～1979年，日本企业的资金运用于设备投资的比例为11.5%，运用于土地投资的比例为1.1%。1980～1985年，两者各增长1倍，分别为20.9%与2.4%。1986～1989年，运用于设备投资的资金比例增加到40.2%，相较于1980～1985年，增加了近1倍，但是运用于土地投资的资金比率却增加了两倍以上，达到8.6%，在此期间资金总额也仅增加了1倍多一点，这在一定程度上说明在20世纪80年代后期，日本企业更倾向于增加对土地的投资，因而挤占了本应该用于设备投资的资金，也就是说日本房地产泡沫膨胀及崩溃对实体投资的"挤出"效应明显。① 从银行贷款流向来看，1983～1985年，年平均银行贷款流向制造业的比重为27.5%左右，流向非制造业的比重为59.4%左右，流向房地产市场的比重为5.6%左右。1986年之后，房地产业所占贷款比例迅速增加，并稳定在10%～13%，所占比率相对于20世纪80年代初期增加1倍以上，即使是在房地产泡沫崩溃之后的1993年、1994年也仍占到11.4%及11.7%的比重。但是相对而言，制造业的贷款所占比重则持续下降，1988年下降到20%以

---

① 资料来源：日本财务省『法人企業統計季報』，转引自村上和光『バブル経済の形成と景気変動過程：現代日本資本主義の景気変動（6）』，金沢大学経済論集＝Kanazawa University Economic Review，2009，29（2）：23。

下，房地产泡沫崩溃之后下降到15%左右，所占比重相对于20世纪80年代初期下降1倍以上。① 也就是说尽管20世纪80年代后期日本房地产价格暴涨，一定程度放松了企业的信贷约束，但是这部分资金也并没有充分进入制造业的资金链中，反而再度流回房地产市场，进一步推高房地产市场价格。故而，一定程度上可以说明，日本房地产市场泡沫对投资具有明显的"挤出"效应而其"挤入"效应并不明显，因而房地产市场泡沫问题影响了实体经济的投资，产生了负面效应。

2. 房地产市场泡沫问题损害金融安全

（1）损害银行业贷款结构导致实体经济的资金支持力度下降

房地产泡沫生成、膨胀以及崩溃期间，一定程度损害了银行业的贷款结构，导致其对实体经济的资金支持力度下降。从日本银行业贷出资金的总额来看，从1983~1996年，全国银行业贷出总额上涨了两倍以上，制造业所占比例基本上逐年下滑。但是非制造业、不动产业及建筑业所占的比例均是逐年增加。可以说，在日本泡沫经济阶段，银行贷款以及非银行金融机构的贷款增量大多流向了房地产领域，直接助推资产泡沫的进一步膨胀，但是对制造业的资金支持力度下降。

（2）不良债权问题恶化影响经济长期发展

房地产泡沫的崩溃产生了不良债权问题，损害日本经济的长期发展。这是因为，首先，不动产作为贷款抵押担保，其价格下跌直接使正常贷款变成了不良资产；其次，在房地产泡沫膨胀期间，银行等金融机构的贷款增量大多流向了房地产产业，其价格下跌直接导致企业投资亏损，企业经营状况出现问题进而难以偿还贷款；最后，金融机构贷出资金的结果过于失衡，大多资金流向中小企业，中小企业不仅受房地产投资亏损的影响，也受大企业经营活动萎靡的影响，进而债务负担快速加重，难以偿还贷款，不得不倒闭破产。在这些原因下，日本不良债权问题迅速恶化。不可否认，不良债权问题加重了房地产泡沫崩溃的影响，损害了企业、银行等的资产负债结构，降低了企业及银行等的风险承担能力，后来再加上银行

---

① 资料来源：日本银行『経済統計年報』［1996］，转引自村上和光『バブル経済の形成と景気変動過程：現代日本資本主義の景気変動（6）』，金沢大学経済論集＝Kanazawa University Economic Review，2009，29（2）：71。

谨慎的惜贷态度，在一段时期内抑制了投资活动的发展，损害了日本经济的长期发展。

（3）损害家庭、金融机构及企业资产负债表结构

房地产泡沫问题损害家庭、金融机构及企业的资产负债表结构。从民众角度看，在 1987～1990 年房地产泡沫膨胀期间，日本家庭的资产及负债额均出现大幅增加的态势，其中家庭部门因购买住房和土地的负债占总负债的比重呈较快的上升趋势，资产及负债总额同时大幅增加，说明家庭用于购买资产的资金主要是来自贷款而非货币储蓄。[1] 20 世纪 70 年代至 20 世纪 80 年代初，家庭新增的住房贷款额基本处于平稳增加的趋势，各季度家庭新增的住房贷款额不到 10000 亿日元。但是 1985 年的第四季度陡然增加至 14641 亿日元，1987 年的第三季度高达 34710 亿日元，之后直到 1990 年的第三季度均保持在 20000 万亿日元，[2] 相较于 20 世纪 80 年代初增幅高达 3 倍左右。可见，房地产市场的泡沫膨胀使得家庭负债率迅速上升，偿付能力下降，加大了金融系统的违约风险。从金融机构来看，日本泡沫经济严重恶化了金融机构的资产素质。在泡沫经济加速膨胀乃至崩溃阶段，不仅银行机构的贷款准备金比率迅速上升，贷存比也相应增加，由于银行业贷款主要流向非金融机构及非制造业的中小企业，这部分贷款主要用于购买股票及房地产，增加了银行机构的流动性风险，损害金融机构的资产素质。从企业角度来看，在总的贷款资金中，用于金融及土地投资的资金总额相对于用于实体设备投资的资金总额的比率，在 1973～1979 年为 48.9%，1980～1985 年为 40.5%，而 1986～1989 年则高达 79.9%，1990～1997 年降为 15%。[3] 由此可知，在泡沫经济生成、膨胀乃至崩溃的阶段，日本非制造业的中小企业贷款较多，且主要的贷款资金流向了股票、房地产市场，由此企业的资产结构失衡。在房地产泡沫膨胀期间，企业的资产负债表扩张，因而企业负债率迅速提高，偿付能力下降，

---

① 王雪峰：《房地产泡沫和金融安全——日本泡沫经济的启示》，《外国问题研究》2006 年第 4 期，第 8 页。

② 资料来源于 wind 资讯。

③ 日本财务省：『法人企业统计季报』，转引自村上和光『バブル经济の形成と景気変动过程：现代日本资本主义の景気变动（6）』，金泽大学经济论集 = Kanazawa University Economic Review，2009，29（2）：23-25。

企业的流动性风险攀升。另外，诸多企业内部存在过剩流动性问题，进一步引发了整个市场投资的低效率以及资产投资热潮，为房地产泡沫崩溃带来的企业破产问题埋下伏笔。

3. 房地产市场泡沫崩溃拖累其他产业活动

不容否认的是，房地产市场繁荣一定程度可以拉动相关产业发展。由于房地产的产业关联程度较高，房地产市场的繁荣可以一定程度带动其他产业的发展，诸如钢铁、煤炭、汽车、建筑、电器等产业的发展。从产出视角来看，如表 4-5，1986~1991 年，日本建筑业产出额增幅高达 14.1 万亿日元，相当于 1970~1985 年总增幅的近两倍左右，制造业下的石油、煤炭产出、化学制品、机械制品、金属制品等均有不同程度的增长，其中电气机械及设备产出增幅也高达 12.07 万亿日元，相当于 1980~1985 年增幅的两倍以上，石油、煤炭制品的增幅相当于 1980~1985 年增幅的 5 倍左右。可见日本房地产市场的火爆也一定程度上带动了其他经济活动的活跃，但是相对于其崩溃所带来的损失，这种拉动作用远远小于其崩溃带来的拖累作用。1991~1994 年，制造业产出的增幅直接变为负值，制造业下石油、煤炭制品、机械制品、金属制品的产出下降，其他增长幅度锐减，电气机械及设备产出的增幅减少为 1986~1991 年增幅的 1/10 以下，化学制品增幅减少为原来的一半。建筑业增幅缩减为 1986~1991 年的近 1/10，不及 20 世纪 70 年代各阶段的增长幅度。由此可见，房地产泡沫膨胀一定程度拉动了相关产业产出的增加，但是其泡沫崩溃也直接拖累了相关产业的发展，而且这种拖累作用远远大于拉动作用。

表 4-5 产出视角：主要经济活动的增幅变化

单位：千万日元

房地产泡沫积累泡沫生成、膨胀泡沫崩溃

前半时段后半时段

	1970~1975 年	1976~1979 年	1980~1985 年	1986~1991 年	1991~1994 年
工业总额的变化额（下同）	42912.4	36316.9	52249.3	102347.7	5132.6
1. 农业、林业、渔业	1096.4	−145.5	1017.2	−377.8	101.4

房地产泡沫积累泡沫生成、膨胀泡沫崩溃

前半时段后半时段

	1970~1975 年	1976~1979 年	1980~1985 年	1986~1991 年	1991~1994 年
2. 采矿业	−126.7	−31.9	−374.7	42.2	−219.3
3. 制造业	9250.7	9757.9	20312.5	33368.4	−7612.5
（1）石油、煤炭产品	1766.2	−4206	139.9	625.4	−137.4
（2）化学制品	29.1	1276.1	2613.3	2657.4	1167.4
（3）机械制品	256.4	1472.0	4158.2	5392.9	−4422.4
（4）电气机械、设备	1006.3	1610.3	5755.8	12076.1	1206.6
（5）金属制品	−66.2	898.2	1478.3	1591.3	−32.5
（6）精密仪器	224.3	425.1	627.1	580.1	−673.2
4. 建筑业	5373.0	3406.0	−1,366.4	14116.2	1674.5
5. 批发及零售业	7639.7	7492.4	4278.0	17970.2	−842
6. 金融保险业	3411.5	3114.9	4277.9	7762.8	−401
7. 房地产业	6994.0	4828.2	6412.0	8547.9	5465.6
8. 交通、通信业	3198.2	−643.9	3801.5	6359.8	268.9
9. 水、电、汽业	1321.2	1105.1	1224.7	2704.1	408.8
10. 服务业	4754.3	7433.6	12666.4	11853.9	6288.4

注：数据表示变化额，如 42912.4 表示 1975 年相较于 1970 年工业总额的增加额。

资料来源：根据日本内阁府数据整理。

　　从消费视角来看，如表 4-6 所示，日本家庭实际收入增长率在 1975 年为 2.7%，可支配收入名义增长率为 14.7%，实际增长率为 2.6%，1985 年则分别为 2.7%、4.0% 及 1.9%，1987~1991 年，家庭实际收入年平均增长率为 2.08%，年平均可支配收入名义增长率及实际增长率为 4.1% 及 2.28%，整体不及 1975 年收入增长率，与 1985 年情况相似。但是 1992~1994 年，相应的年平均增长率减少为 0.03%、1.2% 及 0.13%，由此可知，在房地产泡沫膨胀阶段家庭收入有一定的提高，增幅不大，但是泡沫崩溃阶段，家庭收入年增长率却迅速下降且幅度明显。而且，从经济学理论分析，由于资产泡沫的财富效应，房地产价格暴涨阶段，民众的消费倾向应该显著提高，但是日本平均消费倾向指数在 1987~1991 年并未提高反而有所下降，泡沫崩溃后也处于下降趋势，同样的，消费支出的增长率也未发生显著变化。由住居、家具、家居用品的消费的增长率来看，在房地产市场火爆的几年中，除了1987年相对增长率较大外，其他年份也并未发生较大变化。这就说明日本房地产市场的繁荣并没有有效带动家具、家居用品等相关产业的发展，资产泡沫的财富效应不明显，反而在泡沫破灭后对消费、收入的负向作用较突出。

表4-6　消费视角：家庭实际收入及消费支出的变动

单位：%

年份	实际收入	可支配收入		平均消费倾向指数	消费支出		住居消费	家具、家居用品消费
		名义	实际		名义	实际		
1975	2.7	14.7	2.6	77.0	16.8	4.5	-0.2	1.4
1980	-0.6	6.5	-1.4	77.9	7.1	-0.8	-1.9	-7.5
1983	1.3	2.6	0.7	79.1	2.3	0.4	-0.4	0.7
1984	2.3	4.4	2.2	78.7	3.9	1.7	2.1	3.2
1985	2.7	4.0	1.9	77.5	2.4	0.3	-1.2	3.7
1986	1.4	1.6	1.2	77.4	1.4	1.0	1.3	-2.4
1987	1.9	2.1	2.3	76.4	0.8	1.0	4.2	6.9
1988	4.0	4.8	4.3	75.7	3.8	3.3	1.3	-2.6
1989	0.7	3.8	1.5	75.1	3.0	0.7	-2.4	0.8
1990	2.0	4.5	1.4	75.3	4.8	1.6	0.6	5.7
1991	1.8	5.3	1.9	74.5	4.2	0.9	6.9	5.6
1992	1.1	2.1	0.5	74.5	2.1	0.5	6.6	-4.0
1993	0.1	0.9	-0.2	74.3	0.7	-0.4	-2.8	-2.9
1994	-1.1	0.6	0.1	73.4	-0.6	-1.1	8.3	2.8
1995	0.9	0.2	0.5	72.5	-1.0	-0.7	2.1	0.3
1996	1.5	1.3	1.3	72.0	0.6	0.6	3.9	0.2

注：数据为同期增长率。

资料来源：日本厚生劳动省，http：//www.mhlw.go.jp/toukei_ hakusho/hakusho/roudou/1999/dl/13.pdf。

从总的经济增长情况来看，在房地产市场泡沫膨胀阶段，日本经济也曾出现较高程度的增长，如1988年及1990年日本实际经济增长率达到6.19%及5.08%，相较于20世纪80年代初，增长率提高1倍左右。但是随着房地产泡沫崩溃产生的一系列负面效应的蔓延，日本实际经济增长率迅速下跌，1992 年跌为 1.02%，1993 年仅为 0.3%，相较于 20 世纪 80 年代初，增长率下跌 10 倍以上。再次验证日本房地产市场泡沫的膨胀主要是基于投机心理的非理性繁荣，并不具有相应的实体经济的增长基础，而且房地产泡沫一旦崩溃，对宏观经济的负面影响巨大。

4. 导致资源的浪费与闲置

首先，在房地产价格暴涨时期，大量的写字楼、住宅楼工程施工，房地产市场一片繁荣景象。1981~1985 年，日本民间建设工程项目订单额年平均达 5.7 万亿日元，1986~1991 年年平均为 12.6 万亿日元，增幅高达 120% 以上，年平均增长率为 24% 以上。但是随着房地产泡沫的崩溃，日本民间建设工程项目订单额迅速下跌，相较于之前，1991 年跌幅 1.7%，1992 年及 1993 年跌幅分别高达 15.5% 及 24.1%。而且从新建住宅动工户数增长率来看，相较于之前，1986 年增长率为 10.4%，1987 年则高达 22.7%，但是 1991 年则跌为负值，为 -19.7%。① 故而，在一定程度上说明泡沫经济的崩溃，导致在其膨胀时期大量施工的写字楼等建设工程停滞，房地产市场出现大量库存亟待解决，造成了生产的低效率及资源的浪费，不仅使人们对房地产市场缺乏信心，而且已经进行的诸多土地开发项目也存在诸多问题，如资金链断裂项目搁浅，过度开发破坏自然环境，机械设施停工搁置等不胜枚举，这些造成了生产的低效、资源的浪费以及环境的破坏。而且，从租房价格来看，1985~1990 年，日本土地价格飙升，但是租房价格指数却温和上涨，由此可一定程度上说明日本资产泡沫的膨胀进一步带动土地的投机活动，而泡沫的崩溃则直接打击了建筑投资活动，包括住宅的建筑投资以及非住宅的建筑投资，进一步恶化了房地产市场的经营活动。

二 日本房地产市场"去库存"分析

（一）日本房地产市场的"库存情况"

日本房地产泡沫崩溃后，进行了艰苦的去库存作业。总体来看，整个

---

① 资料来源：日本厚生劳动省，http://www.mhlw.go.jp/toukei_ hakusho/hakusho/roudou/ 1999/dl/13.pdf。

去库存过程比较平稳，但不能说很成功。从日本每年的住宅竣工量来看，如图 4-7 所示，20 世纪 80 年代至 1996 年每年日本的住宅竣工量为 150 多万套，而此后一路下降，目前每年住宅竣工量仅为八九十万套。尽管如此，由于人口老龄化问题加剧，加之住房刚需下降，房地产市场不景气等影响，日本房屋空置问题仍然比较严重。从日本房屋空室率来看，如图 4-8 所示，1963 年，日本空置房屋大约为 52 万套，1973 年增加至 172 万套，1983 年及 1988 年分别为 330 万套以及 394 万套，房地产市场泡沫崩溃后，空置房屋数继续攀升，1993 年为 448 万套，2003 年即增长到 659 万套，2016 年闲置房屋高达 860 万套，空室率也随之攀升，1963 年，日本房屋空室率仅为 2.5%，1988 年则升至 9.4%，1993 年为 9.8%，2003 年则继续增加到 12.2%，2013 年为 13.5%，直到 2016 年日本空室率仍高达 13% 左右。[①] 从空置房屋种类来看，其中 52.4% 的空置住宅是出租型住宅，5.0% 属于次要住宅，3.8% 为出售型住宅，其他类型占比 38.8%。

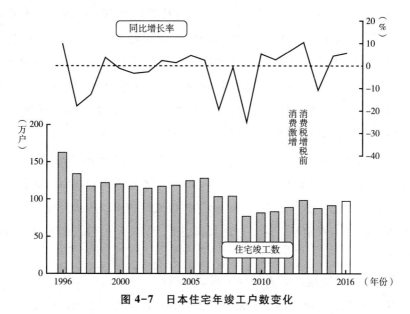

图 4-7　日本住宅年竣工户数变化

资料来源：日本国土交通省资料。转引自时事通信社。http：//www.jiji.com/jc/graphics？p＝ve_ eco_ kensetsufudousan-house-start。

---

① 　资料来源：日本国土交通省。

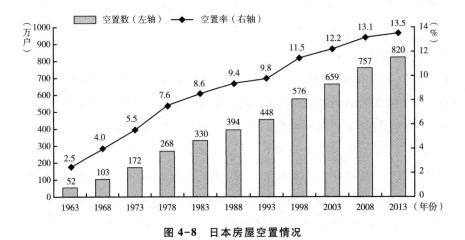

图 4-8　日本房屋空置情况

资料来源：根据日本国土交通省数据绘制。

　　从日本闲置房屋分布情况可知，在日本全部的都道府县中，日本山梨县的房屋空置率最高，为 22%，是唯一空置率超过 20% 的地方。其次是长野县有 19.8%，和歌山县为 18.1%，高知县为 17.8%，德岛县有 17.5% 等。另外，宫城县的房屋空置率最低，为 9.4%，其次为冲绳县 10.4%，山形县为 10.7，埼玉县为 10.9%，东京都为 11.1% 等。除了别墅等次要住宅之外，住宅空置率最高的山梨县为 17.2%，爱媛县为 16.9%，高知县为 16.8% 等。整体来看，闲置房主要分布在海边，特别是西南方、西北方海边，大部分是泡沫经济时期所建的所谓"海景房"。如前所述，地价从 1991 年开始下降直到 2005 年才有所恢复。而一部分房地产因为担保物地价的急剧下跌，不得不经由银行拍卖，廉价处理。但更多的是有购买者，特别是自住者自己承担损失，只能经过漫长的岁月慢慢还清债务。

（二）　日本房地产"去库存"采取的措施

　　从中国房地产市场的情况来看，去库存不仅本身即是出清产能的先头兵，而且也关联诸多产业释放过剩产能的问题，不仅关系中国经济的稳速健康发展，同时也关系着城镇化发展进程的推动，因而中国房地产市场去库存具有深远的经济社会意义，同样也就意味着其操作难度巨大。直至今日，日本房地产去库存问题仍是经济发展的重要药方。其实早在日本出现房地产泡沫的 80 年代中期，日本就开始注意到房地产去库存的问题。主要采取了以下措施。

首先，挤破房地产市场的价格泡沫，从供需角度综合推出土地对策，从重视行政手段转变为依靠土地制度改革解决房地产市场泡沫问题。在 1986~1988 年，日本政府重视采用行政手段调控房地产市场，如 1986 年，先后设立"地价相关阁僚会议""临时行政改革推进审议会"，1987 年 10 月及 1988 年 6 月，分别提出了关于地价的土地对策报告书，与此相对应，日本内阁会议分别于 1987 年 10 月及 1988 年 6 月批准通过"紧急土地对策纲要"及"综合土地对策纲要"。但是，这些措施并未有效解决日本房地产泡沫问题，这主要是因为，在日本，国家、地方政府、企事业团体及民众并未建立"土地是具有社会性、公共性的财富"这一共识。因此，首要之举是减少市场各个阶级将房地产作为资产保有的狂热，确立土地社会性、公共性的基本共识。1989 年 12 月，日本颁布土地基本法便是基于这一目的。根据日本土地基本法，无论是国家、政府的政策制定还是企事业团体及民众的市场行为，均需要满足以下基本理念：首先，土地利用以民众的公共福祉为优先；其次，正确利用及合理规划利用土地资源；再次，抑制土地交易的投机行为；最后，对于土地价值的增加、利益增加承担相应义务及责任。这样就直接从法律制度视角明确了土地改革的方向，之后税收制度的改革进一步收紧房地产市场，直接导致房地产价格的迅速回跌。日本的土地制度改革本身并没有较大问题，只是由于推出的时间较晚，因此对于解决房地产泡沫问题来说，是雪上加霜。

其次，收紧房地产市场的住宅财政投资及贷款，缓冲新建房地产工程的增量进行总量控制。在房地产市场泡沫膨胀的几年间，日本住宅投资及新建住宅数迅速增加，全国银行贷款的绝大部分流向了房地产市场及非银行金融机构，房地产市场投机行为非常火爆，同时房地产市场大量库存积压，空室率迅速提高，仓库、店铺及事务所的总的空室率由 1992 年的 0.7%增加到 1995 年的 4.9%。1993 年，住宅空室率为 9.8%，2008 年及 2013 年则分别为 13.1%及 13.5%，这一指标在 20 世纪 70 年代末及 80 年代初时则在 7%~8%，这就导致了严重的资源浪费。要想推进房地产市场的去库存进程，首要的就是缓冲新建工程的增量，从而进行总量控制。由于日本房地产泡沫的膨胀得益于宽松的金融环境，因此收紧对房地产市场的住宅财政投资及贷款则是日本政府的必然选择，1990 年，日本政府实施了对房地产市场的融资总量控制，收紧财政贷款，控制的对象不仅包括银行，还包括信用金库、信用合作社、人寿保险、损害保险公司等。① 同时，日本政府要求金融机构严格控制土地贷款项目的审批，严格控制房地产贷款的增速小于总体贷款增速。另外，通过改革土地税制调控房地产市场，如调整土地收益税监管持有土地不超过两年的所有者等。②

最后，推动土地政策有效施行，激活土地交易，政府出资加强公共设施建设，利用二手房市场疏解房地产市场的滞留库存。一方面，日本土地政策由控制地价转变为有效利用土地，日本政府在 1997 年便提出"新综合土地政策推进纲要"，明确土地政策目标为推进土地的有效利用，其中，推进住宅设施改善，提高民众住宅品质，加强对新建住宅的性能考察，整备土地交易市场、提高土地交易活性等均有利于解决房地产库存问题。同时，日本政府也通过改革土地取得、保有及让渡各阶段的相关税收制度，激活房地产市场交易，促进房地产市场去库存。另一方面，不仅需要对房地产市场进行总量控制，盘活日本现有积压的空置住房及店铺也同样重要，因而，日本加强对二手房市场的利用，着重推广二手住宅评估机制，促进房屋在二手房市场的交易，并且由政府出资改造空置房屋作为福利设施，盘活空置房屋，并有计划拆除改造成本过高的旧房危房，加大公共投资力度，多举措促进房地产市场去库存。

第三节　对"僵尸企业"的处理

日本在泡沫经济破裂后，房地产价格和股票价格双双下降，大量不良债权产生，影响了企业的核心业务，一些企业只能通过银行贷款继续开展业务。由于僵尸企业的迅速增加，日本银行系统中的不良债务数量持续增

① 刘丽：《日本房地产泡沫破裂前后的土地财税政策对比分析》，《国土资源情报》2006 年第 1 期，第 37~44 页。

② 张晓兰：《美日房地产泡沫与去库存的启示》，《宏观经济管理》2016 年第 6 期，第 89~92 页。

加，这对日本金融系统的稳定性产生重大影响，对于日本产业转型产生负面影响。僵尸企业成为阻止日本经济摆脱长期衰退的主要问题。2003 年，日本政府设立了"产业再生机构"，通过"官民合作"的新模式，试图解决僵尸公司的问题。这一做法在解决日本僵尸企业的问题上发挥了重要作用。本节分析了日本产业再生机构实施企业重组的具体方法和经验，并为我国僵尸企业的处置提供了参考。

一 日本泡沫经济崩溃后"僵尸企业"的剧增及其危害

泡沫经济破裂后，房价和股价急剧下跌。在"泡沫经济"时期开展房地产过度投资的公司欠下了巨额债务。为避免企业破产导致的不良贷款增加，银行不得不继续向该公司提供贷款，形成了僵尸企业。僵尸企业已成为日本经济长期停滞的重要因素。

（一）僵尸企业的定义与日本僵尸企业的基本情况

在经济学领域，关于僵尸企业的定义有不同的说法。Caballero、Hoshi 和 Kashyap 等学者认为，僵尸公司效率低下，其业务运营的维持完全取决于银行贷款和减息，短期内没有偿还债务的能力。Hoshi 指出，僵尸公司是指，在市场经济情况下通常被排除在市场之外，但在债权人的帮助下得以生存的公司。为此，僵尸公司的定义有两个含义。一是企业具有严重的财务困难，无法偿还自身债务。二是但作为公司债权人，不能停止向公司贷款，以维持企业业务运营，从而呈现"僵而不死"的情况。

从日本的情况来看，在泡沫经济破裂之后，银行持有的资产和抵押品价格急剧下跌，银行系统内部开始形成不良贷款。银行需要避免不良债务的进一步扩张，以满足资本充足要求。财务状况不佳的公司可以通过银行贷款延续企业经营，进而成为僵尸企业。此外，在主银行体制下，银行与企业之间的关系是紧密的，即使企业遇到财务困难，银行也不会放弃，而是希望企业在未来经营能够顺利得到改善，从而继续为僵尸企业提供贷款。

Caballero 等分析了僵尸企业的识别，并提出了一种识别僵尸公司的CHK 方法，将银行是否为企业提供信用折扣作为主要指标。此后，中村和福田等研究人员改进了 CHK 方法，并增加了"获利能力"和"常青贷款"两个指标，以提高对僵尸公司的识别。① 冈田拓之则将对僵尸企业的测算延长到 2009 年。②

图 4-9 反映了 1975~2009 年僵尸企业在日本制造、建筑、批发、房地产和服务等产业中所占的比例。结果表明，在 1989 年，日本僵尸企业比率仅为 3.6%，但是在泡沫经济破裂后，僵尸企业比率在 1990~2001 年从 4.2% 增加到 25.5%。僵尸企业占企业总数的比重从 2002 年开始下降，到 2007 年达到 11.1%，比 2001 年下降 14.4%。受 2008 年全球金融危机的影响，僵尸企业所占比例再次上升至 26.8%，达到历史最高水平。总体而言，泡沫经济破裂后，日本僵尸企业的情况经历了从恶化至改善的过程。值得注意的是，这一时期恰逢战后日本经济第 14 个经济周期，尽管年均经济增长率仅为 2% 左右，但这是战后日本最长的经济繁荣时期。同时，这一时期与日本产业再生机构的存在时期吻合，表明日本产业再生机构在解决僵尸企业的问题上具有一定作用。

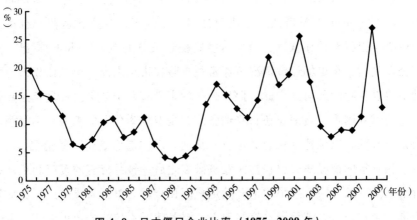

图 4-9　日本僵尸企业比率（1975~2009 年）

资料来源：岡田拓之、後藤亜由美、永江兆徳、東芳彦、広瀬絢子：『「ゾンビ企業」の再生と淘汰を促す新税の導入』，http：//www.isfj.net/articles/2010/i01.pdf，2010-12-11/2017-01-03。

---

① 中村純一、福田慎一，『いわゆる「ゾンビ企業」はいかにして健全化したのか』，『経済経営研究』 2008（1）：1~36。

② 岡田拓之、後藤亜由美、永江兆徳、東芳彦、広瀬絢子：『「ゾンビ企業」の再生と淘汰を促す新税の導入』，http：//www.isfj.net/articles/2010/i01.pdf，2010-12-11/2017-01-03。

僵尸公司与企业财务困境之间有着密切的关系。总体而言，僵尸企业陷入财务困境有很多原因，其中内生性原因最为主要。企业管理存在严重问题或企业业务长期处于低盈利的状态，即使公司接受了银行贷款，其业务状况也不会得到改善，从而对经济发展造成不利影响。

（二）僵尸企业给日本经济带来的负面影响

从 20 世纪 90 年代中后期开始，僵尸企业的数量持续增长，对日本的经济增长产生了许多负面影响。

第一，僵尸企业增加了银行的不良债权的数额。在 20 世纪 90 年代，由于银行向不具备偿还能力的企业发放贷款，银行的不良贷款数量稳步增长。根据日本金融厅的统计，自泡沫经济崩溃以来，日本的不良贷款数量一直在增加，至 2002 年不良债权数额高达 43.2 万亿日元，不良债权比率也达道 8.4%，为历史最高点。[1] 不良贷款的积累给日本金融体系带来了巨大压力，导致日本银行业出现"惜贷"行为，严重阻碍了日本经济的恢复。

第二，僵尸企业影响产业升级，并降低日本经济的全要素生产率。为了防止不良贷款的进一步扩大，银行业继续向经营情况不善的僵尸企业提供贷款，避免企业出现破产，但这一行为限制了新企业进入市场的余地。僵尸公司因为自身的经营状况不善，所以生产效率低下。星岳雄认为，僵尸公司具有四个重要特征：低收益、公司债务主要来自住银行、位于大都市区之外的，集中在非制造业。[2] 僵尸企业长期存在于市场中影响了高生产率公司进入市场，导致整个行业以及整个日本经济的全要素生产率下降。根据 JIPdatabase2015 的计算结果，日本的全要素生产率增长率在 1990 年代仅为 0.02%，比 20 世纪 80 年代的 1.41%，下滑了 1.39%。[3] 从长远来看，因为全要素生产率的增长持续下降，日本的经济增长持续下降。

第三，僵尸企业的存在扭曲了资源配置，没有促进产业升级。僵尸企业的存在占用了宝贵的财务资源，导致财务资源分配给了僵尸企业所属的

---

[1] 金融再生法開示債権の状況等について，http：//www.fsa.go.jp/status/npl/index.html，2016-08-12/2017-01-05。

[2] 岩本康志、二神孝一、太田誠、松井彰彦：『現代経済学の潮流2006』，東洋経済新報社，2006，第53頁。

[3] 経済産業研究所：『JIPデータベース2015』，http：//www.rieti.go.jp/jp/database/JIP2015/index.html，2015-12-08/2017-01-05。

行业。僵尸企业主要分布在服务业和建筑业等生产效率低下的行业，造成财务资源仅分配给生产效率低下的行业，而不分配给生产效率高的制造业。在金融资源的分配和使用上效率低下，并阻碍了产业之间的资源流动。生产效率高的产业不能获得足够的资金，阻碍新兴产业的发展，而市场上效率低下的企业也无法获得淘汰，造成 20 世纪 90 年代以来日本产业升级的停滞。

（三）产业再生机构之前日本僵尸企业的处理情况

从 20 世纪 70 年代到 20 世纪 80 年代，日本的钢铁、冶炼行业存在严重的产能过剩和产能过剩的问题。国内对日本钢铁的需求在下降，企业利润在下降，生产成本在迅速上升，日本钢铁公司具有成为僵尸公司的危险，从 1973~1985 年，日本钢铁公司的固定成本与总生产成本的比率从 35.1% 增加到 43.3%，并且公司的营业利润下降。① 此时，日本政府采取将生产能力转移到海外的方法，同时运用产业政策来减少产能过剩，促进产业升级转型。生产能力的国际转移缓解了僵尸企业的经营困境，扩大了公司的销售市场，促进了国家和地区之间的区域合作，实现了生产技术的国际传播。新日铁与宝钢之间的合作就是日本企业向海外转移生产能力和解决问题的成功典范。1978 年，新日铁与中国合作建立了上海宝山钢铁厂，大大缩小了中国与全球钢铁业之间的差距。同时，宝钢建设解决了中国的钢铁供应问题，满足了国内对优质钢材的需求，替代了进口，提高了中国钢铁行业的技术水平。另外，日本消除了产能过剩问题，改善了新日铁的运营条件，消除了僵尸企业的问题，实现了双方互利共赢。

在 20 世纪 90 年代中后期，日本实行了财政和货币双宽松的政策，但没有密切关注僵尸企业问题，也几乎没有处理和解决僵尸企业数量不断增长的问题。僵尸企业的激增很大的原因在于日本政府对金融体系的监督不足。日本政府同意银行继续向陷入财务困难的公司提供贷款。② Tett 指出，日本政府甚至指示银行向僵尸企业贷款。③ 日本政府在 20 世纪 90 年

---

① 通商産業政策局：『新世代の鉄鋼業に向けて』，通商資料調査会，1987，第 104~107 頁。
② 星岳雄：『アニル・カシャップ：何が日本の経済成長を止めたのか─再生への処方箋』，日本経済新聞出版社，2013，第 125 頁。
③ Tett, G., Saving the Sun: Japan's Financial Crisis and a Wall Stre [M]. New York: Harper Collins, 2009, p.157.

代没有采取措施遏制僵尸企业发生，并在此期间投入了大量的金融资金，提供了一个宽松的、低利率的金融环境，进一步加速了僵尸公司问题的恶化。

小泉政府于 2001 年就职以来，日本政府开始解决僵尸企业的问题。在金融担当大臣竹中平藏的指导之下，启动了"金融再生计划"，以加快解决阻碍经济恢复的僵尸企业问题。僵尸企业比率自 2002 年以后持续下降。

二　日本产业再生机构对僵尸企业的处理

依靠银行和企业显然很难解决僵尸企业问题，需要成立处于独立地位的第三方机构。具有政府背景的日本产业再生机构（Industrial Revitalization Corporation of Japan，简称 IRCJ）处于官方与民间的中间位置，可以代表主银行向公司提出建议，解决企业业务问题，因而在处理僵尸公司方面发挥了重要作用。

（一）产业再生机构的设立

泡沫经济破灭后，日本经济的增长仍然缓慢。[①] 银行部门的不良债权的不断积累和僵尸企业的存在是日本经济长期无法得到恢复的重要原因之一。日本即使在 21 世纪初期，其不良债权问题尚未得到有效解决。为了解决银行部门的不良问题并减少僵尸企业的数量，日本政府在 2003 年决定设立产业再生机构，以恢复日本产业的活力。日本于 2003 年颁布了《株式会社产业再生机构法》，并宣布成立了产业再生机构。产业再生机构设立的目的为：近年来，我国经济增长缓慢，土地价格和股票价格持续下跌，这不利于我国金融体系和产业的发展。为维护金融体系的稳定性，促进产业振兴，决定建立产业再生机构，通过向金融机构购买债务，支持具有经营资源的企业发展。[②] 日本政府并未放任僵尸企业问题，而是通过产业再生机构，帮助僵尸企业摆脱财务困境，从而实现业务的"再生"。

产业再生机构是在日本政府的倡议下成立的，其主要股东由多家政府

---

①　据日本内阁府统计，1992~2016 年日本年平均实际 GDP 增长率仅为 0.8%左右。

②　株式会社産業再生機構法，law.e-gov.go.jp/htmldata/H15/H15HO027.html，2003-04-09/2017-01-07。

性金融机构构成。例如，存款保险机构，农林水产业协同组合等。另外，日本产业再生机构对企业的援助支持必须得到主管大臣的批准。

日本产业再生机构的主要任务是，处置银行的不良债权和重建公司经营活动。根据《株式会社产业再生机构法》的第 23 条以及第 29 条的相关规定，必须要在 2005 年之前，完成支持企业的债券赎回工作，并在 2008 年之前完成全部企业的经营重建。日本政府提供高达 10 万亿日元的保证金，为产业再生机构购买企业债权提供担保。

从结果上看，产业再生机构于 2007 年提前完成了所有企业债权的转让工作，并提前一年开始开展企业清算工作。在产业再生机构存在的 4 年之中，总共支持了 41 家公司。日本政府成立的产业再生机构，解决了许多难以通过市场经济行为解决的问题，可以被认为是一种制度创新。该组织的存在时间有限、办理的公司数量也不多，但是在改善企业的业务状况方面发挥了作用，并在行业中发挥了展示效果，引领了行业的发展与创新。产业再生机构充分利用市场和政府的优势，在资源层面上实现互补，帮助解决了日本的不良债权与僵尸企业问题。

（二）产业再生机构的特点

产业再生机构具有两个特点。首先，建立方式是由日本政府和民间机构共同合作设立的。产业再生机构是在日本政府的倡议下成立的，自成立以来就表现出政府主导的特征。产业再生委员会的改选、公司债券的购买、出资担保等均需要获得日本政府的批准。但是，日本产业再生机构的运作过程显示出市场管理的特点，资产评估和"企业重建计划"的制定都需要民间企业专家的参与。其次，日本产业再生机构不仅重视处理坏账损失问题，而且更加重视企业业务的再生。债务调整和债务偿还是日本产业再生机构运营中非常重要的问题，但是债务合并、股份结构改革、所有权调整、财务重建等行为均是为了实现企业业务再生。在完成公司财务重组并克服财务困难之后，产业再生机构调整工作重点，致力于转让和出售企业非核心业务，并着力于加强企业核心业务，努力降低公司的运营成本，实现经营业务的重构。

（三）援助企业经营重建的具体方法

日本产业再生机构综合性地使用股权重组、资产重组和债务重组等方式，来帮助公司首先摆脱财务困境。然后，日本产业再生机构帮助公司制定业务计划，以改善公司的生产和运营。

1. 产业再生机构的业务流程

产业再生机构在收到企业的支援申请后，会开展资产评估、业务重组、财务重组等方式帮助企业走出财务困境，强化主营业务，恢复自主经营能力。产业再生机构帮助企业改善经营的主要方式如图 4-10 所示。

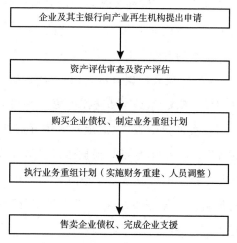

图 4-10　产业再生机构援助企业经营的主要流程

资料来源：日本内阁府资料。

由此可见，产业再生机构对企业的经营支援主要可以分为资产评估、业务重组计划的制定与实施以及财务重建等三个主要部分。首先，通过资产评估计算企业的实际价值，决定是否实施企业经营重组。其次，在批准对企业实施经营管理支持的基础上，制定企业业务重组计划，强化企业的主要经营业务，并通过购买企业债权，直接干预企业经营。最后，在产业再生机构的推动之下，实施企业业务重组计划，重建企业财务状况，调整经营管理人员，完成对企业经营的援助。

2. 资产评估审查及资产评估

在受到僵尸企业及其主银行的援助申请后，产业再生机构会开展对公司业务的资产预评估（preDD）和资产评估（DD）。资产预评估的重点是全面检查被帮助公司是否具有"重建"的潜力和被援助的价值。此后，产业再生机构根据公司提供的信息将公司的核心业务和辅助业务进行划分，并结合行业和市场分析方法来调查和判断核心业务的发展潜力和市场竞争优势。需要进一步加大对核心业务的投资，采用"选择与集中"的方式，转移低收益的非核心业务。产业再生机构还需要确定重组后企业的营业利润能否满足"生产率标准"和"财务健全性"两个标准。[①]

资产评估是支持企业再生的一个重要环节。资产评估阶段的主要任务是创建"实际资产负债表"，并根据各种专家的意见，计算支持企业所需的实际资金。产业再生机构组织了资产评估反馈系统，该系统着重于推动资产评估过程中各类专家的合作，如企业业务专家，房地产专家和财务专家等。[②] 企业业务专家根据现有数据分析公司的业务状况，将房地产销售计划和工厂关闭计划传达给财务专家和法律专家，并根据"生产率标准"计算得出公司的"目标资产负债表"。房地产专家开展评估，并将转售房地产的价格告知财务专家。法律专家会根据工厂关闭情况计算未来损失，并将结果反馈给财务专家。财务专家基于现有数据，在现有资产负债表中添加"房地产交易损益""重组准备金""人员裁撤准备金"等，计算"实际资产负债表"。

3. 业务结构调整计划的制定与执行

首先，制定企业业务结构调整计划。根据资产预评估和资产评估工作，为企业业务制定结构调整计划。业务结构调整计划的一项重要任务是确定公司最终需要的资金支持金额。根据资产评估阶段的信息，探明公司的核心业务和核心资产，以及必须转售或放弃的业务和资产，从而得出公司的业务结构调整方案。要确定公司所需的资金支持金额，还需要明确公司的资金偿付能力。产业再生机构还通过以下方式评估公司的价值：（1）根据实际资产负债表借方确定债务金额。（2）根据目标损益表计算公司的未来现金流量，并确定其相应的支付能力。[③] 由此确定了公司的偿付能力，实际

---

① "生产率标准"指净资产收益率（ROE）实现年均2%的增幅。"财务健全化标准"指负债现金流量比率要控制在10倍以内。

② 産業再生機構：『産業再生機構事業再生の実践（第1巻）デューデリジェンスと事業再生計画の立案』，商事法務，2006，第59頁。

③ 具体包括DCF法、EBITDA复合法两种方法。

债务与公司的还款能力之间的差额就是公司最终需要的资金支持量。

其次，实施为业务结构调整计划。由于产业再生机构只能持有企业债务权利和股份仅3年，因此能否迅速实施业务结构调整计划是公司重组能否成功的关键所在。制定业务结构调整计划后，金融机构将根据业务结构调整计划的要求放弃相应债权人的权利，而产业再生机构将为企业提供必要的财务援助。为了快速彻底地实施业务结构调整计划，在决定实施计划的3个月内产业再生机构就会将从业员工派往受援助的企业。业务结构调整计划的实施主要基于以下三点：（1）改善企业经营管理的基本条件。为了明确公司的资金管理情况，建立销售和现金流等财务目标计划，并建立有效的内部信息交换系统，以便公司的管理层可以率先掌握公司的经营管理状况。（2）发展新业务，以增加公司利润，减少公司的采购和人工成本，增加公司的销售额，提高公司的营业利润。在市场规模、营业收入、增长潜力等方面，产业再生机构充分分析公司业务的竞争环境，并充分利用公司的业务特长开展新的业务活动，从而为公司的业务运营找到新的增长点。（3）协调公司的内部组织。建立合理的人员考核制度，提高员工积极性。通过执行企业的业务结构调整计划，企业将摆脱财务困境，而产业再生结构也会将其债务和资本转移给新公司，并完成帮扶业务。

4. 财务重建与债权处理

第一，财务重建。财务重建是推动企业完成业务重建的重要基础。产业再生机构推动企业财务重建的主要途径是，增加或减少企业所有者的资本。由于被产业再生机构支持的公司，其所拥有的债务通常超出了其支付能力，因此，产业再生机构为企业制定了"企业业务结构调整计划"，并要求企业的主银行和其他金融机构放弃部分对于公司的债权，与此同时公司的股东也需要承担相应责任。通过减少资产权益的方式，弥补公司的损失。股东减资率①的确定主要是依据金融机构的债权放弃比率所确定。一般而言，企业的减资率需要高于金融机构的债权放弃比率。与普通公司破产不同，产业再生机构一般不会在制定企业业务结构调整计划后对公司进行破产清算，而是通过减资增资过程，调整公司股权结构，减少原来的公

---

① 减资率：减资额度与原始资本金额的比率。

司股东参与决策的权力，增加新股东的决策权，建立合理的资本结构，促进业务结构调整计划的实现。企业进入增资阶段后，将改变公司原有的股权结构，为公司提供新的经营思路，同时也为公司提供了新的资金，可以用于人力资源调整和对新生产设备的投资。① 与此同时，出售公司的房地产、股票等资产，也可以获得相应的现金，改善公司的财务状况并降低公司的损失。

第二，债务处置。与一般债务公司清算不同，产业再生机构的债务处置侧重于企业业务运营的重建，债务清算知识促进公司业务再生的手段之一。产业再生机构处于债务人和债权人之间的位置，能够促进企业与金融机构之间的谈判较少，并使用"私下谈判"方法处理公司债务。产业再生机构负责的债务处理主要是金融机构的贷款债务，而应收账款类债务不受影响，从而使得被支持的企业可以继续与其他企业开展业务，并维持企业声誉。产业再生机构在决定对企业的支持后，会根据"企业业务结构调整计划"向拥有企业债权的非主银行申请债务赎买，而且会要求企业的主银行实施债务放弃，放弃的数额由公司的未来价值与公司现有债务之间的差额确定。产业再生机构由于具有政府的背景，可以推动债务人和债权人私下达成债务处置协议。这在一方面减少了企业的债务金额，也在另一方面推动了银行不良债权的处理，同时也促进了公司的业务运营的重建。

三　日本产业再生机构的积极作用与效果评价

在产业再生机构支持下的 41 家日本公司涵盖了各个产业领域。在产业再生机构实施财政重组和业务结构调整之后，公司的运营效率得到改善，出现了一定幅度的盈利，摆脱了僵尸企业的地位，日本产业再生机构发挥了重要作用。

（一）推动僵尸企业经营重建

产业再生机构在很短的时间内，改善了一些企业的生产和运营情况，

---

① 産業再生機構：『産業再生機構事業再生の実践（第 3 巻）事業再生計画の実行』，商事法務，2006，第 3~16 頁。

消除过多的不良债权，并重新激活了企业的业务布局，从而加快日本对僵尸企业的处置。产业再生机构对僵尸企业的处理重点是业务重组。在确定能够对公司进行重组之后，产业再生机构将从第三方的角度出发组建专家团队，并直接干预企业经营业务。此举可以克服公司原有业务运营中的障碍，客观地审查公司的经营业务，迅速消除或转移公司内部经营情况不佳的非核心业务，做大做强公司的核心业务。实现公司业务的重组和调整。产业再生机构还调整企业的财务和债务状况，要求企业的主银行放弃某些债券，要求股东减少原始资本，从而改善企业的财务状况，以补偿企业的损失，为重组企业业务建立了财务基础。换句话说，产业再生机构向企业提供的支持主要集中于促进公司业务的重建，而财务重建和债务处理等过程均起到辅助作用，极大地促进了僵尸企业的业务重组过程，并为企业的重建做出了贡献。

（二）引领产业发展的示范效应与催生制度创新

产业再生机构重组了公司的生产和运营业务，并为公司的生产和运营注入了新的活力与动力。通过一个公司的业务情况改善，将形成经验效应，并带动整个行业的发展。① 在产业再生机构的帮助之下，被援助的公司可以形成新业务和商业模式，提高公司的市场竞争力，并发展公司所属的产业集群的发展与壮大。这也成为产业再生机构的一个重要功能。

为了获得更广泛的示范效果，产业再生机构选择的企业支持目标通常在市场上具有一定的影响力，在行业中具有重要地位。例如，大京在日本房地产市场中享有很高的声誉，与此同时在日本房地产市场中也具有较高的份额，这成为产业再生机构选择支持该公司的重要原因之一。同样，得到产业再生机构支持的公司包括在零售业中著名的大荣（Daiei）、在化妆品业中著名的 KANEBO 化妆品，以及在采矿业中著名的三井矿业公司等。在产业再生机构的支持下，这些公司开始改善其业务状况，企业的业务绩效也获得了改善。例如，三井矿业在 2007 年的销售额为 1414 亿日元，净

---

① 産業再生機構：『産業再生機構事業再生の実践（第 1 巻）デューデリジェンスと事業再生計画の立案』，商事法務，2006，第 22 頁。

利润为 64 亿日元，大京的销售额为 3760 亿日元，净利润为 246 亿日元，均超出了业务结构调整计划的预期。① 良好的业绩可以提高投资者对该行业发展的期望，扩大投资并为行业发展带来收益。

产业再生机构在促进僵尸企业所属行业的竞争和提高效率等方面发挥了积极作用。例如，在产业再生机构决定向九州产业交通公司提供支持之后，熊本市公交公司决定调整公交路线，以免与九州产业交通公司的公交路线重叠，并提高交通效率。② 针对三井矿产公司，产业再生机构提议将煤炭开采、焦炭生产作为公司的核心业务，同时废除和转让水泥生产和污水处理等非核心业务，从而增强公司的竞争优势。再次之后，该公司在2009 年更改名称为"日本焦炭工业"，专注于焦炭的生产，并且在业务方面，与日本制铁公司签订了长期供应合同，从而实现了稳定的发展，为日本的煤炭工业发展做出了贡献。③

产业再生机构对于企业的支持在日本产业发展中发挥着积极作用。在这种影响下，日本政府在产业再生机构终止后颁布了一系列与公司结构调整有关的法律和规范。并据此创立一系列新的制度安排。在全球金融危机的背景下，日本政府于 2009 年通过了《产业活力再生特别措施法》，并在产业再生机构的基础上建立了"企业再生支援机构"，并采用了与产业再生机构类似的方法。日本政府提供 1.6 万亿日元的资金，用于该机构的债务购买和企业业务重建。该机构于 2013 年改组为"地域经济活性化再生机构"，其主要任务是发展区域经济。2009 年，还成立了"产业革新机构"，重点支持和先进技术领域的投资。这些法律和机构的建立无疑受到产业再生机构成功经验的影响。

（三）市场失灵与政府在产业再生中的作用

在 2003 年之前，日本政府没有积极应对泡沫经济崩溃所带来的僵尸企业的问题，并试图用市场力量解决问题，但没有起到理想的效果。产业

---

① 参議院，産業再生機構の実績と事業再生の課題，www. sangiin. go. jp/japanese/annai/chousa/...20096419. pdf，2009-04-19/2017-01-10。

② 翁百合：『産業再生機構の活動と日本金融の正常化』，ファイナンシャルレビュー，2006（10），5-43。

③ 預金保険機構，株式会社産業再生機構，http：//www. dic. go. jp/IRCJ/ja/，2007-09-01/2017-01-05。

再生机构的设立推动了僵尸企业问题的解决，为日本经济的复苏奠定基础。

在 20 世纪 90 年代日本泡沫经济崩溃之后，僵尸企业的问题很长时间没有得到有效解决，这反映出并非完全依靠市场就能够解决这些问题。如前所述，在第二次世界大战之后，日本公司与大型银行（即所谓的"主银行体系"）建立了特殊的业务关系。主银行不仅是企业银行贷款的主要来源，而且在监督企业的生产和运营方面也发挥着作用。当公司的财务状况处于危险之中并且难以经营时，主银行会介入企业的经营与管理。同时提供新资金来维持公司运营，调整公司债务关系并避免公司破产。但是，在泡沫经济崩溃之后，公司债务不断上升，为了减少银行的呆账，主银行选择继续向公司贷款，从而导致了僵尸企业的大量出现，同时主银行也丧失了监督企业生产经营的能力，不再帮助公司走出困境。经济资源的分配已经发生了扭曲，有限的资源被分配给了效率低下的僵尸企业，市场在资源分配中的作用失败了。因此，需要政府干预来弥补市场手段的不足。

青木昌彦（Masahiko Aoki）等人分析了政府在东亚经济发展中的作用，并给出了市场增进论。[①] 市场增进论认为，政府在经济发展中的作用是主动的而不是被动的，政府可以弥补或加强市场部门的不足，政府与市场之间的关系不是排他性的，而应视为共同发展。市场能够为参与者提供明确的激励机制，以促使其参与以实现有效的资源分配，而政府与私营部门协调关系以克服市场的不足，可以解决信息不对称的问题。斯蒂格利茨和韦斯（Stiglitz and Weiss）认为，一个非政府的民间组织可以帮助解决市场失灵，非政府组织可以非常有效地解决民间协商工作，从而推进市场与政府之间的相互理解。[②]

产业再生机构是政府为弥补市场失灵而采取的行动的一个典型例子。在产业再生机构作为日本政府设立的非政府机构进行处理僵尸企业的过程

---

① 青木昌彦、金滢基、奥野-藤原正宽：《政府在东亚经济发展中的作用比较制度分析》，张春霖等译，中国经济出版社，1998，第 26 页。

② Stiglitz, J. E., Weiss, A., Credit Rationing in Markets with Imperfect Information [J]. The American Economic Review, 1981, vol. 71: 393-410.

中，可以看到产业再生机构利用政府背景的优势，从中立的角度出发协调债务人和债权人，发现公司存在的问题，同时提供所需的财务支持。与此同时，产业再生机构还利用私营部门的信息优势，来帮助公司寻找其业务中存在的问题，并提供支持。产业再生机构据此制定企业业务结构调整计划，并付诸实施。总体而言，日本产业再生机构充分利用政府和私营部门的双重身份，促使企业解决债务问题，改善僵尸企业与主银行之间的关系，推动公司经营改革，鼓励公司在行业中重生。即使在产业再生机构结束援助任务后，被援助企业也可以维持可持续发展。在日本泡沫经济崩溃之后，产业再生机构的设立积极帮助日本政府应对了僵尸企业的问题，自2005 年以来，日本的僵尸企业数量持续减少。

四　产业再生机构对企业经营影响的实证分析

产业再生机构通过资产评估、债务重组、业务重组等手段，强化了企业的核心业务，提升了企业的收益能力。在产业再生机构的直接干预下，大部分被援助的企业实现了企业营业收入与净利润的提高，在离开了产业再生机构的经营指导之后，大多数企业仍然维持了营业收入与净利润的持续增加，表明产业再生机构对于企业的援助起到积极作用，强化了企业的偿债能力，提高了企业的运营与收益能力。

（一）产业再生机构援助企业的总体情况

产业再生机构总共对 41 家日本企业实施了企业再生重组。产业再生机构所援助的企业具有以下几个特点。第一，企业负债数量较多，影响力大。虽然从支援企业数量的角度看，接受支援企业数目有限，但是这些企业的负债总额巨大，在日本的不良债权处理问题中具有一定的代表性与影响力。2003 年，日本的不良债权总计为 35.3 万亿日元，而这 41 家企业的负债总额高达 4.2 万亿日元，占当年不良债权总数的 10% 左右。[1] 其中，DAIEI 的负债总额高达 1.6 万亿日元，KANEBO 的负债总额为 6013亿日元，负债数额较大，对日本的银行系统具有一定的不良影响。因此，日本产业再生机构支援的企业数量虽然不多，但企业负债金额庞大，对日

---

[1]　产业再生机构公表资料。

本的不良债权处理问题有着重要的影响作用。

第二，日本产业再生机构支持的公司涵盖了广泛的行业。这其中不仅包括制造业，例如电子机械制造和汽车制造，还包括了服务业，例如批发、零售、旅馆、旅游等。日本产业再生机构所支援的企业以非制造业为主，其中旅馆业 11 家、批发业 6 家、零售业 5 家，占被支援企业总数的55%，而制造业总计为 9 家，占被支援企业总数的 22%。[①] 产业再生机构虽然支援企业的数量有限，但涉及的产业范围较大，有助于实现产业再生的示范效应，促进整个行业的经营重组。

第三，从企业规模上看，占大多数的是中小企业。在日本产业再生机构所援助的 41 家企业中，资本金额超过 100 亿日元的大企业仅为 7 家，而中小企业数量为 34 家，占支援企业总数的 82.9%。[②] 截止到 2008 年，这 41 家企业中仅有 6 家企业为上市公司，分别为三井矿山、大京、DAIEI、MISAWA、MIYANO 以及 DAIA 建设。日本产业再生机构所帮助的企业主要都是中小企业，着重支持中小企业的经营重建。

第四，企业会同主银行申请经营重建是产业再生机构的主要援助方式。产业再生机构由于其所处的中立立场，有助于处理债务人与债权人间的债务关系，在实施企业经营重组的同时，也能够改善企业主银行的债务持有情况。在产业再生机构支援的 41 家企业中，主银行是大银行的有 19 家占 46%，主银行为地方银行的有 20 家占 50%。[③] 为促使企业摆脱财务困境，产业再生机构总共赎买了约 5305 亿日元的企业债券。为减少主银行的不良债权数额，通过债务放弃以及债务证券化等方式，总共实施了 1.43 万亿日元的金融援助。产业再生机构对于企业的援助不仅限于企业经营重建本身，而且改善了与企业关系密切的主银行的资产负债情况，提高了银行提供信贷资金的能力，促进日本金融系统的融资能力。

（二）企业经营情况的现状分析

产业再生机构在其存续的 2003~2007 年，对申请援助的企业实施了

---

① 产业再生机构公表资料。
② 産業再生機構の実績と事業再生の課題。
③ 产业再生机构公表资料。

经营重组，改善了企业的经营情况，促使企业走出财务困境状态，有序经营得到恢复。东京商工的调查数据显示，2003~2007 年，日本产业再生机构所支援的 30 家企业中，总共有 15 家企业实现了销售额的增长，销售实现增长的企业占总数的 50%。此外，从企业营业利润的角度看，2003 年30 家企业中实现盈余的仅有 9 家，为总数的 30%，而 2007 年共有 27 家企业实现营业盈余，为总数的 90%，其中共有 18 家企业实现了连续两年以上的营业盈余。① 因此，通过 4 年时间产业再生机构的经营重组，多数企业消除了财务困难，企业改善了经营状况，实现了企业自主经营、消除不良债权的目标。

虽然此前的相关数据显示，产业再生机构对企业的经营重组产生了改善企业经营的效果，促进了企业盈利，削减了企业主银行的不良债权，对于日本经济的恢复产生了积极影响。但是，此前的研究对产业再生机构所支持企业的经营情况往往只停留在了 2003~2007 年的 4 年时间之中，没有继续对企业的经营情况开展跟踪调查。本文通过使用日经 NEEDS 数据库，调查了产业再生机构的支援企业经营情况，将研究跟踪时间扩展至2012~2015 年，实现从长期中观测产业再生机构的经营重组行为对企业经营产生的影响。

通过使用日经 NEEDS 数据库检索，获得了 7 家获得过产业再生机构支援的企业经营资料，其中 6 家为非上市公司，1 家为上市公司。因为产业再生机构所支援企业以非上市的中小企业为主，不能够通过公开途径获取企业的经营情况资料，导致研究样本的数量有限。但是这并不影响对企业经营情况的数据分析，仍能从营业收入与净利润两方面看出被支援企业的经营改善状况。

从被援助企业近期的总体经营情况看，营业收入以及净利润虽然表现出了一定程度的增长，但波动幅度仍然较大。表 4-7 为产业再生机构所援助的 7 家企业于 2012~2015 年营业收入及净利润变化的总体情况。2014 年，被援助的 7 家企业营业收入环比增长 8.4%，净利润环比增长35.8%。然而 2013 年和 2015 年，7 家企业的营业收入及净利润总和出现

---

① 东京商工调查数据。

了负增长。① 通过产业再生机构的援助，虽然企业的营业收入以及净利润情况有所改善，但营业收入及净利润表现不稳定，波动明显。

表 4-7 产业再生机构援助企业营业收入及净利润变化

单位：万亿日元，%

年份	营业收入		净利润	
	总额	环比增长率	总额	环比增长率
2012	386098		29599	
2013	381804	-1.1	17180	-42.0
2014	413709	8.4	23323	35.8
2015	394071	-4.7	15146	-35.1

资料来源：日经 NEEDS 数据库，2016 年 12 月 31 日。

从企业的个体经营层面看，经过产业再生机构的经营重组后，被支援企业在营业收入和净利润两方面的经营业绩出现了改善趋势。根据日经 NEEDS 数据库，2013~2016 年，被产业再生机构援助的 7 家企业中共有 5 家企业的营业收入维持增长趋势，5 家企业 4 年平均营业收入增长率为 2.6%，2016 年的平均营业收入增长率为 4.9%。2012~2015 年，被援助的 7 家企业中共 4 家企业的净利润保持增长，企业的经营和运营效益得到改善。4 家企业 2016 年平均净利润增长率环比上涨 7.9%。由此可见，经过产业再生机构的财务重组及经营重整，被援助和帮扶的企业，其经营状况得到改善，推进了企业自主经营的不断完善，并且保持了利润增长，促使这个企业脱离僵尸企业的范围。由上述分析可知，根据现有掌握的 7 家公司的数据，产业再生机构的财政援助以及对企业经营业务的干预改善了企业的经营情况，提高了营业收入以及企业净利润。

（三）债务重组对企业经营影响的实证分析：以大京公司为例

产业再生机构在实施企业援助时，着重对企业的财务情况进行重建，在此基础上着手开展经营业务的重组，最终实现企业经营能力的重新恢复。产业再生机构在推进企业财务状况改善的基础上，使用资产结构重新

---

① 这 7 家企业分别为三景、DAIA、DAIEI、大京、田中屋、津松菱、宫崎交通。

组合、债务重构等方式调整企业的经营情况，其后再着手改善企业的经营内容。通过产业再生机构所主导的债务重建，是否能够改善公司的经营绩效，提高企业运营能力，值得开展深入分析。然而，国内对产业再生机构的经营重组分析主要为描述性的现状分析，理论性的实证分析较为缺少，有必要使用日本企业的实际数据检验产业再生机构的重组措施对企业的影响。

产业再生机构所支持的 41 家企业中，主要以中小企业为主，上市公司较少。鉴于大京公司企业规模较大，公司财务数据较为完整，本章基于大京公司 2003~2016 年的企业财务数据对产业再生机构的重组效果展开评估。大京公司于 2003 年向产业再生机构提出支援申请，产业再生机构于 2003~2006 年对大京公司实施了经营调整，采取了购买债权、放弃债务、债务股份化等方式优化了大京公司的财务状况。产业再生机构促使大京公司的主银行放弃了 1465 亿日元的债权，将总计 300 亿日元的债权转化为股票，并购买了 871 亿日元的大京公司债权，改善企业的财务情况。同时以此为基础，着重强化大京公司在房地产销售方面的业务，撤出旅馆、旅游等非主营业务，加强企业的经营能力。[①] 为检验产业再生机构的债务重组对企业经营情况的影响，分析经营重组对企业经营产生的效果，运用大京公司 2003~2016 年的企业财务数据，实证分析产业再生机构的债务重组对企业摆脱财务困境的影响。

债务重组有助于企业摆脱财务困境，这一观点已经得到国内外经济学家的一致肯定。和丽芬、王传彬等分析了中国企业面临的财务困境情况，分析了不同的重组选择对企业绩效的影响。[②] 颜秀春分析了中国上市公司消除财务困难的影响因素及主要方法。[③] Jun-Koo Kang 和 Anil Shivdasani 分析了 92 家日本企业的财务状况和债务重组的关系，指出债务重组有改善了企业经营情况。[④] Eberhart 等调查分析了 1990~1993 年 131 家企业重

[①]　资料来源：日本产业再生机构网站，http：//www.dic.go.jp/IRCJ/ja/。

[②]　和丽芬、王传彬、朱亮峰：《我国财务困境公司重组选择及恢复研究》，西南财经大学出版社，2014。

[③]　颜秀春：《我国上市公司财务困境成本管理研究》，知识产权出版社，2010。

[④]　Kang, J. K., Shivdasani, A., Corporate Restructuring During Performance Declines in Japan [J]. *Journal of Financial Economics*, 1997, 46 (1): 29-65.

组后的股票收益率情况，发现这些企业在破产重组后，平均累计收益率上升了24.6%。支持性重组、放弃式重组等外部资产重组选择对财务困境公司的恢复具有较显著的作用。① 由此可见，企业在采取重组措施后，能够为企业带来收益，促进走出财务困境。债务重组有助于公司改善收益效率。

实证模型的构建。被解释变量为大京公司的总资产报酬率（ROA＝课税前利润总额/平均总资产），用以代表企业的财务情况。因为总资产报酬率可以反映公司盈利情况，是公司资产、资金运用、盈利能力的综合体现，可以体现企业的生产经营情况。

选取的解释变量共有四个，分别为：债务重组指标（DVAR为时间的虚拟变量，债务重组前为0，其后为1）、资产负债率（DAR＝负债额/总资产）、营业利润率（YL＝营业利润总额/营业收入总额）以及企业规模（LNA为对于企业资产总额的对数）。通过一个时间虚拟变量，可以反映出产业再生机构对大京公司的债务重组行为，经过产业再生机构的重组，有利于企业经营效益的提高，该指标预期为正数。资产负债率反映出企业在长期内的债务偿还能力，资产负债率越小则说明企业的偿还债务能力越强，企业的经营状况越好，因而资产负债率的预期系数为负。营业利润率反映出企业的营运能力以及盈利能力，营业利润率越高则企业的盈利能力越强。随着企业规模的扩大，可以降低企业经营的交易成本，产生规模经济效应，因此企业规模与企业总资产报酬率正相关。

另外，为检验回顾系数的稳定性，消除模型的内生性问题，在进行回归分析时，分别增加了两个控制变量，分别为营业净利润率（OMA＝净利润/营业收入总额）以及总资产周转率（TNRA＝营业收入总额/平均总资产），以展开模型的稳定性检验。基于上述分析，构建如下的实证模型：

$$ROA_t = \alpha_0 + \alpha_1 DVAR_t + \alpha_2 DAR_t + \alpha_3 YL_t + \alpha_4 LNA_t + \alpha_5 OMA_t + \alpha_6 TNAR_t + \mu_t$$

依据上式，对日本大京公司2003~2016年的企业经营情况展开了回

① Eberhart, A. C., Altman, E. I., Aggarwal, R., The Equity Performance of Firms Emerging from Bankruptcy [J]. *The Journal of Finance*, 1999, 54 (5): 1855-1868.

归分析，使用的方法为时间序列分析，资料来源自日本大京公司网站。①
模型的回归结果如表4-8所示。

表4-8　模型回归结果

解释变量	被解释变量：ROA		
	模型一	模型二	模型三
C （常数项）	-1.1359* (-2.0739)	-1.2740* (-2.0945)	-1.1295 (-1.4804)
DVAR	0.1039*** (4.4627)	0.1036*** (4.2987)	0.1041*** (3.7201)
DAR	-0.1738** (-2.3138)	-0.1859** (-2.3201)	-0.1739* (-2.1478)
YL	0.8413*** (6.6486)	0.8657*** (6.1759)	0.8415*** (6.0605)
LNA	0.0901* (2.0111)	0.1015* (2.0374)	0.0896 (1.5520)
OMA	—	-0.0159 (-0.6280)	—
TNAR	—	—	-0.0010 (-0.0128)
R^2	0.95	0.95	0.95
D. W.	2.39	2.17	2.40

注：*、**、*** 分别表示在10%、5%以及1%的显著性水平上显著。括号中为t值。

从模型一的回归结果看，债务重组、资产负债率、营业利润率以及企业规模等四个解释变量均对总资产报酬率产生了显著影响。产生再生机构主导的债务重组实施后，大京公司的总资产报酬率提升了0.1039个单位。资产负债率与总资产报酬率之间表现了出负相关关系，与预期结果一致，资产负债率每提高一个单位则总资产报酬率下降0.1738个单位。营业净利率与总资产报酬率则呈现正相关的关系，营业净利率每提高一个单位则总资产报酬率提高0.8413个单位。企业规模和总资产报酬率之间为正相关的关系，边际系数为正，企业规模的扩大则有助于提高总资产报酬率。

---

① http://www.daikyo.co.jp/ir/library/news.html。

分析模型的拟合程度为 0.95，且残差不存在自相关的问题。为此，产业再生机构通过对大京公司的债务重组，有效提升了该公司的总资产报酬率，提高了其债务偿还能力、企业经营运营能力以及资产的使用效率，改善了企业的生产经营情况。

由模型二和模型三可知，在分别增加了营业净利润率以及总资产周转率两个控制变量后，模型的解释变量基本维持稳定，债务重组指标、资产负债率以及营业利润率仍然对总资产报酬率产生显著影响。仅在添加了总资产周转率这一个控制变量之后，企业规模解释变量则转变为不显著。为此，通过稳健性检验，进一步说明了产业再生机构对该公司债务重组所起到的作用，改善了经营情况，提高了偿债和营业运营能力。通过产业再生机构的援助，改善了企业的财务状况，有利于其经营的恢复。

（四）产业再生机构对企业经营改善的效果分析

在产业再生机构存在的 4 年时间中，通过优化企业财务机构，增强企业的经营业务的方式，改善了企业的经营状况，推动了企业的经营业务的重整和再生。产业再生机构在 4 年时间之中，改善了大部分企业的经营收益状况，营业收入与净利润出现增长，业务能力得到强化，自主经营得以实现。此外，即使在产业再生机构结束了对于企业的支援之后，企业的营业收入仍在扩大，盈利能力不断增强，表明产业再生机构的援助与干预确实起到促进主营业务发展、提高企业收益能力的作用。

通过产业再生机构援助大京公司的实例可知，通过重组企业负债，实现了企业财务结构的优化，促使被援助企业走出财务困境。实证研究发现，产业再生机构对大京公司的债务重组提升了公司的偿债能力、营运能力和资产使用效率，最终表现为总资产报酬率的上升，提升了公司的资产收益能力。表明产业再生机构对于大京公司的援助与支持，有效强化了企业的经营业务，改善了公司经营能力。

综上所述，泡沫经济崩溃后，日本的僵尸企业的数量不断上升，阻碍了日本产业结构的进步和升级，并降低了日本经济整体的生产率。但是，在 20 世纪 90 年代，日本政府并没有采取行之有效的相关对策，使得僵尸企业发展扩大，并成为严重困扰日本经济发展的重要问题。2003 年，日本政府成立了产业再生机构，致力于解决僵尸企业问题。产业再生机构的特征是政府与民间企业之间的联合行动，采用推动企业资产评估和业务结构调整计划的方式，消除企业的负债，转让企业的非核心业务，强化企业的核心业务，促进企业业务实现再生。在经历了产业再生机构的援助和重整之后，僵尸企业的业务状况普遍得到改善，其运营和偿债能力得到显著增强。在解决僵尸企业问题上，起到促进产业再生，带动产业发展的示范作用。在市场失灵的情况下，政府可以通过建立非政府组织来有效地缓解市场缺陷并弥补市场缺陷。

第四节　对企业"三过剩"问题的处理

泡沫经济崩溃后，日本也实施了类似我国现在所进行的"去产能"、"去杠杆"和"去库存"的供给侧改革政策。泡沫经济期间，由于企业对经济预期看好，开展大规模的设备投资，扩大人员雇佣和银行贷款，结果在泡沫经济崩溃后，日本企业就出现了设备过剩、雇佣过剩和债务过剩等一系列问题，被称为"企业三过剩"，成为影响日本经济发展的重要的制约因素[1]。以1997年的北海道拓殖银行以及山一证券的破产为标志，日本的金融系统出现全面危机，日本的银行体系出现了"惜贷"问题，企业"惜投"，消费者"惜购"，日本经济陷入了持续衰退的恶性循环之中。企业是日本经济的重要组成部分，恶性循环在日本企业中表现最为明显。在日本的泡沫经济崩溃之后，日本企业"三过剩"现象日益突出，其中又以设备过剩为重点。在泡沫崩溃后的初期，日本政府并未意识到泡沫崩溃对日本经济影响的负面作用与严重性，仅将其视为一般的景气循环变动，采取凯恩斯主义的需求性政策对经济实施调控，通过积极的财政与货币政策促进经济增长。这些措施使得在泡沫崩溃后，本应退出市场的企业获得了继续生存的机会，通过银行的不断贷款，企业维持了原有的人员雇佣，僵尸企业大量产生，影响了正常的生产经营秩序。债务过剩导致企业的经营重点放在了偿还贷款方面，无暇估计技术的研究开发，降低了企业的竞争能力与生产效率。设备过剩意味着现有的设备的生产能力已经超过了市场需求，过

---

① 张季风：《挣脱萧条：1990~2006年的日本经济》，社会科学文献出版社，2006，第45页。

剩的设备成为企业的负担。过剩雇佣与过剩设备问题相关联，过多的雇佣人员为企业带来了额外的工资费用，增加了企业支出，降低了企业收益。由此可见，日本泡沫经济崩溃后所出现的"三过剩"问题，不是简单的需求性问题，而是一种结构性经济问题，需要采取供给侧手段解决与应对。

一 日本企业"三过剩"的基本情况

泡沫经济崩溃后，日本企业被过剩雇佣、过剩设备以及过剩负债问题所困扰，宏观经济迟迟难以复苏。由于"三过剩"问题的存在，影响了企业的生产经营以及研究开发，降低了企业的全要素生产率，对日本经济的运行情况产生了负面影响。

（一）雇佣过剩

当外部供需环境变化出现时，企业本应及时调整人员雇佣情况，降低人事费用支出，维持企业的经营效益。但是基于以下两点因素，日本的企业不能够及时调整人员雇佣，对企业的生产经营情况形成了负担。（1）长期雇佣体制。与欧美企业不同，日本企业具有终身雇佣的习惯，企业向员工承诺维持稳定的劳资关系，不会在退休之前解雇员工。（2）年功序列制。员工的基本工资随着年龄的增长及在企业工作时间增长而增加。由于长期雇佣、年功序列等日本式经营管理的存在，日本企业不能够实施灵活的雇佣调整，工资支出不断增加，超出了企业所能承受的范围，对企业的生产经营情况形成了压迫。

雇佣过剩的基本情况。根据《经济白皮书》1999 年版的计算结果，截至 1999 年末，日本企业的雇佣过剩规模达到 228 万人。[①] 图 4-11 表示了日本企业的雇佣情况变化。泡沫经济崩溃后，日本企业经营情况出现恶化，雇佣过剩的情况开始出现，至 1994 年有 15% 的企业认为人员雇佣过剩，1995~1996 年日本经济情况有所好转，雇佣过剩有所缓解，但 1997 年以后雇佣过剩情况再次恶化，至 1999 年有超过 20% 的企业认为存在雇佣过剩问题，直至 2004 年末日本再次出现雇佣不足的局面，过剩雇佣问题得到初步解决。[②]

---

① 1999 年版，《经济白皮书》。

② 日本银行：《企业短期经济观测调查》，http：//www. boj. or. jp/statistics/tk/long_ syu/ index. htm/。

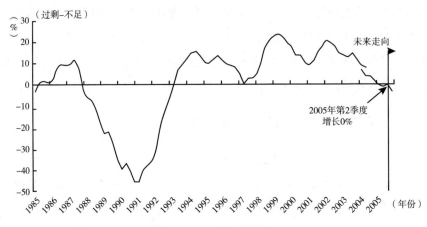

图 4-11　雇佣过剩情况

资料来源：日本银行《全国企业短期经济观测调查》。

雇佣过剩的内部结构。不同的工作种类，其雇佣过剩的情况各有不同。（1）事务、管理等白领工作人员存在结构性雇佣过剩。1994～1999年，日本的白领阶层始终存在雇佣过剩，1999年有接近25%的企业认为白领工作人员过剩。[1] 因此，白领工作人员过剩与经济景气循环情况无关，是一种结构性过剩。（2）工矿工人、建筑工人等蓝领阶层存在周期性雇佣过剩。1995～1996年，日本经济恢复时期普遍存在蓝领工人雇佣不足，而1998～1999年日本经济下行时期则存在雇佣过剩现象。蓝领阶层的雇佣过剩是伴随着经济的周期性波动而出现的，经济处于衰退与不景气时，对于蓝领工人的需求下降，雇佣过剩的情况伴随而生。（3）专业技术人员则存在雇佣不足的情况。1994～1999年，日本企业对于专业技术人员的需求始终是大于供给的，市场对于专业技术劳动者的需求没有受到经济景气循环的影响，专业技术人员存在供给不足的问题。

由此可见，泡沫经济崩溃后，日本企业雇佣过剩问题逐渐凸显出来，加重了企业的经营负担，造成日本企业收益率下降，而长期雇佣、年功序列等日本式经营管理方式阻碍了日本企业的雇佣调整，导致雇佣过剩问题的产生。此外，从日本的雇佣结构看，白领层面的雇佣过剩是结构性的，

---

[1]　劳动省：『劳动经济动向调查』。

蓝领层面的雇佣过剩是周期性的，在专业技术人员方面却存在需求缺口，说明日本的雇佣出现了结构性问题，需要采取供给侧结构性政策实施调整。

（二）设备过剩

泡沫经济崩溃后，日本经济陷入低迷，日本企业在设备投资方面也出现了过剩问题。资本产出比反映了日本增加 1 单位 GDP 所需要投入的资本数量。如图 4-12 所示，日本的资本产出比自 1994 年开始呈现上升趋势，在 1996~2002 年快速上升，资本产出比从 1.74 提升至 2.12，此后资本产出比的增速有所减缓。资本产出比率迅速上升，日本需要更多的设备投资维持经济增长，说明日本存在设备过剩问题。[①]

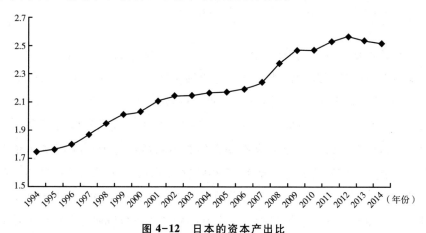

图 4-12　日本的资本产出比

资料来源：内阁府，国民经济计算。

由日本制造业企业生产设备判断 DI 可知，自泡沫崩溃以来，日本制造业企业在大多数时期都处于设备过剩的状态（见图 4-13）。1997~2002 年，日本企业的设备过剩情况迅速恶化，在 2002 年有高达 36% 的制造业企业认为存在设备过剩问题。此后，随着日本经济情况向好发展，设备过剩问题逐渐缓解，至 2007 年终于突破了设备过剩状态，出现了设备不足缺口，然而随着国际金融危机的发生，日本的设备过剩问题再次显现出来。

---

① 资本产出比（K/GDP），使用内阁府，民间企业资本ストック確報与国民经济计算数据计算得出。

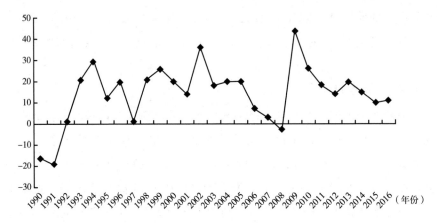

图 4-13　日本制造业生产设备判断 DI

资料来源：日本银行，全国企业短期经济观测调查。

设备过剩的规模。根据《经济白皮书》1999 年版的测算，从 1997 年开始设备过剩规模开始快速上升，截止到 1998 年底日本企业的设备过剩规模为 35 万亿日元。与此同时，企业的设备折旧率①出现下降，1992 年设备折旧率为 70%，1998 年则下降至 38%。日本企业处理既有设备的速度明显放慢。此外，企业的设备保有年数不断增长，1991 年制造业企业平均设备保有年数为 9 年，至 1997 年则增长至 11 年。企业设备过剩不利于企业实施新的设备投资，折旧率的下降与设备保有年数上升则不利于企业设备的更新换代，这无疑对日本企业的生产效率与研究开发产生了负面影响，降低了企业的创新能力，影响了全要素生产率增长。

关于设备过剩产生的原因，宫川努等使用新古典宏观经济学方法进行了分析，认为设备过剩受到实体经济原因和债务过剩两方面的影响。一方面，如果利率低于经济增长率，则会引起过剩储蓄，而储蓄过剩将引起设备投资过剩。20 世纪 90 年代以后，日本采用积极的货币政策，不断降低利率，以刺激企业开展设备投资，从而为过剩设备的产生创造了土壤。另一方面，过剩债务会影响设备投资决定。企业实施设备投资将获得预期收益，所获得收益的使用去向将对企业的设备投资产生影响。如果通过新设备投资产生的收益被用于偿还旧有债务，则设备投资将被抑制，新设备投资将减少。

---

①　设备折旧率是指企业设备折旧额与企业资本存量的比值。

而如果新设备投资产生的收益被用于偿还新增债务，则有可能导致过剩设备投资的出现。① 90 年代后，日本企业的经营情况恶化，此时日本企业的主银行并未对企业实施及时的监督与管理，而是不断地为企业继续提供贷款，从而使得部分经营不良的企业继续生产，其当期的投资收益被用于偿还本期新增债务，既有债务丧失了对企业投资的约束能力，导致过剩设备的产生。

（三）债务过剩

泡沫经济崩溃后，地价和股票价格迅速下跌，日本企业所持有的土地和股票资产价值也随之下降，企业的资本价值下跌，然而企业的债务规模并没有随着资本价值下降而不断调整，导致企业的债务资本比率不断上升，企业的债务过剩问题接踵而至。

日本企业债务过剩的主要情况（见图 4-14）。对于日本企业的债务过剩规模，森泽隆也开展了详细的实证分析。② 过剩债务被定义为，超过企业偿还能力的负债。过剩债务还可以进一步细化为过剩运转资金和过剩设备资金两类。在考虑了股东分红、债务偿还期限、有无土地担保的基础上，重新计算了日本企业债务过剩规模。

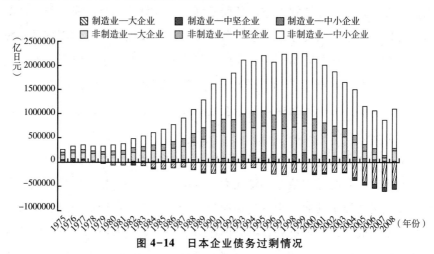

图 4-14　日本企业债务过剩情况

资料来源：森澤竜也『日本における過剰債務の推計と分析』，流通科学大学論集，18 卷第 2 号，2010。

---

① 宮川努、落合勝昭、滝沢美帆：『設備投資の要因と設備投資行動』。
② 森澤竜也：『日本における過剰債務の推計と分析』，流通科学大学論集，18 卷第 2 号，2010。

由图 4-14 可知，自泡沫经济崩溃后，日本企业的过剩负债情况在不断恶化，企业的过剩负债不断增加，从 1990 年的 15 万亿日元增加至 1999 年的 23 万亿日元。21 世纪后，日本企业的过剩负债情况有所改善，2007 年过剩负债总额降至 10 万亿日元以下。

从过剩负债的内部结构看，具有以非制造业为主的特征。泡沫经济崩溃后，日本制造业企业的过剩负债情况并不严重，大中型企业甚至处于贷方地位，负债额为负数，小型企业的债务负担也仍然处于可控制范围之内。而日本非制造业企业的过剩负债情况则异常严重，非制造业的大中型企业以及小型企业都出现了严重的过剩负债问题，成为日本企业过剩负债问题的主要组成部分。

企业债务过剩的不良影响。债务过剩不仅对日本企业的经营情况产生了沉重负担，而且对日本经济的整体运行情况产生了负面影响。

第一，企业债务过剩，影响了企业的设备投资，不利于生产效率和生产技术改善。日本的银行体系重视企业的平均收益率，如果企业的负债率过高，即使企业的设备投资项目具有较高的收益，也仍然有可能无法获得银行融资，导致投资计划失败，从而不利于企业设备的更新换代与生产效率的提高。此外，当企业具有较高负债率时，企业优先考虑的不再是实施新的设备投资计划，而是运用企业收益偿还既有企业债务，降低企业负债率，提高自有资本比率。[①] 由于企业不再实施新的设备投资，一方面降低了社会总需求，另一方面影响了企业生产技术和生产效率改善，从供给层面对日本经济产生负面影响。

第二，企业债务过剩导致银行系统不良债权增加。虽然企业债务过剩并不意味着所有的过剩债务都将成为银行系统的不良债权，但是企业债务的增长无疑增加了其演变为不良债权的风险。不良债权增加导致日本银行系统收益降低，银行抵抗外在风险的能力下降，金融系统的中介功能受到破坏，高生产率的部门无法获得融资，低生产率的部门无法及时退出市场，从而对日本经济整体的发展产生负面影响。

第三，过剩债务带来经济停滞。当企业处于过剩债务状态时，银行没

---

① 平成 13 年度，年次经济财政报告。

有削减企业负债的动机，企业无法退出市场，导致经济体处于长期停滞的状态之中。①

二　日本企业"三过剩"问题的处理

20 世纪 90 年代末期，日本企业雇佣、设备、债务等"三过剩"问题困扰着日本经济发展，阻碍了研究开发创新与全要素生产率提高。企业是经济的微观主体，企业的经营状况好坏与日本经济发展情况紧密相关。因此，日本政府在意识到企业"三过剩"问题后，采取了一系列应对措施，并最终于 2005 年前后初步解决了日本企业"三过剩"问题。

（一）雇佣过剩处理

劳动分配率，是指企业人工费用与企业增加值的比率，衡量了企业人工成本的高低水平。日本企业的劳动分配率在 20 世纪 70 年代维持在 50%左右，然而泡沫崩溃后，劳动分配率迅速提升，到 90 年代末已经达到70%的水平。② 由此可见，日本企业在经济下行的情况之下，未能及时调整雇佣关系，致使员工的人工成本增加，劳动分配率也就随之提高。为应对雇佣过剩问题，日本的企业和政府采取有关措施，积极消除企业雇佣过剩问题。

企业部门的大规模解聘。从 1998 年开始，日本企业开始大规模解聘，企业雇佣人数减少。企业雇佣人数增长率在 1999 年为−1.1%，为 1970 年以来的最低点。③ 日本厚生劳动省调查了企业的雇佣调整情况，1992～1994 年有 11.7%的企业实施了员工解聘，而在 1998～2000 年这一比率上升至 17.7%。④ 在 1995～2000 年，日本电子机械产业的从业人员数量下降了 20 万人，汽车产业下降了 5 万人，钢铁产业下降了 3 万人。⑤ 企业通过解聘员工，削减了过剩人员。

人员削减的方式以自愿解聘为主，直接解聘为辅。1999 年，日本厚

---

① 小林慶一郎，長期的な低成長と過剰債務者の出現，http: //www.rieti.go.jp/jp/columns/a01_0472.html。
② 米山秀隆，『過剰設備過剰雇用問題の再考』。
③ 《经济白皮书》，2000 年版。
④ 厚生労働省，産業労働事情調査。
⑤ 藤田実，日本の電機産業の構造変化とリストラ。

生劳动省调研了企业雇佣调整手段。对于正式员工，选择自愿解聘方式削减员工的企业占33%，采用直接解聘的企业仅为5%，采用自愿解聘与工作岗位调整结合的企业为45%。对于非正式员工，则采用增加休息时间，减少劳动时间，终止劳动合同等方式。① 此外，通过企业合并，也可以实现削减过剩人员的目标。例如，1999年日本的冲电气公司收购了东芝公司的银行自动存款机（ATM）业务，东芝公司借此完成了人员削减目标，而冲电气公司则借此成为日本银行自动存款机领域的最大企业，实现了互利共赢。

企业通过解聘、自愿解聘等方式削减了过剩雇佣，缓解了企业的生产经营压力。削减过剩雇佣的优势体现在以下两点。第一，促进企业人员调整速度。日本企业在经历了过剩雇佣的调整后，人员调整速度有所增加。根据经济企划厅的计算结果，日本20世纪80年代的雇佣调整速度为0.06，进入90年代后则提高至0.09。② 人员调整速度的增加，有利于提高劳动人口的流动性，消除资源错配。第二，有助于企业改变雇佣方式，抑制人工费用的增长。日本企业开始摆脱固有的日本式经营管理方式，降低正式员工的雇佣比率，增加非正式雇佣人员比率，逐步实施灵活的雇佣方式，缩减企业的人工费用，提高企业的竞争能力。然而，大规模的解聘也产生了一定的负面效应，随着企业解聘人数的增加，日本的失业率不断上升。如图4-15所示，1994年日本的失业率为3%，此后不断上涨，到2001年时已经达到5%的水平，打破了日本就业率长期稳定的状态，抑制了经济体的总需求。

日本政府的托底政策。为帮助企业人员调整工作的顺利开展，日本政府采取了相应措施。1999年日本政府提出"紧急雇佣对策与产业竞争力强化"的有关政策。对于雇佣失业者的企业支付一定的补助金，以缓解失业人员的再就业问题。日本政府在企业消除雇佣过剩问题中，起到一定的托底作用。

（二）设备过剩处理

设备过剩与雇佣过剩相同，都为日本企业的生产经营情况带来了沉重

---

① 厚生労働省，リストラの実態に関する調査。
② 《经济白皮书》，2000年版。

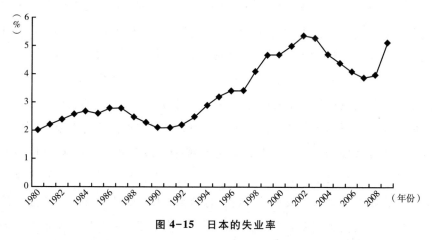

图 4-15 日本的失业率

资料来源：根据日本総務省統計局，厚生労働省「完全失業率統計」资料绘制。

负担。20 世纪 90 年代末期，日本企业和政府采取了一系列措施化解设备过剩问题。

当需求不足，总供给大于总需求时，企业过剩的生产设备会造成企业额外的负担，维持设备运转所需要支付的相关费用将上升，而生产设备所能带来的收益却会下降。如果生产设备所能提供的收益小于维持设备运转的费用时，企业将做出处置生产设备的决定，消除过剩的生产设备与过剩产能。企业处置生产设备通常有以下几种方法：第一，直接报废。直接报废设备能够达到及时处理过剩设备的目的，但报废设备将产生固定资产减值损失，其损失需要通过企业内部保留资金弥补。第二，设备转售。通过转售设备，避免了固定资产减值损失的发生，且购买设备的公司能够利用该设备开展生产，提高了资源使用效率，但是寻找设备买家不可避免地需要付出交易成本，不利于及时处置过剩设备。第三，企业合并。通过企业间的合并与收购行为，可以及时实现过剩设备的迅速转换；收购或并购行为使得过剩设备的价值被重新发现，收购方使用这些设备可以实施新的生产计划，提升了设备利用价值，而对于被收购方而言，其设备过剩问题也得到妥善解决，达到合作互利的效果。①

———————————

① 米山秀隆：『過剰設備過剰雇用問題の再考』。

随着日本企业开展设备过剩处理问题，认为存在设备过剩问题的企业比率开始下降，从 1999 年的 26%下降至 2001 年的 14%，下降了 12 个百分点。截止到 2004 年末，日本企业的设备过剩问题得到初步消解。

为消除企业的过剩设备，日本的各产业内部实行了结构性调整。钢铁、化学等过剩设备较多的产业，将不盈利的生产品部门独立出来，成立新的公司，重新构建企业的经营业务。例如，日本的许多化学公司在氯乙烯生产方面都处于不盈利的状态，为改善企业经营状况，1996 年日本的三井化学、电气化学工业等 3 家化学生产企业共同出资成立了太平洋氯乙烯公司，统合 3 家公司氯乙烯的生产与销售工作。在太平洋氯乙烯公司的主持之下，接受了 3 家公司的生产设备，并实施了一定程度的设备报废措施，削减了过剩的生产设备。

日本政府通过给予企业税收财政优惠等相关措施，加速推进企业处置过剩设备。1999 年 10 月，日本政府制定了"产业活力再生特别措施法"，持续加快推进企业的过剩生产设备处置过程，具体措施包括以下几点：第一，税收优惠措施。企业处理过剩设备所产生的资产减值所带来的相应损失，可以在 7 年时间之内作为费用，从企业收益中扣除。第二，促进企业主营业务重组，增强竞争力。简化企业成立独立子公司、中小企业合并等相关手续，激励企业改善经营状况。

（三）债务过剩处理

日本企业的债务过剩，不仅影响企业的财务情况，而且影响了企业的设备投资，降低了企业创新与研发能力，造成企业生产率下降。因此，日本的企业和政府采取了一系列措施应对企业债务过剩问题。

债务过剩从客观上使得企业的经营难以维系，解决过剩债务问题，从企业层面而言主要有以下几个方面：第一，债务消除。债权人可以选择消除企业的部分债务，从而化解企业的过剩债务问题。因为债务消除将侵犯债权人的有关利益，为与债权人达成债务消除协议，作为债务人的企业必须提供合理的经营整顿计划，提高企业资产收益率。① 第二，债务证券化。债务人将所持有的债务转换为企业股份，消除了企业的过剩负债。通

---

① 　经済産業省，改正産業活力再生特別措置法の基本的な考え方。

过债务证券化，债务人对于企业经营的监管能力增强，债务人通过持有企业股份，可以干预企业的生产经营，降低企业经营行为中的道德风险，提高企业的偿债能力。第三，破产重整。企业向法院申请破产重整，在法院的监督和审查之下债务人和股东、债权人之间达成破产重组协议，通过处置资产、降低营运成本等方式，偿还企业债务，从而使得企业获得新生。但企业的破产重组，无疑会对企业的生产经营产生较大影响，是解决过剩负债问题的最终手段。

解决企业的过剩债务问题，仅仅依靠市场的力量是不够的，债务人和债权人很难就削减债务计划达成一致意见。为此，日本政府设立产业再生机构，加快企业过剩债务处理问题。2003年日本政府正式推动和建立了产业再生机构，帮助企业处理债务过剩的问题，促进企业走出财务困境的问题。产业再生机构的核心任务为企业生产经营业务的重建，去除不盈利的非核心业务，增强企业核心业务的竞争能力。为达到这一目的，加快企业过剩债务处理成为不可或缺的前提条件。产业再生机构利用其所处的第三方地位，协调债务人和债权人间的债务关系，可以要求债权人放弃一部分债权，并推动债务证券化，将部分债权转化为股份，削减企业债务。[1]

在采取了一系列债务削减措施后，日本企业的过剩债务问题得到一定程度的缓解，经营状况有所改善。如图4-16所示，泡沫经济崩溃后，日本企业的债务流量比率快速上升，至1994年已经达到企业净资产的11倍。经过20世纪90年代末，企业债务削减的努力，2000年时，债务流量比率下降到企业净资产的10倍，债务流量比率出现下降趋势，说明日本企业的过剩债务处理取得了一定成效。

三 企业"三过剩"问题处理效果

在日本的泡沫经济崩溃后，设备过剩问题的出现导致日本企业对于增加新的投资的动力丧失，雇佣过剩使得日本企业的生产成本上升，债务过剩影响了企业的生产经营。[2] 但是经过20世纪90年代和21世纪初期的

---

[1] 产業再生機構，事業再生の実践。

[2] 张季风：《日本经济概论》，中国社会科学出版社，2009。

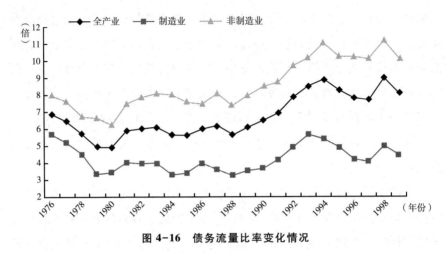

图 4-16　债务流量比率变化情况

资料来源：『经济白书』，2000 年版。

调整，日本企业的"三过剩"问题得到基本的改善和解决。据 2005 年和 2006 年度《日本经济财政白皮书》分析，在 2005 年初日本企业的雇佣过剩的问题基本已经消除，设备过剩降到较低水平，企业的债务水平也回到泡沫崩溃前的水平，过剩债务调整已经结束。通过处理企业"三过剩"问题，日本企业的经营状况获得了改善，企业资本收益率开始上升，设备投资开始逐渐恢复，日本经济的结构性问题初步得到改善。

（一）企业经营情况获得改善，产业竞争能力增强

经过过剩雇佣、过剩负债、过剩设备的调整，日本企业的资产、负债结构得到有效调整。企业的过剩债务下降，企业的自有资本数量增加，有利于企业生产经营的向好发展。日本企业的营业利润率恢复至 20 世纪 80 年代中期水平，特别是制造业企业，其营业利润率达到 5.6%，为 1974 年以来的最高水平。随着企业生产经营情况的好转，企业的现金流量快速增加，内部保留资金数量上升。进入 21 世纪后，日本的企业部门成为资金盈余部门，企业资金储蓄大幅增长，截至 2003 年日本企业的储蓄总额已经占到日本国内生产总值的 5%。[1] 日本企业经营状况的改善，提升了资本使用效率，拉升了企业资本收益率。2005 年日本企业的资本收益率

---

[1]　平成 17 年度，年次经济财政报告。

（ROA）上升至 4%，恢复到 1992 年的水平，与此同时，日本制造企业的资本收益率则进一步提高到 6%。① 资本收益率上升，表明日本企业增强了资本的使用效率，增强了企业收益能力，其产业竞争力也在不断增加。

（二）　设备投资增加，促进创新研发

在日本企业解决了"三过剩"问题的困扰之后，日本企业的设备投资再次出现了增加趋势。电子机械、一般机械、汽车等产业部门的设备投资增加。2004 年，日本民间企业的设备投资同比增长 5%。2005 年日本企业的设备投资计划同比上涨了 5.6%，达到 1990 年来的最高水平。投资设备增加，有利于推动日本经济的恢复与发展。首先，设备投资的增加推动了总需求的增长，社会总需求的上升将直接拉动日本 GDP 的增长，从需求层面促进日本经济发展。其次，设备投资增长恢复，说明日本的产业结构实现了一定程度的转型。不盈利的过剩设备被处置与变卖，日本企业此次开始的新设备投资，是围绕着新的需求而开展的，新的设备投资不仅能够提升企业的生产率，而且能够促进企业的创新与研发活动，从供给层面改善日本的经济发展。

（三）　改善供给结构，推动经济增长

泡沫经济崩溃后，日本企业部门出现的债务过剩、雇佣过剩以及设备过剩不再是需求层面的问题，而是生产要素错配、需求与供给不匹配等导致的供给层面的经济问题。传统的积极的财政政策、扩张性的货币政策等需求侧经济政策手段无法解决企业"三过剩"问题，必须采取供给侧经济政策手段才能够解决"三过剩"问题。日本企业部门通过去债务、去设备、去雇佣等方式，消除了过剩债务、过剩设备以及过剩雇佣问题，去除了企业的债务负担，处置了落后产能设备，降低了人工费用。企业间通过合并重组等方式，重新调整了生产结构。导入非正式雇佣、成果主义工资等新型劳动雇佣关系手段，加快了企业的雇佣调整速度。通过引入产业再生机构，促进企业债务的处理进程，增强企业的生产经营能力。因此，企业"三过剩"问题的处理，改善日本经济的供给结构，提高生产要素的使用和利用效率，推动日本经济的增长与发展。

----

① 平成 18 年度，年次经济财政报告。

第五章

多视角下的日本泡沫经济再讨论

日本泡沫经济的生成与崩溃是多种因素共同作用的结果，因此对日本泡沫经济的再认识也需要从多视角、多层次、多维度进行重新审视。本章重点是从国内与国际协调、货币政策以及产业结构调整方面视角进行分析。国际视角方面，主要基于国际协调视角进行分析，即从日美同盟的因素出发，对日美贸易摩擦以及广场协议后日元升值对日本泡沫经济形成的关系加以解读。国内视角方面，主要是从货币政策效果和产业结构调整作为切入，另外，以往研究日本泡沫经济更多是基于西方经济学理论分析，而比较缺乏马克思主义经济学理论的解释，因此，本章还将基于马克思虚拟资本理论、利润率理论等进一步解释日本泡沫经济生成与崩溃的必然性与产生的不良影响。

第一节　从国际协调视角看日本泡沫经济

始自 20 世纪 50 年代并且在 80 年代日益激化的日美贸易摩擦对日美经济关系和日本经济产生了重要影响，成为日本发生泡沫经济的重要原因之一，而 1985 年签署的"广场协议"成为日本发生泡沫经济的重要诱导因素。上述内容已在第二章有所涉及，但鉴于日美贸易摩擦对日本泡沫经济的关联程度极高，日本在处理对美贸易摩擦过程中，体现出其国际协调的重要经验与教训，为此有必要做进一步更深入的分析。

一　日美贸易摩擦的激化对日本经济的影响

（一）战后日美贸易摩擦简述

日美之间的贸易摩擦问题发端于 20 世纪 50 年代，并一直持续到 20 世纪 90 年代。日美之间的贸易摩擦领域逐渐从纺织品扩展到钢铁、电视、汽车和半导体等领域，并在 20 世纪 70 年代到 80 年代达到顶峰。

随着战后日本经济的快速发展，日本的工业结构实现了平稳的变化和进步，作为日本产业结构调整的结果，日本的对外出口增加（见表 5-1），而这则进一步引起了美国与日本之间的贸易摩擦问题。在 20 世纪 50 年代，日本的主要产业是纺织业等劳动密集型产业。在 20 世纪 50 年代中后期，日本进入高速增长期之后，日本的主要产业已经转变为资本密集型产业，例如钢铁和化学工业等。在 20 世纪 70 年代初期的两次石油危机的影响下，日本则进入了稳定增长时期。此时，日本的产业结构得到重新升级，电子机械、汽车制造业等加工装配业迅速发展，日本的产业结构不断升级。

表 5-1　20 世纪 50 年代至 90 年代日本出口商品结构变化

单位：%

出口商品	50 年代	60 年代	70 年代	80 年代	90 年代
食　　品	6.3	6.3	3.4	1.2	0.6
纤维制品	48.6	37.3	12.5	4.9	2.5
金属制品	18.5	5.1	19.7	16.4	6.8
机　　械	10	25.5	46.3	62.8	74.9
电子机械	—	—	14.8	13.9	22.9
运输机械	—	—	17.8	17.5	25.1
精密机械	—	—	3.3	4.8	4.8

资料来源：通商白皮书各年版。

随着日本产业结构的不断升级，日本出口产品的结构也发生了明显而显著变化。如表 5-1 所示，纺织产品的出口在 20 世纪 50 年代占据了主导地位。自 60 年代以来，金属和机械产品的出口持续增长。自 70 年代以来，机械工业产品的出口则占据了日本出口中重要的位置。日本产业结构的升级转型和日本出口的结构变化是日美之间贸易摩擦的最突出原因。

在高速增长的时期，日本和美国之间的贸易摩擦主要体现在了纺织和钢铁领域。战后，日本的纺织工业逐渐恢复并取得了飞速的发展。自20世纪50年代中期以来，日本对美国的纺织品出口显著增加，日本生产的纺织制品迅速占领了美国国内的市场。日本棉织物在美国市场的份额从1951年的17.4%迅速增加到1956年的60%。面对日本纺织品进口的不断增长，美国纺织业开始推动限制日本纺织品进口的运动。在纺织品制造领域，日美之间的摩擦逐渐加深，日本和美国之间的纺织品摩擦发生。1957年，日本和美国签署了关于纺织品"自愿出口限制"等协议。1969年，日美两国签署了关于棉毛和合成纤维的"自愿出口限制"协议。自20世纪60年代以来，随着日本经济的可持续发展，日本的产业结构从劳动密集型产业升级为资本密集型产业，重化工业得到迅猛发展。20世纪60年代，由于日本钢铁企业通过对新设备的固定资产投资，而获得了技术水平的提升，其生产能力和成本竞争力继续提高。日本的钢铁持续增加对美国的出口。如表5-2所示，值得注意的是，日本在1960年对美国的钢铁产品出口为7168万美元，但是到1979年增长到2739亿美元，增加了37.2倍。到20世纪60年代中期，日本钢铁的比重对美国出口的产品已增加到约10%。日本对美国钢铁产品的出口增加，同样也引起了美国钢铁行业对日本的不满。为此，日本政府和日本的钢铁企业于1968年在钢铁产品领域实施了"自愿出口限制"，以减少对美贸易出口，缓解日美的贸易摩擦。

表5-2 日本对美出口商品结构演变

单位：千美元

出口商品	1960 年	1970 年	1979 年	1979/1960 年
汽　车	2164	536039	8245727	3810.4
电视机	1721	264838	232025	134.8
台式计算机	—	2561	242827	—
摩托车	9928	280076	888104	89.5
工学机械	18923	—	1327093	70.1
金属制品	68624	323834	910775	13.3
合成纤维	3542	2135447	152444	43.0
钢　铁	71684	899037	2739243	38.2

资料来源：小宫隆太郎、奥野正宽、铃村兴太：『日本の産業政策』，東京大学出版社，1984，151。

在稳定增长时期，日美之间贸易摩擦进一步加深，日美贸易摩擦的领域逐渐扩大到电视和汽车等产品之上。自20世纪70年代以来，在两次石油危机的影响下，日本通过技术创新极大地提升了日本的节能与环保技术，并实现了制造业的进一步提升。汽车制造和电子机械等加工装配行业发展速度日新月异。但是，随着日本产业结构的升级，日本对美的贸易顺差不断扩大，引发了日本与美国之间贸易摩擦。在电视领域，日本公司通过引入先进的海外技术，扩大对设备的投资，确保了强大的国际竞争力，并且对美国的出口持续增长。如表5-2所示，日本对美国电视的出口额从1960年的172万美元增加到1979年的2.3亿美元，增长了133.8倍，与此同时20世纪70年代日本与美国之间的贸易也增长了134倍。在汽车领域，日本的汽车制造商在石油危机的压力下实现了进一步的创新和升级，并在能源消耗和汽车设计等方面占据优势，从而迅速赢得了美国市场。从表5-2可以看出，日本对美国的汽车产品出口额在1960年为216万元美元，在1979年增长了3809.4倍，达到82.4亿美元。日本汽车的大量进口影响了美国汽车业，美国汽车业大批解雇从业人员，导致美国汽车产业的从业人员极度不满。为了减轻贸易紧张局势，日本和美国政府于1981年签署了关于汽车产品的"自愿出口限制"协议。日本控制了汽车的出口数量，放宽了对汽车零件的进口限制。

随着日本经济结构的进一步发展和变化，日美在高科技领域的摩擦也在加剧。在半导体产业方面，从20世纪70年代中期以来，日本对美国的半导体出口开始迅速增加。1978年，美国首次出现了对日本半导体的贸易逆差。日本半导体产品的出口规模持续增加。从1973年到1992年，日本半导体产品的出口份额从5%上升到45%。[1] 在20世纪80年代中期，日本公司的半导体产品占全球半导体市场的50%以上。[2] 直到20世纪80年代中期，日本半导体产业在世界上占据了压倒性优势。与此同时，日本半导体产业依靠强大的竞争优势，在美国市场上处于领先地位，这同样引起了对美国半导体产业的不满。日本半导体产业的快速发展影响了美国在

① 伊丹敬之：『日本の半導体産業―なぜ三つの逆転は起こったか』，NTT出版，1995。
② 東壮一郎：『半導体企業の設備投資に関する実証研究：日米半導体協定の影響について』，関西学院商学研究，2015（69）：37-56。

高科技领域的统治地位，因此美国政府甚至利用301条干预美日半导体贸易。1989年，美日签署了《日美半导体协议》，并要求日本提高对外国半导体产品的利用。

日美半导体协议的主要内容包括以下三点。第一，要求日本增加对于美国的半导体产品进口。美国要求日本放宽电信、电子、计算机和其他领域的市场准入标准，增加对于美国产品的进口，并防止日本公司在美国倾销半导体产品。当时，美国半导体产品仅占日本市场的10%。根据《日美半导体协议》的要求，有必要将美国半导体产品的重量增加到日本市场的20%。当时，美国政府认为日本国内市场相当封闭，外国厂商的产品很难进入日本国内市场，因此设定"数值目标"，推动日本政府开放日本市场。第二，日本需要减少对美国的半导体出口。20世纪80年代，日本半导体行业采取了出口限制措施，以缓解日美之间的贸易摩擦压力。与此同时，《日美半导体协议》要求日本公司根据成本确定海外销售价格，在美国市场上的销售价格不得低于日本半导体公司的生产成本。《日美半导体协议》还要求日本政府承担监督日本半导体公司销售价格的任务。第三，要求日本加强知识产权保护。根据《日美半导体协议》，日本必须改善其知识产权保护体系，建立类似于美国的知识产权保护体系。日本公司收购美国公司时，美国会对日本公司的收购行为严格审查，以防止与国防和安全相关的生产技术外流。此外，美国加大了对违反技术出口限制的公司的惩罚。

日美半导体协议的缔结对日本高科技产业的发展产生了重大影响。第一，在签署《日美半导体协议》之后，美国半导体行业协会指责日本公司向美国市场实施倾销行为。[1] 美国政府为此对三类日本商品征收高额关税：日本计算机、彩电和电子机械。这表明，日美两国签署贸易协定后，美国政府将其用作抑制日本高科技产业发展的政策工具。第二，美国和日本政府一直在就"数值目标"问题进行讨论。第二轮《半导体协议》设定了20%的"数值目标"，并要求海外半导体产品占据日本市场20%的份

---

① 鷲尾友春：『6つのケースで読み解く日米間の産業軋轢と通商交渉の歴史』，関西学院大学出版社，2014，192頁。

额。之所以将数值目标定为 20% 的原因是，美国半导体行业协会（SIA）发现，日本的六大主要的集成电路和半导体产品生产商的产品占据了日本市场的 13%。基于这一数据，美国半导体行业协会认为，如果外国制造商的半导体产品占据日本市场的 13% 以上，则可以表明日本市场是开放和自由的。基于此，美国半导体行业协会建议美国政府将"数值目标"设定为 20%~30%。① 经过谈判，美国政府最终设定了 20% 的"数字目标"。美国政府认为，已经签署了《美日半导体协议》，就必须根据协议要求充分执行该协议。但是，由于日本半导体产品的强大竞争力，很难在日本国内市场上扩大对美国半导体产品的购买，也就很难达到 20% 的数值目标。因此，日本政府必须干预和促进日本公司，以通过"行政指导"的方式，扩大对海外半导体产品的购买。日本政府采取的措施包括制定扩大海外半导体产品进口的计划，以及将日本半导体公司召集在一起举行会议以扩大海外半导体产品的进口。但是，即便采取了这些措施，也始终很难实现 20% 的数字目标。② 然而，设定"数值目标"会影响日本高科技公司的商业行为。根据《美日半导体协议》，日本高科技公司需要购买海外半导体产品才能达到 20% 的目标。这一要求的结果是，日本科技公司减少了对日本制造商的半导体产品采购，并增加了对海外半导体产品的采购。日本的高科技公司失去了在中央处理器（CPU）和设备上进行研发投资的动力，并将半导体生产集中在动态随机存取存储器（DRAM）上，从而失去了竞争优势。③《美日半导体协议》的缔结对日本半导体产业和半导体公司的后续发展产生了重大影响。

（二）日美结构性障碍协议的签署及其影响

自 20 世纪 80 年代中期以来，日美之间的贸易摩擦问题不仅停留于产业层面，而且已经扩展到整个经济体系层面。根据经济理论，美国对日本的贸易逆差，最终是由美国的经济结构特征所形成的。根据国际宏观经济

---

① 大矢根聡：『日米韓半導体摩擦—通商交渉の政治経済学』，有信堂高文社，2012，146~147 頁。

② 鷲尾友春：『6つのケースで読み解く日米間の産業軋轢と通商交渉の歴史』，関西学院大学出版社，2014，194 頁。

③ 藤田実：「1990 年代の半導体産業—逆転と再逆転の論理」，『企業環境研究年報』，第 5 号，2000 年 11 月，47~60 頁。

学，一个国家的经常账户余额反映了一个国家的净资本通过官方和私人渠道的流动的情况。经常收入账户可以用以下公式表示：

$$CA = (Y - C) - I = S - I \tag{1}$$

其中，CA 表示经常账户余额，Y 为 GDP，C 为消费，I 为投资，S 为储蓄。根据公式（1），当一个国家的储蓄大于其投资时，经常账户将变成黑字，并且可以判断该国是资本输出国。如果一个国家的投资超过其储蓄，则经常账户为赤字，则该国家为资本进口的国家。根据以上理论分析，美国投资大于储蓄，因此美国是资本输入国，而日本则是资本输出国，因为储蓄超过投资。日本向美国出口了大量资本，造成了资本向上游流动的现象。自 20 世纪 70 年代以来，美国国内经济投资一直高于储蓄，国际结算余额以贸易赤字表示。美国经济学家普拉萨德（Prasad）认为，美国面临赤字，使经济自我调节机制无法正常运行，过多投资导致储蓄率低下。日本经济学家小宫隆太郎运用国际宏观经济学理论来分析日美之间的贸易摩擦问题。日本公司的经济活动导致了贸易顺差，这也是不可避免的结果。美国需要调整自身的经济结构，以解决日美之间的贸易逆差。除非美国和日本的经济结构发生根本性的调整和变化，否则日本和美国之间的贸易逆差的格局将不会出现基本调整。

为解决日美贸易摩擦问题，从 1989 年开始日美两国开始就两国的经济结构问题展开谈判。参加"日美结构性障碍协议"的美国政府代表的主要部门包括：国务院、财政部、贸易代表处、总统经济咨询委员会、商务部和法务部等。在日本方面，参与谈判的主要部门为大藏省、通产省、外务省、经济企划局（EPA）和公正交易委员会（JFTC）等。1989 年 9 月在东京举行了第一次"日美结构性障碍协议"会议。之后，在华盛顿和东京分别举行了四次会议。最终报告由日美双方在 1990 年 4 月共同发布。自此以后，日美两国每年都对协议的后续执行情况展开评估，第一次的年度评估报告于 1992 年发布。

根据"日美结构性障碍协议"，日本需要做出如下的改革。（1）在储蓄和投资方面，日本需要减少目前的贸易顺差，扩大社会资本投资，并加强以内需为导向的经济增长。（2）在物流领域，日本政府需要加快和改善各种与进口有关的程序，放宽诸如《大店法》的相关规定，改善商业习惯，并促进商品进口。（3）在商业惯例领域，日本政府需要加强禁止垄断法的应用，推动政府的规制改革，并强化自由竞争在市场机制中的作用，强化知识产权保护。① 同时，《美日结构性障碍协定》也规定了对于美国的结构性改革的要求，例如要求提高美国公司的投资活动和生产率，改善公司经营行为，完善政府法规，强化研发，实施出口激励措施和强化劳动力保障等。在最终的协议中，美国的主要补救措施分为三个部分：改善预算程序、增加政府财政收入以及强化运用社会保障信托基金。

由此可见，在《日美结构性障碍协议》中对日本政府对经济的干涉行为做出了明确规定。对于通商产业省的限制如下，在对于民间企业的采购活动方面，通商产业省需要维持开放、透明和无差别的原则，并且在通商产业省的办公手续层面也要维持可追溯性和透明性。② 日本政府进一步表示，将把其政府行政指导和影响私营企业中的方式完全公开化。日本政府还将审查卡特尔等反垄断法规豁免的使用情况，当它们不再是有效的政策工具和阻碍竞争的情况下不再使用。日本政府还将鼓励民营企业确保其采购程序公开，不歧视外国商品。根据这一要求，日本的通商产业省无法再实施 20 世纪 50~60 年代普遍实施的针对特定产业的扶持政策，无法再通过行政指导的手段影响产业的生产和产品采购决策，进而也就无法再引导企业调整产业发展方向。日美结构性障碍协议的签订，影响了日本政府实施产业政策的能力，导致日本的产业发展失去了方向。

在《日美结构性障碍协议》之后，为了巩固这一成果，日本和美国进一步促进了"美日经济框架对话"这一活动的启动。1993 年 4 月，日本的宫泽喜一首相和美国的克林顿总统举行了日美首脑会议，并宣布了"美日新经济伙伴联合声明"。根据这份联合声明，日本和美国于同年 7 月正式成立了"日美经济框架对话"，同时就宏观经济学、商业领域和全球经济合作等问题进行谈判。其中，商业领域的谈判分为五个部分：政府采购、放松管制、产业竞争力、经济协调以及既有合同。"日美经济框架

---

① 贺平、周英华：《日美贸易摩擦中三大谈判机制的对比研究》，《东北亚论坛》2010 年第 5 期。

② 阿部武司：『通商産業政策史第 2 巻』，经济产业研究所，2011，84 頁。

对话"进一步限定了日本政府的产业政策措施。"日美经济框架对话"包括对于竞争力政策和规制改革的内容，要求日本实行透明的经济政策，改善传统的商业习惯，向国外进一步开放市场。[①] 由此，日本政府也没有办法采取类似 20 世纪 50~60 年代的产业政策，直接引导产业的发展方向。随着自由化的展开，日本政府实施产业政策的手段在不断消失，无法再实施引导产业发展类型的产业政策。

（三）日美贸易摩擦与日本泡沫经济之间的关系

在 20 世纪 80 年代中后期，关于经济体制的问题，美国和日本开始了一系列谈判，其重要目的在于扩大日本国内内需，从而缩减日本的对外赤字，降低日美两国之间的贸易摩擦。在美国的压力，特别提出了对于日本扩大国内市场的要求，日本也对此做出了一定的反应。日美贸易摩擦的发生也是造成日本泡沫经济的一个因素。

第一，在美国压力之下应运而生的日本《前川报告》及其主要举措。针对美国的督促，日本采取了开放国内市场、扩大内需的一系列举措，其中最为著名的是中曾根康弘首相时期的《前川报告》。

1986 年 4 月，首相中曾根康一郎的私人顾问机构"实现国际合作的经济结构调整研究会"发布了"为实现国际合作的经济结构调整研究报告"（该研究组主席是日本银行前董事长前川春雄，所以称为《前川报告》），旨在解决日本贸易顺差过剩的问题，其重点是将日本经济转变为国际协调型的经济。[②]《前川报告》基于以下三项原则：建立各国之间的协调和相互监督机制；以民间经济为主体推动日本产业结构调整；需要在中长期内解决日本的贸易顺差问题。与此同时，《前川报告》还提出了四项主要措施。其一，扩大日本经济的内需。通过日元升值，扩大日本消费者的实际购买能力，同时开展税制改革，降低日本的个人所得税和法人税，促进个人消费能力的增加。同时着力推动民间住宅建设以及社会公共事业的投资，通过推动住宅投资，带动消费的增长，完善社会基础设施建设。其二，调整产业结构。随着消费结构的多样化发展，日本经济的重点

---

① 阿部武司：『通商産業政策史第 2 巻』，経済産業研究所，2011，93 頁。
② 徐显芬：《对二十世纪后半期美日经济摩擦的再思考》，《中共党史研究》2019 年第 9 期。

也应由制造业逐渐向非制造业转型，促进以服务业为主的第三产业发展。推动日本向技术立国的路线发展，实现技术革新型的产业发展。对于没有发展前途的产业部门，推动这些产业向发展中国家市场转移。其三，开放市场，扩大进口。改善市场条件，促进产品进口，实行流通结构的合理化，实行规制改革，防止不公平的交易活动，限制国内企业的行动。其四，促进海外投资。海外投资是推动日本国内产业结构调整的一个重要的手段，日本当时面临的内外经济形势又促进了日本产业国际分工的进一步拓展，发展以亚洲为中心的"国际分工体系"，扩大日本经济的内需。[①]由此可见，此时的日本政府认为，大幅度的贸易顺差不应该是一种常态，因而必须要实行经济的结构性调整，解决经常项目收支的巨额顺差问题，推动日本实现以内需为主导的经济增长模式，遵循市场机制，建立以民间活动为主的经济结构。在这种政策的指导下，日本开展一系列改革措施，涉及宏观和微观两个方面，同时对日本的泡沫经济产生造成了一定程度的影响。

　　第二，在宏观经济层面，日美贸易摩擦对日本泡沫经济所造成的影响。在实际操作过程中，日本政府为了持续扩大日本经济的内需，采取了双宽松的货币和财政政策。1986 年，日本的实际 GDP 增速降至 3.2%，日本政府认识到日元升值带来的贸易条件恶化，对日本国内经济带来的负面影响，日本开始采取各种措施刺激国内需求，以国内需求替代国外需求，从而稳定经济增长。这一措施也符合美国对日本扩大内需的要求。其一，日本实施积极的货币政策。1986 年，日本四次下调了贴现利率，为市场注入流动性。但是由于 1986 年日本的经济依旧持续低迷，与此同时宽松的货币政策的实施效果具有时滞性，大幅下调利率并未及时对改善日本经济的情况带来效果。因此，日本央行在 1987 年再次下调贴现利率到 2.5%。相比于 1985 年 12 月，日本的贴现率共计下调了 2.5 个百分点。1987 年，贴现率下调的效果开始显现。1987 年日本的货币流通量同比 11.5%，比 1986 年高出 3.3 个百分点。此后，货币流通量同比均处于较

① 余晗雕：《从贸易立国向国际协调型经济国家的转变——评日本"经构研"的"前川报告"》，《现代日本经济》1987 年第 3 期。

高位置。货币流通量显著上升的背后体现出低利率刺激下投资需求猛增，银行信贷快速增加。私人住宅投资率先快速上涨，随后私人企业设备投资明显回升。1987 年和 1988 年私人住宅投资增速达到 22.4% 和 14.7%。1988 年、1989 年和 1990 年私人设备投资增速分别达到 16.1%、18.0% 和 11.6%。而这一措施为日本泡沫经济的爆发，提供了资金的支持。其二，在财政政策方面，日本政府注重改善住宅问题和扩大社会基础投资，同时降低了所得税税率。在 1987 年中，日本部分调整所得税，增加工薪阶层的配偶扣除，并下调了企业所得税，这一措施改善了日本工薪阶层的收入情况，有利于进一步扩大消费和支出。1987 年日本政府推行了《第四次全国国土综合开发计划》，推动大城市的再开发和再利用，也就是推动在首都圈等地区周边的农、山、渔村等地点修建大规模的"度假村"和娱乐设施。[①] 这一日本政府的措施，也在一定程度上推动了日本住宅开发的热潮，从而对日本泡沫经济的产生造成了影响。由上可见，由于日美贸易摩擦的发生，日本为了缓解与美国之间的摩擦和冲突，对内采取了积极的宏观经济政策，以扩大日本国内的经济需求，减少日本经济对于外需的依赖程度，不仅在国内市场中注入了过量的资金，同时也没有对住宅开发的热潮实施及时的阻止，从而为日本泡沫经济的发生提供了经济基础条件。

第三，在微观的企业层面，日美贸易摩擦对日本泡沫经济所造成的影响。在日美贸易摩擦的影响下，除了对日本的宏观经济发展造成了一定的影响，同时也影响了日本政府的微观经济政策，进而也成为引发日本泡沫经济发生的一个重要因素。其一，在美国的压力下，日本开始推动"规制改革"。为了激发私人投资，日本政府降低了民营资本进入公共领域的限制，逐步在铁道、通信、航天航空等传统日本政府的垄断经济领域引入市场的竞争机制，减少政府对经济的直接干预。主要措施体现在三个方面：重新调整政府审批事项的数量，推进国有企业的民营化改革，同时在公共事业领域推动引进民间企业的参与。在以上措施的推动下，日本各行业的规制缓和程度有所增加，特别是建筑业、批发和零售业、金融业、通信业以及交通运输业等。其二，日本政府不再能够再实施产业政策，日本

---

① 张季风：《日本的国土综合开发》，《当代亚太》2000 年第 11 期。

的产业政策逐步退出了历史舞台，而这导致了日本的企业丧失了进一步的发展方向。20 世纪 80 年代中期以后，随着《日美结构性障碍协议》的签署，日本政府以往通常使用的行政指导、外汇配额等直接干预和引导产业发展的政策手段被停止，转而推动"竞争政策"，从而替代了"产业政策"，更加尊重市场在资源配置中的主要地位。但是这对于 20 世纪 80 年代中后期的日本企业而言，也产生了日本企业的发展方向丧失的问题，日本企业不再能够通过国家的引导，准确获知未来的产业发展方向，而这进一步影响了日本产业的升级与换代。在 20 世纪 80 年代中后期，美国致力于打压日本的高科技企业，抑制日本产业的升级转型，日本企业忙于应付美国的要求，而无暇致力于促进产品的升级换代，进而错过了重要的时间窗口，从而导致日本在 20 世纪 90 年代后在信息产业方面的发展逐渐落后于韩国和中国台湾地区，阻碍了日本产业的升级与转型。其三，引导实体产业走向海外，国内企业致力于通过金融手段获利，成为日本泡沫经济发生的一个导火索。为了减轻日美之间的贸易的紧张局势，日本政府鼓励和支持日本公司投资于海外，采取的主要措施包括：放松财务管制，建立全球性业务交易网络以及推动优惠的税收政策措施等。为了减少贸易摩擦，从 20 世纪 80 年代开始，日本开始大力推动对海外的投资，日本对外国的直接投资显著增加。特别是，自 1985 年《广场协议》签订以来，日元已经出现了大幅上涨，日本公司向海外扩张的速度也在不断加快。日本从 1986 年到 1990 年的累计对外直接投资金额为 2272 亿美元，而从 1950 年到 1985 年的累计的对外直接投资金额仅为 837 亿美元。随着实体产业不断地向海外流失，留在日本国内的企业则更加倾向于利用金融手段，而非生产经营的手段获得高额利润，这导致资金流向了房地产、股票等非实体部门。与此同时，日本的商业银行也致力于开展土地担保融资等业务，而非致力于实体经济的融资活动，为泡沫经济的产生进一步提供了条件与土壤。由此可见，日美贸易摩擦及其引发的对日本的压力，是日本形成泡沫经济的一个重要因素。

第四，日美贸易摩擦对日本泡沫经济的影响及其经验和教训。日本政府在处理美日贸易冲突方面也积累了一些经验和教训。过于宽松的货币和财政政策刺激了日本房地产和股票市场的泡沫的产生，并对日本随后的经济发展产生了严重的负面的影响。此外,《日美半导体协议》的签署不利于日本的半导体产业的发展,没有帮助进一步改革和提高日本的产业结构。

首先,不恰当的宏观经济政策造成了严重的经济后果。1985 年,日本在签署了《广场协议》之后,日元汇率迅速上涨,为了减轻日元升值对日本公司的影响,日本政府采取了宽松的货币和财政政策来激活日本经济,而这成为日本酝酿泡沫经济的温床。1990 年,日本和美国又签署了"日美经济结构协议",日本需要根据该协议的要求持续扩大国内需求和投资。该协议的直接结果是促进日本公共基础设施投资的增加。然而,从战后的 1945 年到 1965 年,日本始终严格维持着财政平衡的政策,不允许日本政府发行日本国债,以增加对国内的投资。但是,自 1965 年以来,日本政府已逐步放松了财政平衡的要求,不断采用政府债券发行的方法,通过积极的财政政策促进经济增长。随着日本政府债券发行的迅速扩大,日本当局感到担忧。在 20 世纪 80 年代,日本提出了"财政重建"政策,试图减少发行赤字融资债券,通过这种方式试图减少日本政府对发行国债的财政依赖。但是,自 1985 年以来,由于美国要求日本增加内需,日本逐渐放弃了财政整顿的策略,转而重新实施了激进的财政政策,积极发展日本国内的基础设施建设,而这无疑促进了日本房地产泡沫的形成。当时,日本大力推动房地产开发,推动东京港湾的开发一级休闲旅游胜地的建设,导致日本国内房价上涨。日本的房地产泡沫是在宽松的宏观经济政策的背景下形成的。从 20 世纪 80 年代中期到 20 世纪 90 年代初期,日本的住房和股票市场经历了严重的泡沫问题。在泡沫经济破裂后,日本经济陷入停滞,日本的经济发展停滞了 30 年。泡沫破裂产生的影响非常严重。日本政府由于对日元升值反应过度,同时采取了不合理的宏观经济政策,进而对日本经济的发展产生了严重影响。

其次,美日贸易冲突阻碍了日本产业的升级和变化。日美之间的贸易摩擦也对日本半导体产业的发展产生了负面影响,减缓了日本半导体产业的发展,丧失了日本在国际竞争中的主导地位,干扰了日本产业升级的进程。20 世纪 80 年代是日本半导体发展的鼎盛时期。1986 年在日本生产的DRAM(动态随机存取存储器)曾经占世界市场份额的 78%。在全球半导体销售额最高的 10 家公司中，有 5 家是日本公司。① 但是，在 1986 年 9 月，日本和美国签署了《日美半导体协议》。根据该协议，日本需要在半导体领域采取出口价格控制措施，同时开放日本的半导体市场，以便外国公司可以在日本分享国内市场份额。这些措施严重降低了日本公司对半导体投资的热情，削弱了日本半导体产业的国际竞争力，并使日本半导体产业在与韩国和中国台湾的竞争中处于劣势。此后，日本公司在全球半导体市场中的份额急剧下降，与此同时韩国三星电子等其他公司已迅速超越日本，并在半导体市场中占据重要地位。到 2014 年，日本公司的份额已降至全球 DRAM 市场份额的约 20%。20 世纪 90 年代是一个信息技术飞速发展的时代，全球的电子信息产业也迅速发展。由于日美贸易摩擦的影响，日本半导体产业的发展停滞不前，对日本产业的发展产生了很大的负面影响，日本的信息技术产业始终无法发展成为日本的主导产业。

再次，在资本自由化的过程中，政府应加强对金融机构和企业的监管，促使资金能够流向实体经济，而非非实体经济。在日本开展金融自由化改革后，银行并未将资金投入实体经济中去，而是用于短期的房地产投资和股票投资活动之中，这引发了此后的日本泡沫经济。为此，在资本自由化过程中，政府需要加强对于金融机构的监管。

最后，政府应该积极引导产业升级的进程，指明下一步的前进的方向。在日美贸易摩擦发生后，日本政府逐渐放弃了通过产业政策对于产业发展的引导，对于日本的产业升级造成了不利影响，为此我国应以日本为鉴，加强政府对于产业政府的引导。

二　《广场协议》与日本泡沫经济的关联

1985 年，美国、日本、德意志联邦共和国和法国的财政部部长正式在美国签署了广场协议，其中一个重要内容就是通过五个国家的政府联合干预外汇市场，从而解决美国经济面临的巨大的贸易逆差问题，促进美元对其他主要货币的汇率稳定下降。毋庸置疑，《广场协议》的签署是日美

---

① 田村賢治，日米貿易摩擦で競争力を失った産業、増した産業，日経ビジネス，https：// business. nikkeibp. co. jp/atcl/report/16/011900002/012700008/？ P = 2，2018-12-2。

贸易摩擦的延续，也是美国遏制日本经济发展的一项重要成就，并成为日本泡沫经济诱发的组成部分。

（一）美苏冷战之间对抗

广场协议的签署具有美苏对抗的冷战背景。第二次世界大战结束后，以美国为首的资本主义阵营和以苏联为首的社会主义阵营之间开启了半个世纪左右的政治对抗。在第二次世界大战结束后，苏联和美国是世界上仅存的两个超级大国，但两国却拥有不同的政治和经济体制。美国及北约成员国属于资本主义阵营，而苏联及华约成员国则是社会主义阵营，双方自"二战"后开始了数十年的对立。1947 年，美国总统杜鲁门在美国的国会中发表了国情咨文，宣布了美国将对苏联等社会主义国家，采取除了军事打击以外的一切必要的手段，实施敌对的行动，冷战政策就此正式推出。

美苏冷战的对抗主要体现在以下几个方面。首先，意识形态领域的冲突。与苏联坚持的共产主义、无产阶级必须依靠共产党专政不同的是，以美国为首的西方资本主义阵营认为只有自由民主的制度才是正确的选择。[1] 其次，在军事领域，美苏也发生了多轮冲突。20 世纪 50 年代一国直接地参加、另一国间接地参与了朝鲜战争的热战。然而，在 1962 年发生的古巴导弹的危机，却一度使得美苏两国的冲突达到历史高峰。20 世纪 70 年代后期，苏联开始频频地在亚洲和非洲等地区实施间接的军事干预措施，与此同时美国也在越南战争失败后不断加大和增加在美国海外的军事干涉强度。[2] 最后，在经济领域的对立。苏联实施计划经济，不进入国际贸易体系，也不进入国际金融体系。而美国则推行市场经济，构建了国际贸易和国际金融体系。以美国为首的资本主义集团对苏联集团实施"经济冷战"，设立"巴黎统筹委员会"，防止苏联和东欧国家获取先进的科学技术，限制苏联和东欧国家的经济发展。

在 20 世纪 70 年代中期的越南战争中，美国遭受了巨大损失，并逐步将军队撤出了越南，美国的综合国力也随之削弱。20 世纪 70 年代末期，美苏关系急剧恶化，冷战则急剧升温，美苏两国的军事对峙与冲突变得更

---

[1]　杨奎松：《美苏冷战的起源及对中国革命的影响》，《历史研究》1995 年第 5 期。

[2]　时殷弘：《美苏冷战史：机理、特征和意义》，《南开学报》（哲学社会科学版）2005 年第 3 期。

加明显。1978 年苏联入侵阿富汗,力图使阿富汗在经济上更加依靠苏联。为了扭转美国所面临的不利局面,在 20 世纪 80 年代后,在里根总统上台之后,美国政府的冷战政策有了巨大的挑战与转变,从原来的围堵、缓和调整为全面的对抗。美国的目标不仅是要在冷战中确保和平,更是要取得对冷战的胜利。为了对抗苏联,美国将扩大军事投入作为重要的国家政策,将美国的国防预算从 1981 年的占美国国民生产总值的 5.3%,提升至 1986 年的 6.5%,达到历史最高点。① 为了筹集军事对抗的资金,美国势必需要实施更为积极的经济政策,与苏联展开对抗。1981 年里根总统上台后,实施了基于新自由主义的"里根经济学",从而盘活民间力量,与苏联实施对抗。

(二)《广场协议》签订的日美经济背景

首先,冷战背景下,日美关系进一步深化。美国的尼克松政府在上台后,提出了"尼克松主义",将日本视为美国在亚洲的重要同盟伙伴,更加看重日本的地位。进入 20 世纪 80 年代,在冷战背景下,为了进一步对抗苏联,美日关系有了更快速度的发展。里根政府多次表示,与日本的关系是美国在亚洲政策领域的"基石",甚至指出:"在世界和平与繁荣领域,美日关系最为重要。"② 为此,美国和日本加强了两国在军事与安全领域的合作,美国通过与日本加强军事领域的合作,利用日本有利的地理位置和不断强化的经济实力,确保在亚太地区的利益。

其次,美国的经济发展陷入停滞的困境。从 20 世纪 70 年代开始,受中东地区相关国家政局动荡的影响,相继爆发了两次石油危机,给发达国家经济造成了严重冲击。在石油输出国组织的运作和操作下,将石油作为自身的武器,全球石油价格也历经了两次严重的价格提升。每桶油的价格从 1973 年的 3.01 美元上升到 1980 年的 32 美元,7 年之间上涨了 10 倍。③ 石油价格的迅速增长,导致美国消费者物价的不断攀升。美国的消

① Carliner, Geoffrey; Alberto Alesina, *Politics and Economics in the Eighties: Edited by Alberto Alesina and Geoffrey Carliner*, University of Chicago Press, 1991: 6. ISBN 0-226-01281-6.

② 赵学功:《冷战时期美日关系嬗变的主要轨迹》,《人民论坛学术前沿》2018 年 9 月下旬期。

③ 《大辞海》,上海辞书出版社,2009。

费者物价的年增长率从 1978 年的 7.6% 上升到 1981 年的 10.3%。① 20 世纪 70 年代后,美国经济进入了通货膨胀与经济停滞并存的时期,经济增速长期裹足不前,但是美国的消费者物价指数却在不断走高。此外,美元汇率大幅提升,美元大幅升值,贸易逆差问题日趋严重。仅就英镑兑美元汇率变化就可看出,自 1979 年至 1985 年,美元汇率上升 60% 以上。汇率的波动对美国的进出口业务产生了重大影响,美国的贸易逆差问题越来越严重,使得美国成为世界上最大的债务国。1984 年,美国创造了 1090 亿美元的经常账户赤字的历史纪录。在 1985 年签署《广场协议》时,美国的贸易逆差进一步提高到 1448 亿美元,其中对日本的贸易赤字为 497 亿美元,占据了 1/3。1985 年,美国经济承受着巨大的贸易赤字和财政赤字的双重压力。

20 世纪 80 年代初期,美国面临财政赤字与贸易赤字的双重压力,促使美国通过国际协调的方式,实现贸易收支再平衡。为了应对冷战和美国的经济困境,里根总统上台后,为了应对美国国内的经济发展停滞情况,提出了"里根经济学"的经济政策。对于美国里根政府而言,是不是能够走出"滞涨"所带来的美国经济危机,不仅关乎里根自身的政治生命,更加关系美国在冷战格局下能否取得对苏联的胜利的问题。"里根经济学"是以供给学派和现代货币理论构成了里根经济学的主要理论基础。"里根经济学"的经济理念主要来自"供给学派"。供给学派认可被凯恩斯主义者所否定的"萨伊定律",主张供给创造需求,这与古典经济学家的看法保持一致。"供给学派"认为美国的"滞涨"问题主要是由于供给冲击所造成的,为此促使总供给曲线右移的供给侧政策,消除通货膨胀和经济停滞。因此,为促进供给能力提升,美国的"供给学派"主张,减少政府对经济的干预,同时低税率,具体措施包括:降低所得税、减少政府对经济的调控、减少政府对经济的财政支出等。② 同时,需要实施紧缩的货币政策,来控制美国的通货膨胀问题。在这一背景下,美国政府提升美国市场的利率,在 1981 年 6 月美国的利率达到 20%,而这则进一步导致

---

① U. S. Bureau of Labor Statistics：https：//stats. bls. gov/home. htm.

② 〔美〕罗伯特·阿特金森：《美国供给侧模式启示录》,杨晓、魏宁译,中国人民大学出版社,2016,第 9 页。

美元对其他国家货币的升值进程。为此，如图 5-1 所示，日元对美元的汇率再次进入了下降的轨道，从 1978 年的 1 美元兑换 195 日元，不断下降到 1 美元兑换 250 日元，美元升值明显。美元的不断升值，导致美国的贸易赤字问题更进一步的突出，同时日本对美国的出口也在进一步加大。

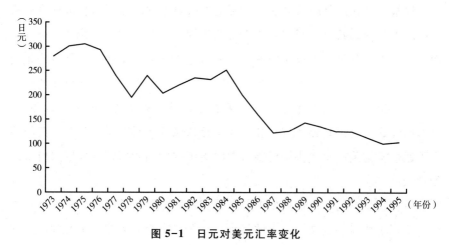

图 5-1　日元对美元汇率变化

资料来源：https：//dashboard. e-stat. go. jp/timeSeriesResult？ indicatorCode＝070202040 1000010010。

经济陷入困境致使美国政府承受着来自国内利益群体和国外冷战格局的双重压力，注定其不得不采取进一步措施，利用国际货币协调机制来摆脱困境。在布雷顿森林体系崩溃之后，日元兑美元的汇率制度也随之从固定的汇率制度体调整和转变为浮动汇率制度。二战后，为了加强国际合作，重新构筑国际货币体系，推动国际贸易发展，组建了"布雷顿森林体系"，建立了美元与黄金挂钩的制度，与此同时其他国家的货币则与美元挂钩，维持各国货币的固定汇率，促进贸易畅通。在这一制度下，日元和美元长期维持 360：1 的固定汇率，极大地推动了日本的对美出口，日美贸易摩擦也愈演愈烈。1971 年，尼克松冲击突然发生，美元与黄金的相互兑换被迫中止，二战后建立的布雷顿森林体系随之崩溃，美元汇率大幅度下调，而日元汇率则大幅上升。虽然在日本和美国在 1971 年重新签订了"史密森协定"，日元兑美元固定汇率从 360：1 重新修正为 308：1，但是这并未阻止日元汇率升值的势头，日元汇率从 1971 年的 1

美元兑换 360 日元，不断上调，至 1973 年已经达到 1 美元兑换 280 日元的水平，到 1985 年，日元兑美元汇率甚至已达到 250∶1 的水平。伴随着西方主要发达国家将汇率政策从固定汇率制调整为浮动汇率制，日元汇率也发生波动。

里根总统在对外政策方面，由于受到来自国内利益群体和国外冷战格局的压力，美国政府使用国际货币协调机制，来摆脱困境。特别是对日本而言，日本经济经过了很快的发展，并通过成功的经济转型，具备了相当强劲的实力，进入了世界发达国家的队伍之中。日本的制造业也在国际贸易中显示出了很强的国际竞争力，甚至对美国经济发展造成了严重冲击，日本已经成为美国在经济贸易和企业运行领域的主要对手。为此，美国不得不通过实施国际货币协调机制来摆脱美国的国内和国际外部压力所带来的挑战。

再次，日本经济的快速发展与日美贸易摩擦的日益激化。其一，日本经济实现了快速的发展。日本的经济虽在第二次世界大战之中受到严重的破坏，但在吉田路线的国内发展政策和以朝鲜特需为代表的一系列美国扶持性政策的帮助下逐渐恢复并有所发展。从 1955 年起，神武景气、岩户景气、伊奘诺景气相继出现，日本经济在制造业的推动和增长之下快速成长。20 世纪 70 年代，日本率先摆脱两次石油危机对经济的影响，产业结构得以实现优化升级。到 80 年代，日本俨然已经从各个方面具备了经济大国的实力。1968 年，日本经济总量超越了联邦德国，成为西方世界经济（GDP）第二大国。日本的国民经济生产总值在 1979 年的时候，突破了 1 万亿美元，达到 10085 亿美元，人均产值几乎可以同美国并驾齐驱。到 1980 年，日本国民生产总值约为 10.5 万亿美元，占据了世界国民经济总产值的 10%。在 1980 年，日本在资本主义世界中排名第 13 位，其经济总量相当于美国经济总量的 80%，人均收入水平也达到 7868 美元。其二，日本经济的快速增长加剧了日美之间的贸易的紧张。美国开始发现，此前还需要美国支持和援助的日本已经成长为真正的经济大国，并在许多领域与美国展开了直接竞争。自 20 世纪 70 年代中期以来，日本的汽车、彩电和其他工业产品席卷了美国市场，加深了日美两国之间贸易关系的紧张。在 20 世纪 80 年代后，日美贸易摩擦进一步扩大到半导体等高科技领域，同时农业、金融、商业交易习惯甚至也成为日美贸易摩擦的焦点。

最后，20 世纪 80 年代中期的日本，具有通过国际协调的方式参与国际事务的强烈意愿。从美国的角度看，通过签署广场协议有助于缓解美元升值问题，提振美国的出口，促进美国经济的经济发展。而从日本的角度而言，参与广场协议，也能表示日本也能够参与国际协调工作的态度，体现出日本愿意承担更多国际责任的形象。因此，日本有积极参与广场协议签订的意愿。在广场协议谈判的时候，日本的竹下登甚至主动提出日元升值的要求。在最初的广场协议中，对于日元升值的表述原为"一定程度的进一步有序升值"，但是这一表述为竹下登所修改，删去了"一定程度"变成了"进一步有序升值"。① 从这一行为中，可以看出日本政府参与国际协调的积极意愿。

此后日本的中曾根康弘首相开始执政，在内政和外交因素的作用下，希望在经济领域开展独立的决策，展现自主性。1982 年 11 月，中曾根康弘出任日本首相。中曾根康弘是日本在任时间第三长的首相，任期达 5 年之久。日本政治在其任期内发生了重大转变。日本在中曾根的带领下表现出较为强烈的外向性，这种外向性具体表现为：以其经济实力为基础，对其国际政治地位强烈诉求。中曾根政权之所以将主要精力集中在外交领域，一方面是由于在自民党内部，中曾根派系是少数派，故其在上台之时亟须借助田中派的支持。作为报答，他任命田中派的后藤田正晴担任官房长官，因此而被讥讽为"田中曾根内阁""角影内阁"。受此影响，为了平衡派系关系，中曾根在任期内多重视派系力量较少渗透的外交领域。且在 1983 年"洛克希德"案件宣判田中角荣有罪之后，中曾根康弘极为重视与田中派划清界限，在政策上转而力求"独立自主"。另一方面是因为在中曾根担任首相的 20 世纪 80 年代，日本在经济领域的世界大国地位已然确立并日趋稳固，为其推动相关政策打下了良好的基础。基于上述原因，中曾根康弘提出的主要口号为"战后政治总决算"以及推动日本成为"政治大国"。可以说，"总决算"中包含着为成为"政治大国"扫清

---

① 孙杰：《日美贸易摩擦再评估：从广场协议到结构性改革》，《江苏社会科学》2020 年第 2 期。

障碍的因素，"总决算"服务于成为"政治大国"这一战略总目标。从
1983 年中曾根康弘在国会的演讲中可以看出，其所认为的"政治大国"
是指"在政治上拥有同美国、西欧各国一样的平等的地位，与此同时在
经济领域上成为和美国、西欧并列的一个重要核心"。① 事实上，中曾根
内阁的诸多政策也确实围绕着成为"国际国家"而展开。在外交方面，
他注重同美国及欧洲国家保持亲密关系，以首脑外交为依托来加速提升日
本的国际影响力。在防卫政策方面，中曾根内阁在强调日美合作、保证日
本"分担责任"的同时，努力提升日本的防卫力量，在 1983 年突破了
"武器出口三原则"，向美国出售武器，又在 1987 年突破了防卫费不超过
国民生产总值 1% 的限额，大量增加防卫费用。在经济发展方面，为了减
少日美贸易摩擦，中曾根政权以国际协调为口号，试图推动日本经济转
型，促进日本经济由外需主导向内需主导转变。除此之外，中曾根还注重
文化在日本成为"国际国家"过程中的作用。由此可见，中曾根政权上
台后，在执政背景及国际环境等因素的影响下，结合日本自身情况，制定
了有别于日本战后主流战略——"吉田路线"的对外战略。

（三）广场协议的签署与主要内容

1985 年 9 月，美国财政部长贝克，日本的财务大臣竹下登，联邦德
国（西德）的斯托登伯财政部部长，法国的贝格伯财政部部长，英国的
劳森财政部部长等五个发达国家的财政部部长以及中央银行行长在美国纽
约的广场酒店举行了会议，并最终达成了《广场协议》。该协议旨在通过
这五个国家政府在外汇市场的联合干预，推进美国兑换其他主要货币的汇
率稳步下降，以此解决困扰美国经济的巨额贸易赤字问题。

《广场协议》的主要内容为：控制通货膨胀、扩大经济内需、减少对
贸易的干预以及对外汇市场的联合干预，从而促进美元兑主要货币的有序
贬值。广场协议指出，需要达成以下几个目标：（1）实现没有通货膨胀
的经济增长；（2）减少公共支出，扩大国内的经济市场，主要通过内需
扩张和私人投资增长拉动经济增长；（3）推进金融自由化、资本自由化；
（4）促进市场开放，反对贸易保护主义，推动贸易开放在广场协议中，

---

① 吴廷璆：《日本史》，南开大学出版社，2013，第 1146 页。

最值得关注的是汇率调整的相关内容。《广场协议》明确指出，"国家之间宏观经济基础的变化没有充分有效地反映在汇率波动之中，美国的经常账户赤字正在助长贸易保护主义的势头，而这种势头带来的破坏性报复行为，将威胁全球经济的平稳发展"。该协议还认为，汇率变化应在调和外国经济失衡中发挥重要作用。《广场协议》规定，日元和德国马克的对于美元的汇率必须大幅度上调，以此来降低被高估的美元价格。在未来，所有参加《广场协议》的国家都将被要求参与到外汇市场的干预活动之中，在外汇市场上实施"调整"，卖出美元并购买本币，来推动美元汇率的下跌。① 同时，长期的利息差也是一个影响汇率的重要因素，广场协议也规定了对于各国调整利率的相关内容。《广场协议》要求，美国在国内还需要持续采取宽松的货币政策，将长期利率下调，从而降低美国的长期利率与其他国家利率之间的差异。

《广场协议》的签署表明，美国开始将汇率手段作为缓解贸易逆差和贸易摩擦的重要事项。日元是美国施加压力的主要目标。在签署了《广场协议》后，五个发达国家的中央银行立即开始了干预外汇市场的行动，在市场中大量地投放美元，从而导致外汇领域的投资者也采取了相同的行动。这一行为带来的结果是美元汇率快速下跌，而日元兑美元汇率迅速上升。从图 5-1 可以看出，日元对美元的汇率升值速度非常快。1987 年，日元兑美元的汇率升至战后最高水平。在 1988 年，日元汇率几乎又翻了一番。这种日元升值的步伐显然超出了日本政府的预期，日本政府也试图以各种方式对其进行控制。

1986 年，美国与日本之间达成了《贝克宫泽喜一协议》，日方试图通过建立一种双边的对话机制来减缓日元汇率升值的速度。在 1987 年，日本作为七国集团成员之一参加了《卢浮宫协定》的缔结，希望建立多边的沟通渠道，将汇率波动控制在预期目标的 5% 左右，但是日本政府的上述所有纠正措施均无济于事。日元兑美元汇率直至 20 世纪 90 年代初才开始稳定。

---

① 范幸丽、王晶：《广场协议、日本长期经济萧条与人民币升值》，《世界经济研究》2003 年第 12 期。

（四）广场协议签署对日本泡沫经济生成的影响

关于《广场协议》与日本泡沫经济的关系，一直以来是学界所探讨的热点问题。签署广场协议，虽然体现了日本在国际协调上的积极作用，但是对日本泡沫经济的产生造成了一定程度的影响，为此需要探寻《广场协议》与日本泡沫经济的关系。

第一，广场协议后，日元汇率迅速地提高，日本采取积极的经济政策，大力推行内需型经济增长政策。如前文所述，在签署《广场协议》后，日元汇率大幅度上升。从 1984 年 1 美元兑换 250 日元，迅速提升到 1987 年的 1 美元兑换 120 日元。众所周知，日本能源高度依赖进口，而大量产品又仰仗出口。短时间内日元汇率的迅速升值不仅极大地影响了日本经济的发展，更使得日本政府在心理上备受煎熬。这导致在这一时期的日本，发生了"日元升值不景气"，日本的经济增长也受到日元升值的严重影响，而这种状况进一步加深了日本政府对日元升值的恐惧。在这样的情况下，日本政府推出了积极的货币政策，向市场释放了大量的流动性，以应对不断上涨的日元所带来的压力。在货币政策方面，为了改变这种局面，日本政府试图采取降低利率的方式，采用宽松的货币政策，改善国内经济状况。从 1986 年开始，日本国内的基准利率水平大幅度下降，在 1987 年就达到 2.5% 的水平，试图通过维持宽松的货币政策，来扩大国内经济的投资需求，维持经济增长，但是过低的利率，也使得日本处于流动性资金过剩的状态，从而使得日本的资金的供求关系发生变化，资金的需求逐渐小于资金的供给，这为此后资金流向非实体经济埋下了伏笔。日本将银行的贴现率调降至 2.5%，这一水平是当时国际上的最低水平，也是日本历史上的最低值。而 M2 数字的上升证明日本投资和中间市场日趋活跃。另外，广场协议中也规定了需要进一步扩大国内的消费市场。为了进一步促进日本消费需求和国内需求，日本政府还制定了《第四次全国国土综合开发计划》和《疗养地法》，促进房屋建设、房地产开发和旅游服务的发展，而这一措施，也为日后资金流向房地产业造成了一定程度的影响。

第二，广场协议签署后，日元升值加速了金融自由化进程，促使企业能够更加自由地融资和使用资金。受到英国"撒切尔主义"和美国"里根主义"的影响，20 世纪 70 年代末期日本也开始逐步地推行金融自由化，但进展缓慢。1983 年，里根总统访问日本，就货币金融问题与日本展开谈判，在同年 11 月，日美两国之间设立了"日元美元委员会"，探讨日本金融市场的对外开放以及日本的金融自由化问题。1984 年，美国和日本发表了"日元美元委员会报告"，日本需要在以下四个方面促进金融自由化的实施：（1）取消对资本流入和流出的管制；（2）促进日元实现国际化；（3）对在日本开展业务的美国金融机构采取更多激励措施；（4）放宽日本国内资本市场管制，促使利率实现由市场来决定。① 在 1985 年的广场协议中，也包括了要求日本政府大力实施金融市场自由化的相关内容。在这一背景下，20 世纪 80 年代中期，日本不断推进金融自由化的进程。在市场利率方面，逐渐由日本的民间金融机构实现利率的决定，日本政府逐步取消对利率变化的限制。在 1988 年后，日本逐渐实现了短期贷款利率和小额存款利率的自由化。在业务经营方面，原本日本实施了严格的分业经营管理，但是在金融自由化的进程中，逐步放宽了银行、证券和信托行业之间严格的分离控制，并使美国金融机构在某些方面享有超过日本国民的待遇。1985 年，外国银行得以在日本从事证券业务，但直到 1993 年，日本的本地银行才得以可以从事证券业务。在资本流动方面，随着新外汇法的实施，日本政府取消了资本双向流动限制，将日本政府的干预行为限制在国际收支发生大规模变化时。在企业融资方面，20 世纪 80 年代中期以后，日本政府放开了对于公司债发行业务的限制，允许日本企业在日本以外的海外市场发行欧洲日元债券，日本企业由此可以用更低的成本获得融资。从 1985 年到 1990 年，日本公司发行的债券中有 50％以上是由国外市场发行完成的。

第三，广场协议签署后，日元大幅升值，导致流动性过剩，而资金大量流向股票和房地产等非实体部门，加速了日本泡沫经济的产生。随着日元升值，企业资金出现过剩，加之日本企业融资手段的多元化，日本企业不再完全依靠银行体系获得融资，而可以通过债券和股权获得更低成本的融资支持。另外，大企业逐渐开展除银行融资以外的融资方式，使得银行

① 姜默竹、李俊久：《反思 1980 年代的美日货币谈判——结构性权力的视角》，《现代日本经济》2013 年第 3 期。

的优质资产不断流失，为此日本商业银行的风险偏好开始提高，不断增加对于房地产等领域的融资。在上述政策的作用下，大量的闲散资金开始流入了股票与房地产市场。值得注意的是，此时这些资金并未流向实体经济部门，没有用于企业的设备投资的开展，而是流向了股票、房地产等非实体部门。在外部受到来自美国的压力（不愿通过提高国内利率缓解美元过快贬值），日本自身也正在进行以扩大内需为目标的经济转型，所以在内外两股压力的推动下，日本将 2.5% 的超低利率一直维持了 27 个月。在这种扩张性货币政策的促进下，国内剩余资金大量投入股票及房地产领域，从而导致日本的股票和房地产领域的资产价格快速上升，进一步形成了泡沫。如前所述，在《广场协议》签订后，日本股票价格和土地价格分别于 1986 年、1987 年明显出现泡沫膨胀趋势。

与此同时，从国外视角分析，在日本经济形成泡沫的过程中，国外资金也充斥着日本市场。如图 5-2 所示，从 1987 年起的 4 年时间之内，短期的外国资金不断进入日本市场，这一动向也增加了日本股票和房地产市场形成泡沫的风险。外国资本之所以涌入日本，是由国际市场对日元升值的预期所致。

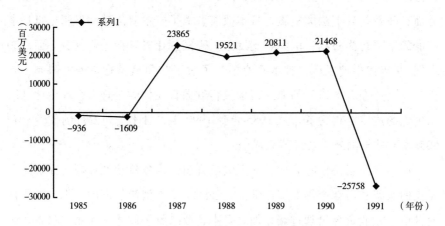

图 5-2　日本短期资本变化情况

资料来源：日本总务省统计局官网，http://www.stat.go.jp/index.htm。

第四，广场协议签署后的日元大幅升值，诱使企业过度地对海外展开直接投资，产业持续流向了海外，造成国内产业空心化。随着日元的持续升值，日本国内的生产成本与在日本国外生产的成本之间的差异很大，甚至超过了对外直接投资的沉没成本。因而从 1985 年开始，随着日元的持续升值进程，日本的对外直接投资从 1985 年的 64 亿美元大幅增加到 1990 年的 480 亿美元，成为世界第三大投资来源国。一些在日本国内生产的企业，由于其技术水平较低，在日本国内生产的不再具有比较优势，因此这些厂商开始将产线转移至国外，诸如钢铁、有色金属、电子机械等厂商纷纷将工厂搬迁至海外，帮助国内的企业实现升级换代，但这也进一步引发了日本的"产业空心化"的问题。"产业空心化"的日益推进，不仅不利于日本国内的经济发展，也导致日本国内的产业无法进一步开展更新换代，造成日本在 20 世纪 90 年代后错失科技浪潮的新机遇，在信息技术、互联网技术等领域没有抢占先机，成为日后制约日本经济发展的一个结构性问题。

综上所述，《广场协议》是日本泡沫经济出现的一个重要原因。由于该协议的签订，日元在短时间内飙升，而日本政府在制定宏观经济政策时则过于激进。一系列的决策失误集中体现在持续扩大的货币政策环境上。1985 年缔结的《广场协议》引起的"日元升值萧条"极大地刺激了日本政府，激发并放大了其对日元升值的恐惧。加之日元贬值引来的外国投机资本无情地吮吸掉资本增值企业的血液，日本经济最终出现了积重难返的泡沫形态。可以说，《广场协议》的签订给日本政府提供了犯错误的机会，是战后日本经济发展史上的重要节点。

值得关注与研究的是，《广场协议》的签订与日本泡沫经济还并不仅仅是经济层面的问题。众所周知，政治与经济存在辩证统一的关系。经济一般来讲决定着政治，而政治也常常会对经济产生巨大的反作用，在一定程度上指导、影响或制约着经济的发展走向。20 世纪 80 年代，日本政坛在中曾根康弘的领导下发生了由经济大国转向"国际国家"（"政治大国"）的战略变化。可以说，日本的经济大国地位决定了日本向"政治大国"进一步迈进，而这一战略决策将不可避免地导致日本与美国在经济上达成过度的妥协和让步，从而影响日本整体经济发展。从日美同盟的视角出发，可以清楚地看到，在不平等联盟的框架下，导致日本泡沫经济的《广场协议》的签署无非是美国对日本的弱肉强食。通过惨痛的经济代价，日本换来了有限的国际政治地位上升，而美国经济则获得了发展的时间与空间，得以继续同苏联争夺世界霸主地位。因而，可以能够预见的是，在如此结构维系的秩序下，无论是"里根—中曾根康弘"关系还是"特朗普—安倍晋三""拜登—菅义伟"关系，日美同盟在发展过程中类似的情节还会继续上演。在现行国际秩序下，不同体量的国与国之间的相互利益诉求与交换往往并不对等；而不对等的交易充斥着各种玄机与陷阱。对此，应该保持清醒的头脑。参考他国教训，必须要认识到，只有坚定不移地走独立自主的和平外交道路，才可以为中国的改革开放和现代化经济建设创造良好的国际环境，只有继续保持平等、互利、合作共赢的态度，可以为维护世界和平、促进共同发展做出巨大贡献。

第二节　从货币政策效果看日本泡沫经济

泡沫经济的生成难以一蹴而就，从产业泡沫过渡到泡沫经济实际上需要较长的潜伏期，泡沫经济的崩溃背后也具有许多主客观原因。其中，日本政府对经济政策特别是货币政策的错误决策是日本泡沫经济生成、膨胀以及崩溃的重要原因。可见，从货币政策视角重新审视日本泡沫经济问题便显得尤为重要。但是，从既往的研究成果来看，缺乏对货币政策传导机制的探究，即使涉及货币政策传导机制的研究也多停留于定性分析。为此，本节选取新的研究维度，以往研究日本货币政策与泡沫经济关系的大量定性研究基础上，将视角定于货币政策机制之下，基于实证检验更深入解析日本泡沫经济的生成、膨胀及崩溃与货币政策效果的内在关联。

一　日本泡沫经济问题与货币政策的关联性

（一）货币政策传导机制

一般而言，考察货币政策的传导通常基于以下几种传导机制：利率传导机制、汇率传导机制、信贷传导机制以及资产价格传导机制。

1. 利率传导机制

货币政策的利率传导机制最初由凯恩斯提出，之后希克斯及汉森构建的 IS-LM 模型探讨产品市场与货币市场的相互作用，也将利率放入投资函数中，认为投资需求要受到利率的影响，而利率是由货币市场供求关系决定的。传统的利率传导机制大体为：宽松货币政策促使货币供应量增加，市场利率下降。在资本边际效率不变的情况下，市场上资金投资的成本减少，投资增加，商品总需求增加，进而带来产出以及收入的增长，反之亦然。另外，利率不仅可以通过影响投资进而作用于市场经济，也可以通过影响消费发挥作用，也就是利率传导机制的消费效应，但是这主要是指利率对耐用消费品的影响，因为耐用消费品的消费大多基于银行贷款，而货币供应量的增加促使市场利率下降，这就意味着，购置耐用消费品的资金成本会相对减少，促进消费支出，进而产出及收入增加。

2. 汇率传导机制

在蒙代尔—弗莱明—多恩布什模型（M-F-D 模型）以及新开放经济宏观经济学模型（NOEM 模型）的框架下，均可以看出一国通过施行货币政策，借助于汇率传导机制可以作用于物价以及产出水平。在 M-F-D 模型下，如果一国采用固定汇率制，那么无论资本是否完全流动，其货币政策均无效；但是如果采用浮动汇率制，宽松货币政策将带来货币供应链的增加，进而引发市场利率的下降，本币贬值，促进净出口增加，带动产出增加。而且，最终汇率波动将同比例传导到进口商品的价格上，进口商品价格相对上涨也一定程度上抑制进口，促进出口。反之亦然。在 NOEM 模型下，汇率的波动对进口商品价格影响方式有所改变，如果是采用生产者货币定价（PCP），[①] 则实施宽松的货币政策会使得本币贬值，进口商品的本币价格则会相对上升，出口商品的本币价格则会相对下降，有利于出口，但是抑制进口，促进本国产出增长，反之亦然；如果采用当地货币定价（LCP），[②] 汇率波动则不会改变贸易条件，因而不会影响进出口商品的价格。[③④]

3. 信贷传导机制

伯南克提出货币政策的信贷传导机制具有两种渠道，一是银行贷款渠

---

① 生产者货币定价是指在国际贸易中，以生产者所在国的货币定价。

② 当地货币定价是指在国际贸易中，以消费者所在国的货币定价。

③ Obstfeld, M., Rogoff, K., "Risk and Exchange Rates", *General Information*, 1998, 16: 39-50.

④ Obstfeld, M., Rogoff, K., "New Directions for Stochastic Open Economy Models", *Journal of International Economics*, 2000, 50 (1): 117-153.

道，二是资产负债表渠道。其中，信贷传导机制中的银行贷款渠道是指，货币政策通过影响银行贷款作用于消费及投资支出。实施宽松的货币政策，则货币供应量增加，银行的可贷资金增加，在通常情况下，银行的贷款也随之增加，进而促进了居民的消费与企业的投资，拉动经济增长。信贷传导机制中的资产负债表渠道是指，货币政策可以通过影响企业及消费者的资产负债表，进而对宏观经济产生影响。实施宽松货币政策，货币供应链增加带动利率下降，资产价格上升，企业与消费者的资产负债表中的净资产即增加，故而可供贷款的资产抵押品增多，随之而来的是银行贷款量可能增长，进而投资以及消费行为活跃并拉动产出增长。

　　4. 资产价格传导机制

　　货币政策的资产价格传导机制通常包括两种传导渠道：一是托宾 Q 理论，二是财富效应。其中，托宾 Q 理论衡量了企业资本的市场价值（股票价格）与其重置成本的币值，即 q 值。如果 q 值大于 1，那么购买新生产的资本产品是更优的选择，那么企业的投资也必然增加。货币主义者认为实施宽松的货币政策通过增加货币供给量，增加市场的流动性进而拉升股票价格，q 值增加，带动企业扩大投资。资产价格传导机制下的财富效应以持久收入假说为理论基础，指的是宽松的货币政策带动货币供应量的增加，进而公众手中的现金存量也增加，相对更积极并乐于购买股票，股票价格上涨，公众的财富增加进而消费与投资支出也会增加。

　　可以看出，在上述货币政策传导机制顺畅的情况下，货币政策可以通过利率、汇率、信贷以及资产价格传导机制促进消费与投资，拉动产出增长，作用于经济发展。也就是说，宽松的货币政策在促使资本市场繁荣的情况下，如果是以实体经济繁荣为依托，可以避免或者大为缓解流动性过剩状况，在传导机制顺畅的情况下，宽松的货币政策并不一定会导致流动性过剩，反而有助于宏观经济的稳定增长。

　　（二）日本泡沫经济问题与货币政策的关联性概述

　　1. 资产价格与货币政策施行的关系

　　关于资产价格与货币政策施行的关系，美联储及国际清算银行的经济学家们进行过激烈讨论。占主导的观点也就是被称为"美联储观点"认为，首先，除非资产价格的变动影响政策制定者对通货膨胀及产出的预期，否则货币政策的制定及施行不应该以资产价格变动为反应目标；其次，当资产泡沫崩溃后，应通过施行货币政策来应对随之而来的经济衰退。国际清算银行的经济学家们则认为，政策制定者应该考虑到在通货膨胀率较稳定时期，上涨的资产价格具有泡沫崩溃的风险，因此为防止资产市场步入"繁荣"进而"萧条"的周期，政策制定者应采取与经济热度逆向而行的宏观经济政策，即在资产价格上涨时期，采取提高利率（高于泰勒规则提出的政策利率）来稳定价格。① 就资产价格与货币政策施行的关系来看，日本政府实际上是综合了上述两派观点，在最初货币政策施行时忽视了资产价格的上涨，而在之后又试图通过紧缩货币政策阻滞资产泡沫膨胀，最终导致泡沫经济的生成、膨胀以及崩溃。

2. 从货币政策角度看日本泡沫经济问题

学术界在分析日本泡沫经济问题与货币政策施行的关联性时往往基于货币政策的实施情况，如实施时间及空间等进行分析。如铃木淑夫等认为，20 世纪 80 年代，日本施行的宽松货币政策时间过长，导致流动性已然比较富余的日本经济体系充斥了更多廉价的资金，引发了资产价格的迅速膨胀，助长了泡沫经济的生成、膨胀。② 黑田东彦则认为，对宏观经济判断失误，日本施行的宽松货币政策或者紧缩货币政策本身即有误，不仅成为泡沫经济膨胀的助燃器，也是促使泡沫经济崩溃的导火索。③ 也有诸多学者进一步从国际协调及中央银行独立性角度论述了日本之所以如此施行货币政策的被动性原因。

由此可知，20 世纪 80、90 年代，日本实施的货币政策与其泡沫经济问题具有相当紧密的关联，相关的研究文献也非常丰富，但是运用 SVAR 模型，基于货币政策传导机制视角，从政策效果出发进行分析的文献较少。由于 20 世纪 80 年代后期，日本主要是为了缓冲日元升值的影响而实

---

① Fujiki, H., Kaihatsu, S., Kurebayashi, T., et al., "Monetary Policy and Asset Price Booms: A Step Towards a Synthesis", *International Finance*, 2016, 19 (1), 23-41.

② 〔日〕铃木淑夫：《日本的金融政策》，陈云芳等译，中国发展出版社，1995。

③ 〔日〕黑田东彦、王宇：《日本汇率政策失败所带来的教训——以"尼克松冲击"和"广场协议"为例》，《国际经济评论》2004 年第 11 期，第 46 页。

施了宽松的货币政策，后期则是为了解决资产泡沫问题施行紧缩货币政策，因此这里主要基于汇率及资产价格传导机制进行分析。

二　日本泡沫经济与货币政策效果关联性的实证分析

翁邦雄、白川方明等认为日本泡沫经济的"泡沫期"是 1987～1990年，至于泡沫经济崩溃期则没有统一的界定。① 学术界大体将 1991～1997年定义为泡沫经济崩溃期。这里，本书主要研究泡沫经济与货币政策之间的关系，通常认为泡沫经济生成、膨胀及崩溃并非一蹴而就，具有较长的潜伏期，长期施行的宽松货币政策是泡沫经济生成、膨胀的导火索，紧缩货币政策开启了泡沫经济崩溃的轨道，因此本书将研究的时间范畴界定为，基于宽松货币政策施行的时期探究泡沫经济生成、膨胀与货币政策效果之间的关系，基于紧缩货币政策施行时期探究泡沫经济崩溃与货币政策效果之间的关系。为涵盖日本泡沫经济过程中货币政策的施行阶段，并且满足模型构建的数据样本容量，在研究日本泡沫经济生成、膨胀与货币政策效果的关联性的模型中，选取数据的样本区间为 1985 年 1 月至 1989 年 4 月的月度数据，② 此间利率一直处于下行通道；在研究日本泡沫经济崩溃与货币政策效果的关联性的模型中，选取数据的样本空间为 1989 年 5 月至 1993 年 1 月的月度数据，此间利率基本处于上行通道，虽然之后有所下调，但也高于在泡沫经济膨胀期施行宽松货币政策时期的利率，同样可视为相对紧缩的货币政策。

（一）变量设定与资料来源

1. 变量设定

（1）日本货币政策及汇率的替代变量

20 世纪 80 年代中后期，日本主要通过操作贴现利率实施货币政策，如

---

① 翁邦雄、白川方明、白塚重典：「資産価格バブルと金融政策：1980 年代後半の日本の経験とその教訓」，『IMES Discussion Paper Series』2000-J-11，http：//www. imes. boj. or. jp/japanese/jdps/2000/00-J-11. pdf。

② 由于选取月度数据的日本民间投资指标"除船舶、电力之外的民间需求"订单额作为投资的替代变量，其较为恰当检验投资的增减，但是缺少 1987 年以前的数据，因此在研究日本泡沫经济生成、膨胀与货币政策效果的模型中，含有投资的 SVAR 模型变量选取的样本区间相应缩短，但是整体上处于泡沫经济膨胀以及宽松货币政策施行的阶段，不影响本书的实证研究。

图 5-3 所示，日本政府在泡沫经济膨胀期多次下调贴现率至 2.5%，之后又多次上调贴现率至 6%，使得货币供应量随之变动，故而这里选取日本贴现率及货币供应量（基础货币平均余额）作为货币政策的替代变量，日元汇率的替代变量则是东京市场日元兑美元月平均值（采用直接标价法）。

图 5-3　日本泡沫经济期间利率与汇率的变化

资料来源：根据日本银行数据绘制。

（2）日本货币政策效果的替代变量

在研究日本泡沫经济生成、膨胀与货币政策效果的关联性的模型中，鉴于这一时期，日本实施宽松货币政策的目标是缓冲日元升值的负面影响，而且日元升值主要影响的是日本对外出口，进而影响投资及产出，因此选取出口、投资及产出作为研究此阶段日本货币政策效果的相关变量。其中，出口的替代变量是日本对外贸易出口总额，投资的替代变量为日本民间投资指标"除船舶、电力之外的民间需求"订单额，工业生产指数则作为产出的替代变量。在研究日本泡沫经济崩溃与货币政策效果的关联性的模型中，鉴于这一阶段日本实施紧缩货币政策是为了防止资产价格过热，而在此目标下主要影响的是投资及产出，因此选取投资及产出作为研究此阶段日本货币政策效果的相关变量。投资及产出的替代变量如上文所述。

（3）日本资产价格代理变量

选取日经225指数作为股票价格的替代变量，采用的是股票收盘价格指数，选取不动产价格指数（住宅地）作为房地产价格的替代变量。另外，为了研究房地产价格的升高是基于投机目的还是实际使用的目的，也增加了租房价格指数这一变量。

2. 资料来源与处理

具体变量设定见表5-3。

表5-3　变量设定

变　　量	变量符号	资料来源
日本货币供应量	JM	日本银行
日本贴现利率	JR	日本银行
日元汇率	JE	日本银行
日本出口总额	JEX	日本财务省
日本民间投资订单额（除船舶和电力之外的民间需求）	JI	日本内阁府
日本工业生产指数	JY	日本经济产业省
日本房地产价格指数	JRE	日本国土交通省
日本租房价格指数	JRP	日本总务省统计局
日本股票价格指数	JS	日经225指数网站

（二）模型稳定性检验与设定

首先，采用 ADF 方法对各变量进行单位根检验，以确保时间序列的平稳性。对不平稳的变量序列进行对数处理、一阶差分或者对数一阶差分处理，使得最终变量序列均通过在5%显著性水平下的平稳性检验。采用 AR 根的图表检验，以判断模型的稳定性，确保建立的 SVAR 模型构建有效。在此之前，必须确定 VAR 模型滞后期，按照以往研究惯例，利用 LR、FPE 及 AIC 准则确定基于汇率传导机制研究日本泡沫经济生成、膨胀与货币政策效果关联性的模型的滞后期为3，引入的变量为（DJY，DLJEX，DLJE，DLJM，DJR）；基于资产价格传导机制研究日本泡沫经济生成、膨胀与货币政策效果关联性的模型的滞后期为2与3，引入的变量为（LJRE，LJRP，DLJS，DLJM，DJR）与（LJY，LJI，LJRE，DLJS）；

基于资产价格传导机制研究日本泡沫经济崩溃与货币政策效果关联性的模型的滞后期为 2，引入的变量为（DLJY，LJI，DLJRE，LJS，LJM，LJR）。而且，AR 根的图表检验结果也显示所有根模的倒数均小于 1，也就是位于单位圆内，可以证明模型均是稳定的，故而进行下一步分析。

其次，在满足模型稳定的基础上，构建 SVAR 模型的最为重要的步骤是设定结构参数可识别条件约束。这里采取施加短期约束条件的方法。以研究日本货币政策效果与泡沫经济崩溃的关联性的模型为例，说明短期约束的公式形式以及内容。如式（2），第一行假设产出不受其他变量当期影响，而只受其他变量滞后期的影响；第二行假设投资对当期房地产价格、股票价格、货币供应量及利率波动的变化均没有反应；第三行假设房地产价格对当期股票价格、货币供应量及利率波动的变化没有反应；第四行假设股票价格不受当期货币供应量及利率变动的影响；第五行假设货币供应量不受当期利率变动的影响；第六行假设利率受其他变量的当期及滞后期波动变化的影响。

$$
\begin{bmatrix}
1 & 0 & 0 & 0 & 0 & 0 \\
a_{21} & 1 & 0 & 0 & 0 & 0 \\
a_{31} & a_{32} & 1 & 0 & 0 & 0 \\
a_{41} & a_{42} & a_{43} & 1 & 0 & 0 \\
a_{51} & a_{52} & a_{53} & a_{54} & 1 & 0 \\
a_{61} & a_{62} & a_{63} & a_{64} & a_{65} & 1
\end{bmatrix}
\begin{bmatrix}
\psi^{DLJY} \\
\psi^{LJI} \\
\psi^{DLJRE} \\
\psi^{LJS} \\
\psi^{LJM} \\
\psi^{LJR}
\end{bmatrix}
=
\begin{bmatrix}
a_{11} & 0 & 0 & 0 & 0 & 0 \\
0 & a_{22} & 0 & 0 & 0 & 0 \\
0 & 0 & a_{33} & 0 & 0 & 0 \\
0 & 0 & 0 & a_{44} & 0 & 0 \\
0 & 0 & 0 & 0 & a_{55} & 0 \\
0 & 0 & 0 & 0 & 0 & a_{66}
\end{bmatrix}
\begin{bmatrix}
\phi^{DLJY} \\
\phi^{LJI} \\
\phi^{DLJRE} \\
\phi^{LJS} \\
\phi^{LJM} \\
\phi^{LJR}
\end{bmatrix}
\quad (2)
$$

（三）实证结果及讨论

1. 脉冲响应函数结果

脉冲相应函数是用来形象描述受到某种冲击时对系统产生的动态影响的，具体是，施加一个标准冲击后对其他变量当期与未来的影响。这里选择滞后期为 18 个月，图 5-4 是研究日本泡沫经济生成、膨胀与货币政策效果的关联性模型的脉冲响应函数结果，分别是基于汇率传导机制及资产价格传导机制的实证结果；图 5-5 则是研究日本泡沫经济崩溃与货币政策效果的关联性模型的脉冲响应结果，主要是基于资产价格传导机制的实证结果。由于篇幅有限，这里仅仅展示重点的脉冲响应结果，其余用文字表述。

（1）研究日本货币政策效果及泡沫经济生成、膨胀的关联性的模型结果

如图5-4所示，在利率（DJR）的一个标准冲击下，货币供应量处理值（DLJM）首先呈现较弱的负向响应，之后显示为正向响应，在第3期达到峰值并出现震荡，最终趋近于0。相对而言，日元汇率处理值（DLJE）具有较强的正向响应，在第2期即达到峰值，以正向响应居多，之后趋弱。出口总额处理值（DLJEX）的响应与货币供应量处理值相似，只是响应幅度略大。产出处理值（DJY）则有明显的正向响应，之后趋近于0。在货币供应量的一个标准冲击下，日元汇率处理值整体以负向响应居多。出口总额处理值先是为负向响应，再迅速转为正向，然后在正负向响应中震荡，最后趋近于0。产出处理值先是呈现正向响应，之后更多为负向响应。在日元汇率的一个标准冲击下，出口总额处理值主要在正负向响应之间震荡，更多呈现正向响应。在出口总额处理值的冲击下，产出处理值首先为负向，然后转为正向，也主要是在正负向响应中震荡，最后趋近于0。

对利率施加一个单位的标准冲击，股票价格处理值（DLJS）主要呈现负向响应，并且在第3期迅速达到最大值，之后逐渐减弱，短暂转为正向响应后趋近于0。租房价格处理值（LJRP）则呈现较弱的正向响应，随后转为负向，并在滞后期间内保持负向响应。房地产价格处理值（LJRE）的响应与租房价格处理值的响应类似，只是相对来说响应幅度较大。对货币供应量施加一个单位的标准冲击，股票价格处理值及租房价格处理值的响应均不明显，主要以正向响应为主。房地产价格处理值则主要以负向响应为主。

对于投资处理值（LJI）来说，其对于股票价格（DLJS）及房地产价格（LJRE）的冲击响应相对不明显，在正负响应间震荡，最终趋近于0。对于产出处理值（LJY）来说，其对于股票价格、房地产价格及投资的冲击作用，均在滞后期间内基本保持正向响应，只是响应幅度有所不同。

（2）研究日本货币政策效果及泡沫经济崩溃的关联性的模型结果

如图5-5所示，在利率（LJR）的一个标准冲击下，货币供应量处理值（DLJM）以正向响应为主，短暂具有负向响应，最终趋近于0。相对

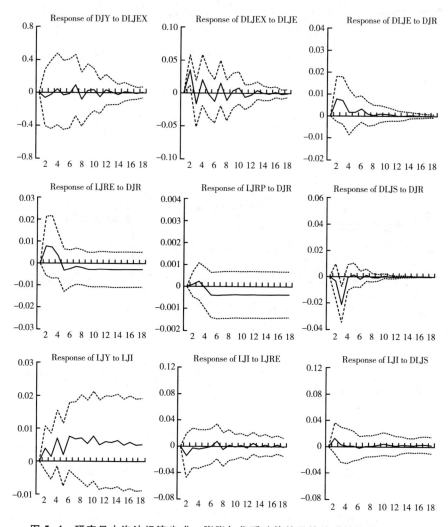

图 5-4 研究日本泡沫经济生成、膨胀与货币政策效果的关联性的模型结果[*]

注：* 由于数据可得性、研究阶段的分类，本书构建的 SVAR 模型个数较多，篇幅有限，仅展示研究日本货币政策效果及泡沫经济生成、膨胀的关联性的模型中重点的实证结果，其他主要用文字叙述。

而言，股票价格处理值（LJS）则以负向响应居多，最终幅度减弱。股票价格处理值对于货币供应量的冲击响应与此类似。房地产价格处理值（DLJRE）对利率冲击的响应首先为正向，之后转为负向并很快趋近于 0，对货币供应量冲击的响应也与此类似。投资处理值（LJI）对股票价格的冲击响应呈现较明显的正向响应，而对于房地产价格的冲击响应则是在正负向响应间震荡，并很快趋近于0。对于产出处理值（DLJY）来说，其对于股票价格、房地产价格及投资的冲击响应均呈现短期震荡，并逐渐趋近于零响应。

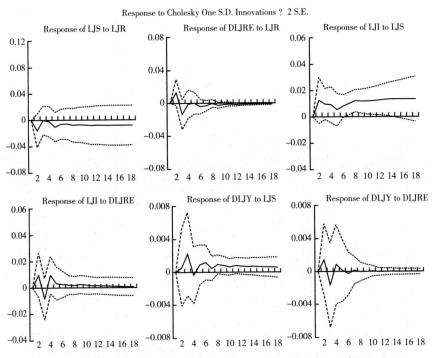

图 5-5　研究日本泡沫经济崩溃与货币政策效果的关联性的模型结果

2. 方差分解结果

方差分解方法通常被用来评价不同结构冲击的重要性，这里运用此方法试图判断日本货币政策是否取得预期效果以及在此过程中汇率、资产价格传导机制是否顺畅，即主要解释货币政策代理变量对资产价格代理变量波动的影响程度，资产价格代理变量对于投资、产出波动的影响程度，货币政策代理变量及日元汇率对出口、产出波动的影响程度，以及出口对于产出波动的影响程度。这里设置的滞后期为18个月，限于篇幅，不再展示复杂的数据结果，仅汇报结论，数据备索。

（1）研究日本泡沫经济生成、膨胀与货币政策效果关联性的模型结果

在此模型中，对于货币供应量来说，利率对其影响的最大贡献度为2.08%。对于日元汇率来说，利率相对于货币供应量，对其波动影响更为显著，最大值为9.04%，货币供应量的仅为3.08%。对于出口总额来说，货币供应量对其影响最为显著，最大值为25.54%，其次是日元汇率的11.53%，最后为利率。对于产出来说，日元汇率对其波动的影响最为显著，贡献度的最大值为7.13%，其次为利率、货币供应量与出口总额。对于股票价格来说，利率对其波动的影响最大，贡献度最大值为19.01%，货币供应量对其影响幅度较小，贡献度最大值仅为0.86%。对于租房价格来说，利率、货币供应量对其的影响都较小，贡献度最大值分别为2.09%及0.06%。对于房地产价格来说，股票价格对其波动的影响最大，贡献度最大值为20.63%，其次为利率与货币供应量。对于投资来说，房地产价格对其影响的最大贡献度为4.03%，股票价格为2.69%。对于产出来说，投资对其波动的影响最为显著，贡献度最大值为51.71%，其次为货币供应量，最后为房地产价格。

（2）研究日本泡沫经济崩溃与货币政策效果关联性的模型结果

在此模型中，对于股票价格来说，利率及货币供应量对其波动的影响均较小，贡献度最大值分别为1.94%及3.37%。对于房地产价格而言，货币供应量与利率对其波动的影响程度相当，最大贡献度分别为6.97%与6.38%。对于投资而言，股票价格对其波动的影响程度最为明显，最大贡献度高达32.37%，其次为利率，贡献度最大值为8.12%，之后为房地产价格与利率。对于产出而言，利率对其波动的影响最明显，最大贡献度为8.19%，其次为股票价格、货币供应量及房地产价格，投资对其波动的影响最不显著，最大贡献度仅为1.36%。

三　主要结论

本节基于货币政策传导机制，分阶段研究日本泡沫经济生成、膨胀以及崩溃与货币政策效果之间的关系，得出的主要结论如下。

在研究日本泡沫经济生成、膨胀与货币政策效果关联性的模型中，根

据对汇率传导机制及资产价格传导机制的梳理，进行了脉冲响应及方差分解分析。其中，基于汇率传导机制分析，可以得到以下几点结论。首先，在此阶段日本实施宽松的货币政策，利率的下调促进货币供应量相应增加，但是增速逐渐减弱，日元汇率也基本保持升值状态；其次，虽然当时日本实施宽松货币政策是以应对日元升值为目标，但是政策效果并不明显，这主要是因为货币政策替代变量到日元汇率的传导受阻，而日元汇率对出口及出口对产出的传导作用只在短期内有效，长期影响程度较弱。根据资产价格传导机制分析，可以得到以下几点结论：首先，股票价格及房地产价格受货币政策的影响程度更大，即验证了日本施行的宽松货币政策是资产泡沫膨胀的有力推手。其次，在资产价格传导机制中，根据实证结论可以看出投资对产出的传导相对顺畅，但是股票价格、房地产价格对投资的传导相对受阻，这一定程度说明尽管资本市场一片"繁荣"，但是并未实际作用于增加投资拉动产出，而单单是资本市场的"狂欢"。这就导致宽松货币政策的施行拉动资产价格的迅速上涨，但是资产价格的快速上升并没有从实际上拉动投资以及产出的相应程度的增加，因此，资金良性循环过程被打断，并未有效率地进入实体经济，引发了泡沫经济的生成、膨胀。最后，通过引入租房价格，由脉冲响应及方差分解结果可知，房地产价格受宽松货币政策的影响较大，但是租房价格受其影响很小。另外，股票价格对投资的传导作用不明显。这可以一定程度验证日本宽松货币政策为市场注入更多流动性，而这些过剩资金涌入资本市场是基于投机目的而非投资目的。总而言之，汇率传导机制的受阻是当时日本实施宽松货币政策未达到预期效果的原因之一，而资产价格传导机制受阻促成了泡沫经济的生成、膨胀。

在研究日本泡沫经济崩溃与货币政策效果关联性的模型中，主要基于资产价格传导机制进行了脉冲响应及方差分解分析，可以得到以下几点结论。首先，从日本股票价格、房地产价格与货币政策替代变量之间的关系来看，相较于日本施行宽松货币政策的阶段，施行的紧缩货币政策对资产价格的实际传导作用较小，这一定程度验证了日本施行的紧缩货币政策是戳破经济泡沫的工具，但是由于政策时滞及货币政策本身是短期政策，政策的施行对于伴随泡沫经济崩溃而来的经济萎靡不振状况并没有很强的解释力。其次，对于此阶段资产价格传导机制来说，股票价格及房地产价格对投资的传导相对顺畅，但是货币政策替代变量对资产价格替代变量以及投资对产出的传导并不顺畅。这可以一定程度验证，在此阶段，民众及企业对于经济前景的预期更多来自对资本市场及政策情况的分析，在资产价格高企的时候，紧缩性货币政策的施行带来了资产价格必将下跌的预期，市场弥漫悲观情绪导致资产泡沫迅速破裂，资产价格对投资及产出的传导作用比较显著，那么资产价格下跌将很快引起投资及产出的减少，因而经济前景的预期愈加悲观，在此造成的恶性循环下泡沫经济彻底崩溃，经济陷入低迷的困局。也就是说，货币政策的传导机制并不十分畅通，泡沫经济崩溃及之后经济的低迷更多是因为弥漫的悲观市场情绪加重了政策的负向效果。

第三节　从产业结构调整看日本泡沫经济

20 世纪 80 年代中后期日本泡沫经济的产生有许多的影响原因，其中一个重要的因素就是在 20 世纪 80 年代中后期之后，日本的产业结构调整滞后。正是因为产业结构调整缓慢，拖累了实体经济的健康发展，以至于日元升值后的过剩资金因进入实体经济无利可图，最终流向了股票市场和房地产市场，从而加速了泡沫的生成与崩溃。

一　产业结构调整对日本泡沫经济的影响

事实上，从 1973 年第一次石油危机发生以来，日本对产业结构曾经进行了彻底的调整和改造并取得巨大成功，产业结构取得了一定程度的升级。经过十余年的努力，日本产业结构不断升级，日本工业发展的侧重点正在从钢铁等基础材料行业转移到组装与装配行业，日本的产业结构出现了从"重厚长大"到"短小轻薄"的过渡，同时日本的产业技术也向着节能环保、技术密集、附加值高的方向发展。在 20 世纪 70 年代，由于产业结构的变化，日本逐渐进入了工业化后期的发展阶段。首先，能源出现了节约化的倾向。在石油危机背景下，石油等原材料价格的迅速上涨使得能源消耗比较低的电子机械、运输机械等加工组装产业的产品价格相对下降，而其比较优势则日益突出。另外，能源消耗高的石油、煤炭、金属、化学、纸业等原材料型产业及轻工业产业的相对价格则逐渐上升，丧失了比较优势，逐渐成为"结构性萧条产业"。为了消除石油危机带来的负面影响，日本的制造业企业也努力推动企业经营业务的结构性调整，大力实施"减量经营"，同时一些能源消耗比较多、公害大的劳动密集型企业转移至日本国外，在海外的发展中国家开展生产。其次，日本重点推动高度加工化，加快电子工业和高精度机械工业等具有高附加值的技术和知识密集型产业发展。在这种方式下，一般机械、电子机械、运输机械、精密机械等具有高附加价值的产业在日本制造业总附加价值中占有的比例持续上升，从 1973 年的 7.8%、4.6%、10.2%、1.1%，上升至 1980 年的 10.8%、8.5%、11.9%、1.8%。① 与此同时，日本的基础性的原材料产业在日本制造业总附加价值中所占的比率则持续下降，如石油、陶业、有色金属等产业的附加价值在日本制造业总附加价值中的比率分别从 1973 年的 5.4%、6.0%、7.1%下降到 1980 年的 4.2%、3.8%、4.7%。进入 20 世纪 80 年代以后，日本政府提出了"科学技术立国"的号召，积极调整日本的工业部门，推进日本的产业结构从传统的资本密集型的产业持续向着知识和技术密集型的新兴产业方向调整。在 20 世纪 80 年代，一般机械、电子机械、运输机械等加工组装产业在制造业总附加价值中的比率持续上升。同时，日本经济结构的服务化趋势也日益明显。日本服务业占日本 GDP 的比重从 1960 年到 1985 年，从 49%提升到 65%，由此可见服务业在日本经济中开始不断占据不容小觑的地位。

然而，在 20 世纪 80 年代中后期，日本的产业结构调整开始滞后，不利于日本的产业结构升级，同时也成为引发日本泡沫经济的一个重要因素，主要有三方面原因。

其一，日本的高科技产业发展被美国制约，无法得到进一步的发展与提升。如前所述，由于在 20 世纪 70 年代和 80 年代在半导体装备制造、半导体原材料以及半导体制造等领域的技术积累，发展到 20 世纪 80 年代中期，日本的半导体产业凭借其优秀的技术以及过硬的质量，在美国市场

① 马文秀：《日美贸易摩擦与日本产业结构调整》，人民出版社，2010，第 47 页。

上的销售份额日趋扩大。1985 年日本在市场占有率方面，第一次超过了美国，称为世界上最大的半导体生产国，半导体产业出现了从美国向日本转移的现象，日本成为当时世界半导体产业的发展龙头。这一现象则引起了美国的焦虑，美国认为日本的半导体产业发展影响到美国的科学技术优势。为此，美国不惜使用政治手段，遏制日本的半导体产业发展。1985 年美国的半导体协会向美国贸易代表办公室就日本的半导体产品倾销的问题提出诉讼。美国政府也认为，外国的芯片制品对美国市场形成垄断，会造成美国国家的安全受到威胁，为此美国政府也支持这一诉讼。在美国政府的压力之下，日美两国政府在 1986 年达成了《日美半导体协议》，日本被迫开放日本的国内半导体市场，扩大对美的半导体产品进口，保证在 5 年之内在日本的半导体市场中国外的芯片所占的比率必须提升到 20% 以上。1987 年，美国政府再次以日本没有遵守《日美半导体协议》为理由，向日本实施 3 亿美元的进口产品限制，涉及电视机、电脑、半导体等，这一限制持续到 1991 年。在 1991 年日本和美国再次签订了第二次的《日美半导体协议》。日美半导体协议的签署对日本半导体产业造成了严重的负面影响，由于具有 20% 的数值限制，日本国内半导体终端产品销售市场缩小，日本半导体厂商对于半导体终端产品的研究开发和生产设备的投入减少，日本的动态随机存储器的优势开始下降。日本半导体产业中的半导体制造装置和半导体原材料产业则受到的影响较小，可以得到进一步发展，但是这些产业的规模普遍较小，很难产生产业的波及效应，对于促进经济增长的作用并不突出。由此可见，在 20 世纪 80 年代中后期，美国基于国家安全的考量，致力于遏制日本半导体产业的发展。同时，日本的半导体终端产品生产厂商其所面临的国内和国外市场同时缩小，也就导致这些企业进一步实施技术研发和设备投资的动力下降，对于资金的需求也就随之下滑。为此，在泡沫经济发生和酝酿之时，日本的高科技产业无法吸纳和消化日本银行向市场中散播的过量资金。

其二，日本的传统产业没有得到进一步的升级与优化，无法推动日本产业的转型升级。根据日本经济产业研究所的测算结果，在 20 世纪 80 年代中后期，日本的建筑业和房地产业出现了显著增长，而制造业的增长相对滞后。1985~1990 年建筑业和房地产业的累积增长率达到 73.6%，远远高于同一时期制造业的 28.5%，建筑业和房地产业对于日本经济增长的贡献程度远超日本历史上的其他时期。从日本制造业的内部结构看，电子机械在 1985~1990 年仍然保持了 46.6% 的增速，而作为日本制造业的重要构成之一的汽车产业，其增速则有所下降，从 1980~1985 年的 41% 下降到 1985~1990 年的 11.2%。与此同时，作为本应继续优化的钢铁产业，其规模在 1985~1990 年不仅没有缩小反而出现了扩大的趋势。日本钢铁产业的增速从 1980~1985 年的 44.8% 进一步提升到 1985~1990 年的 54.1%。[1] 造成这种现象的出现主要有以下几个因素。第一，在高速增长时期形成的以重化学工业为主的产业结构，制约了日本产业结构的进一步提升。尾崎岩指出，战后日本致力于构建以重化学工业为主的产业结构，从而导致了基础中间产品部门的肥大化问题，不利于日本的产业结构向着知识密集化、高产品附加价值化的方向发展。[2] 在战后以追赶欧美为目标，日本形成了独特的日本型的经济体制，以重化学工业为首的主导产业实施了过多的投资，而且这些投资则具有较强的资产专用性，在人员雇佣方面也形成了终身雇佣制和年工序列制等特点。日本型的经济体制在为推动日本实现工业化的发展过程中起到重要的推动作用，奠定了日本第二大经济大国的重要地位。但是，在 20 世纪 80 年代中后期，这一人类社会从工业经济向着信息经济转变的重要时期，日本的以重化学工业为主导的产业结构却反而成了日本经济进一步发展的阻碍，不可避免地与以信息技术为特征的信息经济之间发生了冲突。与此同时，日本在高速增长时期形成的经济制度，阻碍了资源的转换，不利于产业结构的升级转换。资本设备所具有的专用性不仅使得所投资的资本设备很难转让，而且使得日本的劳动力市场也极为封闭，在人力资源上表现出专用性很强的特点，阻碍了人员的企业间调整与转换。在这种条件下，日本企业的产业升级的成本不断提高，成为日本产业升级转换的阻碍。第二，在 20 世纪 80 年代中后期，日本完成工业化后，日本政府为日本的大型制造业企业所"俘获"，日本政府无法摆脱与利益集团之间的共谋和互惠关系，不利于日本提升产业结

---

① 吉川洋：『産業構造の変化と戦後日本の経済成長』，RIETI Discussion Paper Series 2009-J-024。

② 尾崎厳：『日本の産業構造』，東京大学出版社，134 頁。

构，引致了惨痛的后果。在日本形成工业化的过程之中，日本的各个利益集团之间开展了有效的折中与合作，从而使得日本政府避免为特殊的利益集团所"俘获"，因而经济增长的成果不仅能够满足于工业部门的内部分配，同时也能够顾及农林水产、服务业等处于弱势的产业部门。但是在日本完成工业化之后，日本政府的经济政策决定则主要受到重化学工业等原有的、处于优势地位的产业部门影响，仍然在执行"生产第一"的传统面向供给侧的经济政策，日本政府的政策被日本的大企业锁定。① 但是在瞬息万变的 20 世纪 80 年代中后期，世界各国均在开展从工业社会向信息化社会转变的革命，日本经济面临的发展外部条件也出现了显著变化。仍然维持着"生产第一"倾向的日本政府的相关政策，显然不利于日本传统产业进一步地实现优化与升级。第三，在 20 世纪 80 年代后，日本政府仍然拘泥于对汽车、家电、机械制造等传统优势产业的保护，而没有及时向信息产业等新兴产业转型。从产业政策的角度看，日本政府虽然提出了"科学技术立国"的口号，但是在实际上，在 20 世纪 80 年代中后期，日本政府主要实施的产业政策是致力于保护日本的衰退产业，消除衰退产业的过剩产能。例如，日本在 1987 年提出了《产业结构转换圆滑化临时措施法》（简称《圆滑化法》）。设立该法的目的为：促进日本经济中长期发展，推动日本经济结构与国际经济环境相协调，形成更具活力的新经济结构，推动企业更好适应不断变化的经济环境，同时维护地区经济的平稳健康发展。《圆滑化法》的主要政策对象为特定企业，要求特定企业制定事业适应计划的方式，推动过剩产能处理，并推进企业适应经济发展变化。针对出现企业大规模关停的地区，则促进该地区第三产业发展、设立新工厂，以维持特定地区的经济稳定发展。② 由此可见，这一时期的日本产业政策主要致力于推动传统的基础原材料产业的过剩产能处理，对于促进传统产业的升级转型则作用甚微。

其三，由于缺乏明确的产业发展方向，资金流向了非实体的经济领

---

① 莽景石：《成功是失败之母：日本缘何陷入供给侧政策陷阱》，《现代日本经济》2020 年第 4 期。

② 通商产业史编纂委员会：《日本通商产业政策史第 14 卷》，中国日本通商产业政策史编译委员会译，中国青年出版社，1993。

域。日本的高技术产业发展受阻，以及传统产业的优化升级不畅，在金融自由化和市场资金充沛的条件下，日本的制造业企业没有将这些资金用于产业升级，而是用于在股票和房地产市场获得短期的资本收益，从而引发了日本的泡沫经济。在20世纪80年代中期，日本政府为了促进日本的经济发展，摆脱"日元升值萧条"，持续扩大在日本市场中日本的货币供给量。与此同时，日本政府在1987年还制定了总额达数万亿日元的经济刺激计划，以推动内需扩大，从而进一步增进了日本的国内的资金供给。但是，这些充沛的资金，并未被企业用于进一步改善企业的生产经营设备设施，而是流向了资本市场等非实体经济领域，这一行为不利于日本产业的升级与调整。20世纪80年代中后期，在金融自由化的背景下，日本企业能够以更低的成本在直接金融市场获得融资支持，但是所获得资金并未用于扩大再生产，而是用于"资本运作"。这是因为，在广场协议后日元大幅升值的背景下，日本企业通过实体的经营运作，很难获得高额的经营收益，而在日元升值的背景之下，在资本市场实施合理的投资，却可以获得较好的收益，从资本市场获得收益甚至可以弥补日本企业因为出口减少所带来的损失。资本投资利得逐渐成为日本大型制造企业的主要收益来源。例如，1987年度，从日本企业在资本市场所获得的收益占税前利润总额的比率看，三洋电机达到134%、夏普公司为73%、日产公司达到65.3%、松下电器公司则为58.8%。[1] 由此可见，在20世纪80年代中后期，在资本市场通过资本运作所获得的收益成为日本大型制造企业的主要收益来源，这促使日本大型制造业企业形成了在直接金融市场获得融资，并通过资本运作在资本市场上获得短期高额收益的行为模式。日本的大型制造业企业沉迷于股票和房地产领域的投资，而没有进一步的动力，推进日本的产业结构实现进一步升级转换，导致日本的产业结构升级转换在20世纪80年代中后期出现了停滞，没有向着更高的阶段实现转型。此外，在20世纪80年代后，随着日元的不断升值，日本的国内产业逐渐出现了空心化的问题，叠加产业发展方向的缺失，资金没有流向实体经济。又进一步防止和抑制了日本的产业结构的升级。在20世纪80年代中期以

---

① 蔡林海：《日本的经济泡沫与失去的十年》，经济科学出版社，2007，第34页。

后，日本的制造业开始大规模地向海外转移生产基地，"产业空洞化"的现象日趋严重，企业在日本国内不再将发展实业作为其主要目标，而是致力于股票和房地产投资业务，从而加速了日本泡沫经济的生成。1985年以后，日本产业界开始将一部分工厂搬迁到海外，以降低生产成本。受此影响，日本企业在海外的生产比率持续提高，从1985年的7%，扩大到1988年的10%，在1995年则达到20%。① 虽然在日本企业向海外转移生产的热潮之中，日本企业努力将高端的生产技术和产品生产能力留在了日本国内，但是随着产业向海外转移的步伐，日本国内的生产基地不可避免地在不断减少，对于设备投资资金的需求也在持续下降，但是日本企业在泡沫经济之时，手中掌握了大量的资金，在设备投资资金需求下降的情况下，为了追求资金的收益，也就不可避免地将剩余资金转移到股票和房地产投资领域，以确保资金收益。同时，随着日本国内生产基地的减少，日本的产业升级步伐也受到影响。

如前所述，20世纪80年代中后期，日本的制造业应向着信息产业的方向实施调整，但是却并没有向着信息产业的方向发展，造成了日本产业结构转换的滞后。1985年以后，随着日元汇率的飙升，日本政府提出了进一步发展高科技产业的政策愿望，但是此时的日本大型制造业企业却在产业升级转换，特别是向信息产业转换的脚步上持续落后，将获得的融资资金用于收购海外企业和房地产投资之中，并没有用于基础科学技术的研究开发，也就无法实现日本政府提出的"科学技术立国"的号召。2022年5月，日本政府通过"经济安全保障推进法"，建立"专利申请非公开"制度，禁止关键技术公开，不仅限制日本民间企业从业人员接触关键技术，也不利于国际技术交流，日本的科技水平提高，将面临更多障碍。

二　创新能力变化与日本泡沫经济的关系

创新能力亦即全要素生产率（TFP）反映了一个经济体在使用生产要

---

① 〔日〕田中拓男、姜思学：《日本企业的海外动向——输出和对外投资的发展》，《呼兰师专学报》1996年第2期。

素（例如资本和劳动力）中的总体的效率，劳动力和资本的更合理和有效的组合将有利于经济体提高全要素生产率。全要素生产率的提高是产业结构调整和产业升级的重要动力来源。从这个意义上讲，创新能力的变化也与日本的泡沫经济有着千丝万缕的关系。在 20 世纪 80 年代之前，日本全要素生产率增长率保持着上升的趋势，推动了日本的经济增长，但是从 20 世纪 80 年代中后期开始，日本的全要素生产率开始下降，导致产业结构调整滞后，实体经济发展受阻，为泡沫经济的生成提供了温床，当然泡沫经济的产生也抑制了全要素生产率的提高。

（一）日本全要素生产率变化轨迹

如前所述，日本在 20 世纪 70~80 年代，实现了较为有效的产业结构转换，有效克服了日元升值和日美贸易摩擦带来的压力和挑战，而这一效果就体现在了日本这一时期全要素生产率的持续增进和改进上。石油危机的发生促使日本改变其高速增长时期形成的产业结构。日本政府在《1970 年代的展望》一书指出，日本的主导产业应该调整为计算机和航空航天等知识密集型产业。这些行业具有能耗低、附加值高的特征。发展这些产业能够摆脱能源缺少的制约，能够切实提升日本的经济实力。在此之后，日本大幅度地缩小了需要高耗能的产业，日本产业发展的侧重点，很快从基础材料产业，转向了汽车、机械、电子等加工组装型的新兴产业。这一过程促使了日本产业结构的升级转换，促进日本整个的产业结构向着节能、技术密集与高附加值的经济结构演变。在 20 世纪 80 年代，日本的高科技产业出现了迅猛的发展，日本的出口结构也在不断地调整和优化。日本不断利用先进的制造技术，通过对进口原料的加工和对于零部件的装配，持续生产高附加值的出口产品。日本高科技产业在日本制造业中所占的份额从 1982 年的 22% 上升到 1992 年的 28%。① 产业结构变化与全要素生产率之间，存在紧密的联系关系，如果收入中用于技术增长速度快的部门的比例随时间上升，则总的技术增长率也将上升，如果用于这些部门的份额下降，则总的技术增长率将下降。两次石油危机发生后，日本的产业结构发生转换，使得汽车以及精密机械制造等产业成为这一时期日本的主

---

① 冯昭奎：《日本经济》，中国社会科学出版社，2015，第 106 页。

导产业。随着新的主导产业的诞生，劳动力和资本也不断地从传统的钢铁、化学等产业中转移出来，不断转移到加工组装工业中去，这个产业所占 GDP 的总比重进一步上升，具有较高全要素生产率增长率的加工组装产业部门的扩大，使得这一时期整个经济体的全要素生产率增长率得到提高。本书使用 JIPdatabase2015 的数据（见图 5-6），考察这一时期日本的全要素生产率的变化情况。

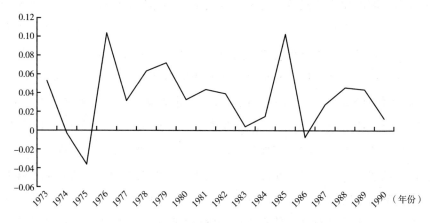

图 5-6　1973～1990 年日本制造业全要素生产率增速变化

资料来源：JIPdatabase2015，https：//www.rieti.go.jp/jp/database/jip.html。

如图 5-6 所示，在石油危机发生之后的 1973 年，在 20 世纪 70 年代以及 80 年代中前期，日本的制造业全要素生产率增速维持在了一个较高的水平，在 1973～1985 年日本制造业的全要素生产率增速为 4%，是推动日本经济增长的一项重要因素。此外，在广场协议签署后，因为日本的制造业企业的产业结构调整速度和步伐放缓，其高速增长时期的经济制度束缚了日本的产业结构的升级转型，并且日本的大型制造业企业也在不断推进和扩大海外生产比率，这使得在泡沫经济时期日本的制造业的全要素生产率增速开始下降，在 1986～1990 年，日本的制造业的全要素生产率增速平均为 2%。

20 世纪 90 年代后，日本的产业结构升级步伐进一步停滞，更加阻碍了日本的全要素生产率的提升过程。泡沫经济崩溃以后，日本的经济发展陷入了长期低迷之中，日本制造业的国际竞争能力也在逐渐下滑。产业空洞化的现象日趋严重，随着亚洲国家的工业迅速发展以及日本国内需求的持续低迷，日本制造业企业向海外转移的趋势愈发严重，而包括中国在内的亚洲各国则成为日本转移制造业重要东道国。虽然日本将大量的生产基地转移至了海外，但是日本仍然将民用工业品生产的核心技术和研究开发方法留在了日本国内，日本仍然在不少的高科技产品领域保持着领先的优势地位，如纳米、超导、电动汽车、机器人等。为此，日本仍然是世界高端技术、高附加价值机械、高附加价值电子零部件等中间产品和高档耐用品的生产和供应基地。但是，在 20 世纪 90 年代后，日本在信息产业方面的发展持续滞后，始终没有将信息产业发展为日本的主导产业。这就反映在日本的信息产品制造业和信息服务业产业绝大的全要素生产率差距上。自 80 年代以来，日本的信息产品制造业的全要素生产率增速维持在 3%~5%，与此相对的是，日本的信息服务业的全要素生产率增速水平较低，其平均全要素生产率增长率要低于电子零部件产业与半导体产业。日本信息产品制造业与信息服务业之间的全要素生产率差距，没有实现制造业和服务业部门之间的互补关系，为此制造业部门和服务业部门的生产率差距会进一步扩大，导致日本信息产业的整体难以得到有效发展，日本信息产业内部存在的分歧和矛盾，阻碍了日本的产业进一步升级，从而也就体现为日本的全要素生产率在 20 世纪 90 年代后陷入了停滞不前的阶段。

如图 5-7 所示，日本制造业的全要素生产率增长率在 1990~2000 年平均增速为 1%，远远小于 20 世纪 70~80 年代中前期的 4%，以及泡沫经济时期的 2%。由此可见，产业结构调整的滞后，确实对日本的全要素生产率的增长产生了负面影响。但是，在 21 世纪后，随着小泉政权上台后，一系列结构改革措施的开展，放松了政府对于企业经营的限制，并改善了日本企业的经营管理制度，加快了资本和劳动力的流动速度，消除了阻碍市场要素流动的规制，同时日本对外出口情况也持续改善，在这些积极因素的作用之下，日本的制造业的全要素生产率增长率在 21 世纪初期实现了一定程度的恢复，在 2001~2005 年达到年均 2.8%，这一速度高于泡沫经济时期。

近年来，日本政府重新认识到提升全要素生产率的必要性，积极采取政策，推动日本的产业结构升级转型，同时也出台了许多的提高全要素生

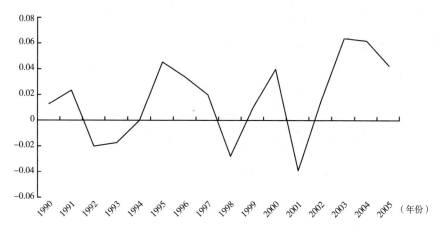

图 5-7 日本制造业全要素生产率增速变化（1990~2005年）

资料来源：JIPdatabase2015, https://www.rieti.go.jp/jp/database/jip.html。

产率的举措。2013年以来，安倍政府引进了"第四次产业革命"的口号，预计通过利用人工智能、大数据和物联网等新兴的通信科学技术来促进日本工业的发展，同时建立以新能源汽车和医疗康养为代表的新兴的系统，并实现经济整体升级转换。通过这些措施，进一步加速日本的产业结构调整，推动人工智能、大数据、物联网等新兴产业科学技术融入日本的产业体系构架之中，加快了新的产业集群的形成。随着人工智能、大数据等新兴的通信科学技术的应用，更多日本的劳动人员将开展多种多样的劳动形态，如开展居家办公和分时办公等，这对于修改日本企业的终身雇佣制和年功序列制度等既有的经营管理方式来说，具有很大的好处，进一步提升日本的资源使用效率。日本政府的这一系列措施，也反映在了近年日本全要素生产率的变化情况之上。

如图5-8所示，受到国际金融危机的影响，2005~2009年的日本制造业的全要生产率增速为-0.7%，日本的经济增长也受到严重的负面影响。但是，在2012年安倍上台以后，通过日本政府实施的相应措施，提升了日本的全要素生产率，在2012~2015年，日本制造业的全要素生产率增速平均值达到2%，这一水平并不逊色于21世纪初期小泉内阁上台后的日本制造业的全要素生产率的增速水平。与此同时，近年来日本的全要素生产率增速对于日本经济增长的贡献比率也日趋突出，从1995~2000

年的 42.8%，提升到 2010~2015 年的 108.5%，全要素生产率增长已经成为日本经济增长的最重要的组成部分。

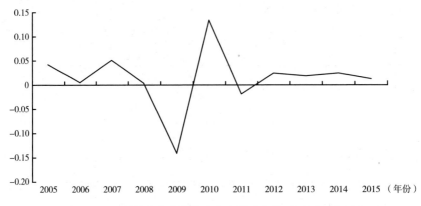

图 5-8　日本制造业全要素生产率增速变化（2005~2015）

资料来源：JIP database 2018，https：//www.rieti.go.jp/jp/database/jip.html。

（二）日本产业补短板：提高全要素生产率的举措

泡沫崩溃后，日本的全要素生产率增速下降，成为日本经济长期低迷的短板之一，因此补短板——提高全要素生产率、提高创新能力也成为泡沫经济崩溃后的重要任务。进入 21 世纪后，日本的全要素生产率增速表现出恢复趋势。从企业和政府两个层面分析了日本钢铁、汽车、机械制造、信息产业等行业提高全要素生产率的方法与措施。20 世纪 90 年代后，日本企业通过研究开发，提高技术水平，改善生产经营方式，促进全要素生产率增长。而日本政府则通过政策引导、官民合作、财税优惠等方式，激励企业研发，消除资源配置扭曲，提高了全要素生产率。日本各产业提高全要素生产率的举措值得处于经济转型期的中国借鉴与参考。

1. 日本制造业提高全要素生产率的举措

泡沫经济崩溃之后，日本经济陷入了长期的低迷之中，全要素生产率增速出现大幅下降，日本的全要素生产率的增长率由 20 世纪 80 年代的 0.7% 下降到 20 世纪 90 年代的 -0.1%。但 21 世纪后，随着日本经济改革的推行，全要素生产率再次表现出了增长趋势，2000~2012 年日本的 TFP 增长率达到 0.25%，表现出增长趋势。

日本是一个制造业强国，制造业一直在日本经济产业中占据重要的地位，制造业的全要素生产率变化对于日本经济整体的生产效率变迁而言具有重要作用。由表 5-4 可知，日本制造业的 TFP 增长率与日本经济整体的 TFP 增长率相同，进入 21 世纪后出现了增长趋势。20 世纪 90 年代日本制造业 TFP 增长率为 0.36%，而在 21 世纪第一个十年中，日本制造业 TFP 增长率提高至 0.55%。鉴于泡沫经济崩溃后，日本制造业的全要素生产率变化出现了恢复趋势，有必要分析 TFP 增长恢复的原因，进一步发掘其背后的产业政策与措施，并对重要的具体产业进行分析。

表 5-4　1980~2012 年日本制造业 TFP 增长率

单位：%

产业名称	1980~1985	1985~1990	1990~1995	1995~2000	2000~2005	2005~2012
钢铁业	0.2	1.2	1.7	-0.3	-0.7	-1.8
汽车产业	-0.1	-0.8	0.1	0.3	1.3	2.8
一般机械	-0.3	1.5	-1.2	0.0	0.8	-0.5
精密机械	1.1	1.0	-0.5	0.6	1.0	0.8
制造业	1.24	0.77	0.22	0.5	0.97	0.24

资料来源：JIP database 2015。

（1）钢铁产业

钢铁产业作为基础材料产业是日本制造业中的重要组成部分。钢铁产业在高速增长时期迅速发展，推动了日本的工业化进程。但第一次石油危机后，日本钢铁产业增速放缓，过剩产能问题突出，面临着产业转型的压力。1980~1985 年日本钢铁产业 TFP 增速为 0.2%，而泡沫经济崩溃后的 1990~1995 年则提高至 1.7%。说明这一时期日本钢铁产业所采取的措施有助于全要素生产率的提高，以下从企业和政府两个层面展开分析。

在企业层面，日本的钢铁产业提高全要素生产率的措施集中于以下两点。第一，改善生产操作技术，提高能源资源使用效率，改善生产程序。日本钢铁产业引入无油操作、VVVF（可变电压、可变频率控制系统）等先进生产控制技术，改善了生产操作技术，既实现了能源节约，也提高了钢铁冶炼质量。通过在焦炭炉安装干式消火设备，增加了蒸汽回收效率；在高炉上加装炉顶发电设备，利用冶炼时的废气发电，提高了能源使用效率。日本的钢铁产业率先实现了连续铸造技术，改善生产程序，在生产过程中大量引入电子操作系统，控制钢材在制钢和轧钢过程中的直接传送，实现生产工序的无缝对接，大幅减少了能源使用量，降低了生产成本。[1]第二，积极削减过剩产能，调整人员雇佣情况。泡沫经济崩溃后，为应对设备投资过多、产能过剩问题，日本的钢铁产业开始自主减少设备投资，除更新设备、修补维持设备等方面外，不再增加新的生产设备，抑制产能的持续增加。1992年度的设备投资总额为1.1万亿日元，较前一年度下降3.9%，1993年为8117亿日元，较前一年下降26.3%，说明泡沫经济崩溃后日本银行业的设备投资出现了大幅下降。[2] 日本的钢铁行业通过人员调整，降低了生产成本，提升了生产效率。日本自1990年至1996年，钢铁产业削减的劳动力人数达到25800人。[3]

在政府层面，日本政府对于钢铁产业提高全要素生产率的举措主要体现在以下两点。第一，建立法律框架，为提高生产率的企业提供激励措施。例如，日本政府于1990年通过了"产业活力再生特别措施法"，鼓励企业报废旧有设备，改善经营方式，对提高生产效率的企业则给予税收上的优惠措施。住友金属工业通过拆分公司，优化公司经营结构，提高了经营效率，成为适用于该法律的第一个案例。[4] 第二，推动官、产、学合作，促进技术开发，提高产品质量，降低生产成本。日本通商产业省[5]设立了"金属材料研究开发中心"，作为推动官产学合作研究开发的核心部门，起到引导与协调的作用。日本的官产学合作模式主要由以下两个步骤构成：一是日本国内的厂商、大学、科研机构开展前期的研究开发活动；二是推动在第一阶段取得的研究成果转化到实际的生产过程之中去，并广泛吸取国外的厂商、大学及科研机构的建议与意见，从而加块研究成果转化的速度。[6] 例如，"金属材料研究开发中心"于1998年推动了日本五大

---

① 山崎志郎：『通商産業政策史6』，経済産業調査会，174-175。
② 通商産業省年報，1992、1993、1994年版。
③ 山家公雄：『鉄鋼業の国際競争力をめぐる課題について』，日本開発銀行「調査」第197号，1995年，117ページ。
④ 「住友金属工業、産業再生法の適用を申請へ」，『毎日新聞』，1999年10月27日。
⑤ 2001年日本"通商产业省"改组为"经济产业省"。
⑥ 山崎志郎，通商産業政策史6，経済産業調査会，206。

钢铁公司①的合作研究开发项目，该项目旨在开发新的钢铁材料，将其强度提高到普通钢材的 2 倍以上。这个研究项目的成果被广泛应用于汽车等产业之中，由于这种钢材的强度高，可以用更少的材料提供足够的强度，减轻了汽车的重量，在减少了有毒污染物排放的同时，减少了能源消耗，提高了资源的使用效率。

（2）汽车产业

汽车产业是日本的代表性制造业，具有较强的产业国际竞争力，同时在日本的出口结构中也具有重要的地位。与其他制造业不同的是，在泡沫经济崩溃之前，日本汽车产业的 TFP 增长率都处于负值之中，而泡沫经济崩溃之后日本汽车产业的 TFP 增长率却开始不断回升，从 1990~1995 年的 0.1%，提高至 2005~2012 年的 2.8%，远远高于同时期日本制造业 TFP 增长率的平均水平，其中的政策原因值得展开进一步深入分析。

战后日本的汽车产业的发展过程经历了引进技术、消化吸收学习以及自主创新等三个过程。20 世纪 90 年代以后，日本的汽车产业已经走完了技术引进和消化吸收学习的过程，而走上了自主创新的道路，从而实现了全要素生产率的持续不断增长。

在企业层面，日本汽车产业持续不断地在技术研发以及生产经营方式两个方面突破创新，有力地推动了全要素生产率的提高。第一，紧随时代潮流，实施技术研发创新。20 世纪 90 年代之后，汽车市场对于环保的要求不断增加，日本的汽车厂商将研发重点从汽车性能转移到节能环保方面。新工艺、新材料不断涌现，汽车变得更加节能、舒适与环保。本田公司开发出复合涡流控制燃烧发动机（CVCC），创造性地开发出环保发动机，抑制了有害气体排放。日本的汽车公司在混合动力、燃料电池等新型节能环保车辆开发领域位于世界前茅。第二，不断调整生产经营方式，改进生产效率。丰田汽车公司通过向福特汽车学习，同时根据日本自己的传统对其生产方式进行了不断的改造，最终创造出了一种多品种、小批量生产的方法，实现了生产经营方式创新。② 此外，日本汽车制造商还全面地

---

① 五大钢铁公司是指，神户制铁所、新日本制铁、川崎制铁、住友金属工业、NKK 等。

② 张玉来：《产业政策与企业创新——日本汽车产业成功的启示》，《南京航空大学学报》2008 年第 2 期。

使用各种新的生产和管理方法，例如目标成本分析法、准时生产（JIT）和全面的质量管理等，以确保产品质量的稳定，提高了生产效率，并节约了生产成本。泡沫经济崩溃后，日本政府的汽车产业政策重点放在了对陷入经营危机的企业救助之上，对于汽车产业的政策指导较为有限，主要集中于以下两个方面。第一，引导汽车产业开拓海外市场，促进汽车产业国际化。在90年代初，日本政府已经意识到国内市场汽车需求不足问题，在"21世纪汽车高度社会构想"中指出：预计到2000年日本的机动车保有量将达到7200万辆，从中长期看来日本国内的汽车市场最终将面临饱和的境地。① 因此，日本政府引导日本的汽车厂商扩大面向中国、韩国以及东南亚等国的汽车出口，并推动汽车生产厂商赴海外投资建厂，建立完整的零部件供应体系，生产符合当地国情的本土化汽车。推动汽车出口以及赴海外建厂，意味着日本的汽车厂商将面临来自全世界汽车生产制造商的竞争压力，促使汽车生产厂商提高生产经营效率，客观上实现了全要素生产率提高的效果。第二，推动官产学共同研究开发，实施国家级汽车发展战略。2000年3月，汽车产业技术战略研讨会，提出了"汽车产业战略报告"②。该报告认为日本的汽车技术水平虽然较为领先，但是随着其他国家生产技术的发展，日本的技术优势将不断缩小，汽车产业结构面临转型。因此，就需要政府介入，集中各方力量，开展节能环保、新能源汽车、智能交通系统（ITS）等方面的研究开发。日本经济产业省在2010年和2014年分别给出了《下一代汽车战略2010》以及《汽车产业战略2014》两项国家级的汽车发展战略，通过补贴、税收优惠、示范推广、配套设施支持等方式，着力发展清洁能源汽车、混合动力汽车、燃料电池汽车、纯电动汽车等，试图构建新型汽车社会。③

（3）机械制造产业

机械制造产业属于加工组装行业，在生产与制造过程中发挥着重要作用，属于日本制造业的核心部门，在日本的商品出口中也占有重要地位。

---

① 通商产业省，21世纪高度自动车社会をめざして–自动车问题恳谈会とりまとめ，通商资料调查会，1989。
② 自动车产业技术战略检讨会，自动车产业技术战略报告书，2000年。
③ 经济产业省，自动车产业战略2014。

根据表 5-4 可知，泡沫经济崩溃后日本一般机械制造业的 TFP 增速出现了一定程度的提升。1990~1995 年，日本一般机械、精密机械制造业的 TFP 增速分别为-1.2%和-0.5%，但是在 2000~2005 年这两个产业的 TFP 增速分别提升至 0.8%和 1.0%，实现了较高的 TFP 增长率，为此有必要分析日本机械制造产业提高全要素生产率的措施。

20 世纪 90 年代，日本的机器人技术以及数控机床等自动化生产技术不断发展，促进了全要素生产率提高。自 20 世纪 80 年代起，日本就已经开启了工厂自动化进程，机器人、数控机床、数字通信等新兴技术在机械制造产业中得到广泛运用，这不仅极大地提升了日本机械制造产业的生产效率，而且也促进了产品质量提升。例如，日本将机器人技术应用于半导体芯片的生产中，芯片的生产需要排除生产人员所带来的污染，而机器人则能够满足环境要求，实现在"超净空间"中完成生产，芯片的生产质量也随之上升。20 世纪 90 年代后，日本的机器人领域的相关技术得到进一步发展，应用到日本制造业的各个方面，如建筑土木、金属加工、塑料制品等。至 20 世纪 90 年代中期，日本生产的机器人产品在世界市场中一度占到 90%。[1] 机器人技术在日本的制造业行业中获得了较为广泛的应用，推动了日本制造业的生产效率大幅提升，拉动了全要素生产率增长。

泡沫崩溃后，日本政府的机械产业政策发生了转换，不再以单一的产业作为政策的实施重点，而是转为促进跨国研究开发以及实施综合性机械产业政策。第一，推动智能生产体系（IMS）的跨国研发。智能生产体系研发是 20 世纪 90 年代日本机械产业政策的实施重点。智能生产体系旨在发挥劳动人员的创造性及潜在能力，实现生产者与自动化机械生产的有机结合，改善设计、生产、贩卖等生产活动，提高生产率。在日本政府的引导之下，成立 IMS 研究中心以及国际共同研究所，推动跨国研究开发项目，截至 1999 年，总计约有 400 余家企业、大学、研究机构参与了该计划，共实施完成了 16 项国际研究项目。在生产体系建设、生产通信技术、控制机械开发、新材料应用技术等方面取得了一定进展。[2] 第二，与稳定

---

① 平成 25 年度ロボット産業技術振興に関する研究調査報告書。
② 通商産業省年報，1990 年版。

增长时期的机械产业政策不同，泡沫崩溃后机械产业政策不再针对特定产业实施扶持措施，而改为实行综合性的机械产业政策。1994 年，日本机械振兴协会发布了"机械产业 21 世纪展望"。① 日本政府提出将完善公共设施建设，推动公共设施建设竞标改革，推动基础设施建设民营化发展。日本政府认为将基础设施的设计、施工任务交由民间企业完成将促进民间企业的技术创新，而基础设施投资本身则有助于企业提高生产效率。2002 年，日本经济产业省公布了"机械产业政策基本方向"②。该方针指出，虽然日本的机械制造产业在生产技术、质量管理上存在一定优势，但产业结构存在问题，企业组织形态仍需深化，据此日本政府采取包括资金支持、规制缓和、环境整备在内的一系列措施，促进机械产业的技术创新，提高生产率。

2. 日本信息产业提高全要素生产率的举措

泡沫经济崩溃后，伴随着信息技术革命，日本的信息产业获得了迅速的发展，在日本国民经济中的地位不断上升，并逐渐成为日本新的主导产业。日本信息产业在日本经济中所占有的比率出现逐渐上升趋势，从 1980 年的 7.8%，提高到 1994 年的 11.7%，成为占 GDP 份额最大的产业。③ 按所生产的产品不同，信息产业可以分为电子机械制造和信息服务两个产业，而这两个产业分属于制造业和服务业两个性质不同的产业类别。

在 20 世纪 90 年代后，日本的信息产业虽然取得了一定程度的发展，但是电子机械制造和信息服务业这两个信息产业的重要组成部分，却在生产率层面表现出了明显差异，全要素生产率明显不同，如表 5-5 所示。自 20 世纪 80 年代以来，日本的半导体产业其 TFP 增速一直维持在较高的水平之上，其 TFP 增速在 2006~2012 年甚至达到 8.1%，远高于同一时期的其他产业。而电子零部件产业的 TFP 增速则一直维持在 3%~5%，保持了较快的 TFP 增长。然而，日本信息服务业的 TFP 增速则表现出了不同的特点，在 90 年代日本信息服务业的 TFP 增速仍能达到 3%~4%，但 21

① エンジニアリング振興協会，我が国エンジニアリング産業の21世紀ビジョン，1994。
② 製造産業局国際プラント推進室，プラント、エンジニアリング産業懇談会が中間報告をとりまとめ，『経済産業公報』，2002 年 7 月 23 日。
③ 薛敬孝、白雪洁：《当代日本产业结构》，天津人民出版社，2002，第 61 页。

世纪后，其 TFP 增速则出现下滑，在 2006～2012 年，其 TFP 增速仅有 −0.6%。因此，有必要探讨日本电子机械产业提高全要素生产率成功的原因，也需要分析日本信息服务业提高全要素生产率的有关举措，找出生产率差异的原因。

表 5-5 1980～2012 年日本信息产业 TFP 增长率变化

单位：%

产业名称	1980～1985	1986～1990	1991～1995	1996～2000	2001～2005	2006～2012
半导体产业	−0.4	7.5	7.3	7.7	2.7	8.1
电子零部件	2.9	3.1	5.2	3.0	3.0	1.4
信息服务业	−6.5	−5.2	3.2	4.5	−2.4	−0.6

资料来源：JIPdatabase2015。

（1）电子机械制造业

日本信息产业中的电子机械制造业，主要的生产内容包括半导体、电子零部件等电子产品。进入 20 世纪 80 年代之后，日本的半导体产业发展迅速，截止到 20 世纪 80 年代中期日本的半导体产量已经能够占到世界半导体生产总量的 50%，并一直维持着在半导体领域的领先地位，到 1996 年为止日本企业的半导体产量仍位居世界第一。[1] 富国生命投资指出，进入 21 世纪后，日本的电子零部件产量出现了大幅增加，日本主要 21 家电子零部件企业的产量从 2001 年的 5 万亿日元，增加到 2007 年的 8 万亿日元，电子零部件的产量扩大了近 60%。[2] 泡沫崩溃后，虽然日本的电子机械制造业有了一定发展，但是日本的电子机械制造商盈利状况不佳，出现较大幅度亏损。统计结果显示，在 2011 年夏普公司、索尼公司以及松下公司的赤字合计达到 1.7 万亿日元，此外瑞萨电子的亏损数额也达到 626 亿日元。[3] 日本具有代表性的电子机械制造商陷入了赤字经营困境。日本的电子机械制造产业盈利乏力，并不意味着其技术水平也出现了下滑，相反在泡沫经济崩溃后，日本的电子机械制造业的技术水平仍在不

---

[1] 吉森崇，国内理論系半導体産業の分析と将来戦略，現状認識，2000。

[2] 富国生命投资，電子部品業界の現状，2009。

[3] 张玉来：《模式困境与日本半导体产业的战略转型》，《日本研究》2012 年第 3 期。

断提升，这是全要素生产率上升的最主要因素。日本在电子零部件的生产领域，注重数字零部件、光学元件、生物化学有关产品等高技术产品的研究和开发。在半导体光电子学领域取得了重大进展，如泵浦光源、高速半导体激光器、大功率激光器等方面的研究获得了突出进展。[①] 日本在图像传感器、汽车电子、功率半导体等方面的技术仍然具有极高的水准。在微控制器（MCU）技术方面，日本的技术水平位居世界前列，在微控制器领域的前十名企业中，日本企业占据了 4 位，瑞萨电子的销售份额占到该市场的 20%，位列第一。这意味着日本在半导体、电子零部件生产方面仍然保有极高的技术水平，且技术进步的进程受到企业收益下降的影响较小，技术创新支撑了日本电子机械制造产业全要素生产率的提升。

在政府层面，日本的信息产业政策主要集中于以下四个方面。第一，促进政府与民间企业的信息化建设。根据 1994 年日本通商产业省的"信息化关联措施"，日本政府推进教育、医疗、科学研究以及通商贸易等领域的信息化建设。促进开放式系统互联（OSI）以及电子数据交换（EDI）等新兴信息技术在民间企业中的应用，提升企业间信息交换的互联性，提高信息交换速度。[②] 第二，培育信息技术人才。为促进信息技术的创新，培育技术人才必不可少，日本政府制定了培养信息技术人才计划，改革了信息处理技术考试等。第三，促进基础信息技术研究开发与创新。日本政府制定国家层面的研究开发计划，着重计算机技术、原子操作技术、微型机器技术、超导材料开发、超级计算机及超高速网络等方面的技术研发工作，并支持大学、科研机构与民间风险企业的研究开发创新。第四，设立财税优惠制度，促进信息产品投资。日本政府通过设立信息化相关税制，在税收层面鼓励企业加大信息相关设备的投资。例如，对于 1999 年当年度采购的未满 100 万日元的信息相关机械设施，允许以全额计入折旧，从而减少了企业的税收负担，起到促进企业增加信息化设施投资的作用，客观上促进了日本电子机械制造业的发展。

---

① 余金中：《日本半导体光电子器件研究与开发的新进展》，《半导体光电》2000 年第 5 期。
② 長谷川信，通商産業政策史（第 7 卷），2013，766。

（2）信息服务业

信息服务业主要是致力于为制造业企业提供信息处理、应用软件设计等相关的服务的一种产业。根据日本经济产业省的定义，日本信息服务产业能够提供的服务主要包括：信息软件服务、信息数据处理、网络附属服务等。泡沫经济崩溃后，随着信息技术迅速发展，日本的信息服务业获得了长足进展。进入 21 世纪后，日本的信息服务业受到 2002 年 IT 泡沫崩溃的影响，增速有所放缓，但信息网络通信技术以及移动互联网技术的快速发展增加了市场对于信息服务的需求，日本信息服务业仍然保持了增长态势。日本信息服务业的营业额从 2002 年的 15 万亿日元提升到 2009 年的 21.5 万亿日元，增长了 43.3%。但金融危机以及东日本大地震导致日本企业收益大幅下降，信息化投资减少，2011 年日本信息服务业的营业额也下降至 19.3 万亿日元，2013 年回升至 21.3 万亿日元。[①] 在信息服务业的工作人员数量持续增加，2002 年在日本信息服务业的工作的劳动人员数量为 57 万人，在 2013 年就迅速增长至 107.5 万人，增加了 0.8 倍之多。

20 世纪 90 年代初泡沫经济崩溃后，日本政府进一步认识到发展信息产业的重要性，信息产业被确定为日本未来的主导产业，并将信息产业政策的重点从电子机械产业转为信息服务产业。在 1992 年，日本的产业结构审议会信息产业分会就提出了"软件新时代"的宣言，强调了发展软件产业的重要性，日本政府的信息产业政策的实施重点应该从硬件制造向软件制造方向调整。[②]

20 世纪 90 年代，日本政府主要开展了以下三项促进信息服务业发展的措施：第一，通过推进信息技术教育，培养信息处理技术工作者，为信息服务业发展做好人才储备。第二，完善软件市场。修改相关法律法规，消除抑制软件产业发展的法律制度，完善软件销售、流通的市场秩序。第三，促进软件开发。通过政策扶持措施，促进应用软件、操作系统以及计算机网络集成系统（SI）的开发。

---

① 情報サービス産業白書 2014。
② 産業構造審議会情報産業部会，緊急提言：ソフトウェア新時代，1992。

21 世纪后，日本政府推出了一系列促进信息服务业发展的战略措施。包括 2001 年的 "E-JAPAN" 战略、2005 年的 "IT 政策纲要 2005"、2006 年的 "IT 新改革战略" 等。这些政策旨在促进信息产业的发展，将日本建设成为世界先进的信息化国家。2008 年世界金融危机发生后，日本政府的信息政策重点从单独支持信息产业逐渐转向推动信息产业为其他产业以及社会大众服务方向转变。比如，2009 年提出的 "I-JAPAN2015" 以及 2010 年提出的 "新信息通信技术战略"，该战略除了推动在政府、医疗、教育领域的信息化之外，还注重信息化在地方以及其他产业中的普及，废除对于信息服务业的诸多限制规定，推动与信息产业关联的其他新兴产业的发展。2012 年安倍政权上台后，提出了 "创造世界最先进国家宣言"，提出到 2020 年日本不仅要实现世界最高水平的信息化社会，而且要将日本所取得的信息化成果推广到世界。

但是，日本的信息产业政策也存在诸多问题。首先，以上这些产业政策的共同特征是，通过政府的政策倾斜，促进日本信息产业发展，使其在短时间内在技术水平层面达到世界领先水平，而忽视了社会大众的消费需求，未能依据社会大众的需求制定合适的信息产业战略。其次，日本的信息产业政策，虽然提出要重点发展软件产业等信息服务业，但是对于电子机械制造业的投入仍要大于对信息服务业的投入。2014 年日本信息产业政策经费总额为 1059.7 亿日元，其中有 643.3 亿日元被用于无线网络基础设备投资，占经费总额的 60.7%。而与信息服务业产业相关的经费投入仅占总额的 6%。[①] 因此，日本的信息产业政策从整体上看来仍然侧重于电子机械制造业，对软件产业的投入仍然不足。最后，日本政府的信息产业政策，虽然采取了诸多措施促进信息服务产业发展，但是并没有起到促进企业研究开发创新的作用，日本在软件、互联网等信息服务领域的自主创新不足，这是信息服务业全要素生产率低下的最主要原因。

（三）关于日本产业补短板提高全要素生产率举措的若干思考

泡沫经济崩溃后，日本各产业积极补短板，通过提高技术水平、促进创新的方式，提高全要素生产率的经验很值得关注。全要素生产率水平的

---

① 総務省，情報通信政策。

高低受到直接和间接两方面因素的影响。直接因素是指技术水平的提高，间接因素是指劳动、资本等生产要素的组合配置效率的提高。日本各产业提高全要素生产率的手段主要集中于促进技术进步以及改善经营效率两个方面，从直接和间接两个角度提升产业整体的全要素生产率。日本的钢铁产业、汽车产业、机械制造、电子机械、IT 等产业积极实施技术创新，拉动技术水平持续提高。

在泡沫经济崩溃之后，日本的经济增长陷入长期低迷，消费和投资需求萎缩，日本产业普遍面临市场饱和、销售困难等问题。为应对这一挑战，日本各产业通过加大研究开发力度、促进技术创新的方式，提升了产品质量，创造出新的产品与服务。新产品与服务拉动了新需求的产生，既扩大了国内销售市场也增加了海外出口市场，起到缓解日本产业需求不足的问题。此外，技术水平的持续提高也从客观上提高了日本各产业的全要素生产率，有助其实现从资源投入增长向创新驱动增长的转变。

日本各产业积极改善生产经营方式，提高劳动、资本的使用效率，实现了全要素生产率水平的上升。改善和提高劳动和资本等要素的组合方式是提升全要素生产率的重要方法，优化生产要素组合方式可以在生产要素维持不变的前提下，提高总产量，改善了生产经营效率。生产经营方式的改善体现在以下两个方面。第一，生产工序的改善。例如，日本的丰田汽车所创造的准时化、自动化、精益化的生产方式，极大地提高了资源使用效率，提高了汽车产量，被誉为"丰田生产方式"。第二，管理方式的创新。如日本在企业中实施"全面创新"管理模式，重视每一位企业员工的创新方案，实现员工在工作过程中进行创新，而非将创新工作交由特定部门完成，通过频繁的沟通交流与运作，实现生产过程及产品研发的创新。经营管理方式的改善，提升了企业生产经营效率，提升了全要素生产率水平。

日本政府在提升日本全要素生产率的过程中起到积极作用，一方面引导技术进步、促进研发创新，另一方面发挥政府优势，统筹调配经济资源，提升资源使用效率，这都有助于提高日本各产业的全要素生产率。首先，日本政府重视各产业技术研究开发，通过制定产业政策等方式，促进技术研发与创新。日本政府促进研究技术开发具有以下特点。首先，重视官、产、学合作，联合实施研究开发活动。政府、企业和学界具有各自的信息优势，通过交流互动以及协同运作，可实现信息资源共享，提高获取外部信息效率，提升创新成功率。其次，日本政府注重引导研发工作，通过实施国家级科技发展战略，确保研究开发活动处于正确的路径之中。日本政府通过实施国家级科技创新项目，表明政府的科技导向，起到积极引导企业研究开发的作用，避免了不必要的资源浪费，降低了企业的创新风险。最后，日本政府通过财政、税收等方面的优惠措施，促使劳动、资本等生产要素向更具有创新性、技术水平较高的产业移动，消除资源配置扭曲，提高资源使用效率。例如，日本在促进电子机械产业发展的过程中，曾使用税收优惠政策，促进企业实施信息设施投资，助力信息产业发展。

总之，从长期看，全要素生产率增长是维持经济增长的重要因素之一。在泡沫经济崩溃之后，日本的全要素生产率增长率下降，是造成日本经济陷入长期低迷之中的一个因素，这成为制约日本经济发展的主要短板。21 世纪后，日本的全要素生产率的增速出现增长趋势，促进了日本经济增长的恢复。日本各产业积极促进科技创新、改善生产经营管理则是驱动日本全要素生产率增长的主要因素。泡沫崩溃后，日本的钢铁、汽车、机械制造、电子机械制造、IT 等行业通过研究开发创新，提升了产品的质量和产业技术水平，推高了全要素生产率的增长率。汽车行业则通过生产经营管理方式的创新，提升了资源使用效率，促进生产效率提高。日本政府在泡沫经济崩溃后积极促进企业实施研究开发创新，并通过财政税收手段改善资源配置及生产要素使用效率，成为改善全要素生产率的重要原因。日本补短板的经验值得我们借鉴。

第四节　用马克思经济理论剖析日本泡沫经济

学术界关于日本泡沫经济问题的研究文献较多，但是大多基于西方经济学理论进行探讨，在马克思主义经济学视角进行研究的文献较少。而实际上在权威的西方主流的经济学教材中，基本上找不到经济危机的有关理论，即使有也篇幅较少，有联系的也仅是经济波动和经济周期理论①，并不能深刻揭示经济危机的根源。而马克思是对资本主义社会进行最尖锐批评、最深刻透彻研究的思想家，马克思主义经济学理论是深刻解释资本主义经济危机的理论工具，其重要论断与预见性观点，时至今日也仍在被资本主义社会的经济危机反复有效验证。相较于西方主流经济学，马克思政治经济学理论集合了社会学、经济学、政治学、哲学等，从生产力以及生产关系、经济基础与上层建筑、无产阶级和资产阶级、国家及阶级等关系出发，深刻地揭示了资本主义社会的根本缺陷。尽管在马克思、恩格斯的著作中，对资本主义社会经济危机的论述十分常见，但是马克思没有专门章节来系统阐述资本主义经济危机，其有关思想散落在剩余价值理论、虚拟资本理论、利润率下降理论等章节中，是从不同层次、不同视角阐述了对资本主义经济危机的深刻解读。因此，在马克思政治经济学理论视角下探析 20 世纪八九十年代的日本的泡沫经济生成、膨胀与崩溃，可以更深刻理解当时日本泡沫经济危机的历史性与根源。但是，由于当时的日本泡沫经济危机具有一定的特殊历史与经济社会发展背景，难以简单套用相关的理论框架进行解释，因此结合实际需要，这里侧重基于马克思虚拟资本理论与利润率理论研究日本泡沫经济。

一　从马克思的经济危机理论看日本的泡沫经济

（一）经济危机理论概述

关于经济危机问题的解释，在马克思相关著作中并没有完整系统的章节体现，而是分散在其对政治经济学研究的著作之中，在《1844 年经济学哲学手稿》中就谈及了"生产过剩"问题，触及了经济危机的相关理解。例如，在笔记本 I 中分析资本的利润这一部分，在对资本积累与资本家之间竞争等问题的研究时，摘录引用了亚当·斯密与康·贝魁尔的观点。亚当·斯密认为，"劳动生产力的大大提高，非有预先的资本积累不可，同样，资本的积累也自然会引起劳动生产力的大大提高……在一个国家里，不仅工业的数量随着推动劳动的资本的扩大而增加，而且，同一数

---

① 张荣华：《经典（狭义）马克思主义经济危机理论框架及实证研究》，复旦大学博士学位论文，2013。

量的工业所生产的产品数量，也由于资本的扩大而大大增加"，由此出现了生产过剩①。康·贝魁尔在谈及使用和滥用的权利、交换的自由和无限制的竞争的后果时，提到经济危机，即"这一切情况的必然后果就是：连续不断和日益扩大的破产；失算，突如其来的破落和出乎意料的致富；商业危机、停业、周期性商品滞销或脱销；工资和利润的不稳定和下降；财富、时间和精力在激烈竞争的舞台上的损失或惊人的消费"。② 这可能是马克思首次接触资本主义经济危机问题③。

马克思、恩格斯在《共产党宣言》中对资本主义经济危机进行了深刻阐述："资产阶级的生产关系和交换关系，资产阶级的所有制关系，这个曾经仿佛用法术创造了如此庞大的生产资料和交换手段的现代资产阶级社会，现在像一个魔法师一样不能再支配自己用法术呼唤出来的魔鬼了……在危机期间，发生一种在过去一切时代看来都好像是荒唐现象的社会瘟疫，即生产过剩的瘟疫……社会所拥有的生产力已经不能再促进资产阶级文明和资产阶级所有制关系的发展；相反，生产力已经强大到这种关系所不能适应的地步，它已经受到这种关系的阻碍；而它一着手克服这种障碍，就使整个资产阶级社会陷入混乱，就使资产阶级所有制的存在受到威胁……资产阶级用什么办法来克服这种危机呢？一方面不得不消灭大量生产力，另一方面夺取新的市场，更加彻底地利用旧的市场……这不过是资产阶级准备更全面更猛烈的危机的办法，不过是使防止危机的手段越来越少的办法。"④ 这里马克思与恩格斯一方面指出资本主义经济危机的周期性爆发对资本主义社会带来的严重危害，不仅严重破坏了商品，而且毁坏了劳动力，另一方面揭示了资本主义经济危机的根源是资本主义制度本身的缺陷。这种制度带来资本主义生产力与资本主义生产关系之间的矛盾，一方面，资本主义生产关系让资本主义生产力得以快速发展，"资产阶级在它的不到一百年的阶级统治中所创造的生产力，比过去一切世代所

---

① 马克思：《1844 年经济学哲学手稿》，第 30~31 页。
② 马克思：《1844 年经济学哲学手稿》，第 28~29 页。
③ 薛加奇：《马克思经济危机理论在〈资本论〉中的发展研究》，吉林大学博士学位论文，2019。
④ 马克思：《共产党宣言》。

创造的全部生产力还要多，还要大"，① 另一方面，资本主义生产关系又阻碍资本主义生产力的快速发展，即资本主义制度让社会生产力得到空前释放，这种被创造出来的生产力不断膨胀以至于资本主义生产关系难以容纳，换句话说，资本主义生产力发展过于迅速便导致资本主义生产关系开始束缚生产力发展。因此，资本主义生产力与资本主义生产关系之间的矛盾不断激化，直至到达顶端以商业危机的形式爆发出来。

马克思认为，在简单的商品经济阶段是不会爆发危机的，因为在这个阶段，仅包含产生危机的可能性，而不会成为现实，"这诸种形态，包含恐慌的可能性，但也仅包含恐慌的可能性。这种可能性，会发展成为现实性。但从单纯商品流通的立场说，引出这种发展的种种关系，还是没有的"。② 实际上，这种关系就是资本主义生产关系。而且，资本主义生产力与生产关系之间的矛盾也被视为在马克思经济危机理论中的最核心的部分，这是区别于其他的古典政治经济学经济危机理论的最大的不同。尽管马克思在之前的著作中，如《政治经济学批判（1857~1858年手稿）》，已经对资本主义生产关系进行了研究，但是并没有详细且系统地阐述资本主义生产关系的发生过程。在《资本论》中，马克思更为科学、详细与系统地剖析了资本主义生产关系的形成，其认为资本原始积累是资本主义生产方式产生的起点，资本主义生产关系的产生过程是一段残酷、暴力、黑暗的历史。在《资本论》中，马克思进一步解析了导致危机的生产力，揭示了资本主义经济危机的实质是生产的相对过剩。在资本主义生产的不同阶段，即从简单协作到工场手工业再到机器大工业的这三个资本主义生产的历史阶段，也是生产力迅速发展、劳动生产效率快速提高的阶段。另外，随着社会分工的扩大，生产社会化程度的加深，加之资本家对剩余价值的热衷且执着的追求，进而资本主义生产有着无限扩大的内在动力，也正是资本主义生产无限扩大的趋势与劳动者能够支付的需求相对缩小之间的矛盾，导致了相对的生产过剩。而这种相对的生产过剩如果积累到一定程度，便容易通过危机的形式爆发，生产与需求之间的矛盾虽然得以暂时

① 马克思、恩格斯：《马克思恩格斯全集》第4卷，人民出版社，1958，第472页。
② 马克思：《资本论》第1卷，第60~61页。

缓解，但是生产力在危机期间遭到严重破坏。当然，资本主义生产方式不变，资本主义制度下的生产力与生产关系之间的矛盾仍在，那么工业的循环周期便不断呈现"活跃、繁荣、生产过剩、危机、停滞"的特点，这样看来，危机的结束并不单纯，其实际上意味着已经潜伏了下一次危机。

除了上述提到的周期性经济危机（生产危机或商业危机）之外，马克思认为在社会经济活动中存在两种形式的货币危机（或金融恐慌）。一种是资本主义生产过剩的危机在货币信用领域里的反映，"是当作一般生产恐慌商业恐慌的一个特别阶段"。另一种是可以独自发生的可以在工商业上发生反响的货币危机①。例如，马克思在谈到货币作为支付手段造成货币危机时，加了一个注解："本文所说的金融恐慌，是当作一般生产恐慌商业恐慌的一个特别阶段。但还有一种金融恐慌，可以独自发生，而在工商业上发生反响。这是必须分别的。后一种金融恐慌的运动中心是货币资本。所以，它的直接影响的范围，是银行、交易所和一般财政。"② 关于后一种货币危机，恩格斯也曾指出："金融市场也会有自己的危机，工业中的直接的紊乱对这种危机只起从属的作用，或者甚至根本不起作用。"综合来看，在马克思的论述中，至少有两种危机：生产危机（商业危机）、特种货币信用危机③。但是，如果联系到资本主义扩大再生产的特点，那么可以将上述两种危机形式扩展为四种：一是周期性的生产过剩引起的生产危机或商业危机，也可以引起货币信用危机；二是特种货币危机，往往是仅发生在信用体系的一些个别的环节，例如交易所危机、债务危机等；三是周期性经济危机下的货币金融危机，也就是由商业或者生产危机引发的货币金融危机表现；四是诱发性经济危机，货币信用危机在资本主义运作机制中提前诱发周期性经济危机，或者过度的信用扩张、投机、政治、歉收等引发的经济危机，本质上仍然是生产危机④。

---

① 《资本论》第 1 卷，第 78 页。
② 《资本论》第 1 卷，第 78 页。
③ 张荣华：《经典（狭义）马克思主义经济危机理论框架及实证研究》，复旦大学博士学位论文，2013。
④ 张荣华：《经典（狭义）马克思主义经济危机理论框架及实证研究》，复旦大学博士学位论文，2013。

（二）经济危机理论视角下的日本泡沫经济分析

结合日本泡沫经济的情况，从严格意义上来看，日本的泡沫经济并不是传统的生产危机或商业危机，并没有足够的证据表明日本在 20 世纪 80 年代后期已经达到生产过剩阶段，更准确地说，应该是生产过剩积累到足以爆发危机的阶段。而且，生产危机表现为生产过剩，但是生产过剩并不一定带来经济危机。经济危机应是社会生产的严重相对过剩或普遍相对过剩的一种经济运行状态，或者说是经济处于连续负增长的一种经济运行状态。① 当然，日本的泡沫经济也不是特种货币信用危机，其不局限于金融体系，也对实体经济产生重要影响。反而，日本的泡沫经济似乎更倾向于是一种由过度投机与信用扩张引发的诱发性经济危机，其本质还是脱离不了生产危机的影子。这是因为，投机是资本的本性，是资本逐利性的必然结果。资本进入经济活动无外乎有两种渠道，一是进入生产领域，二是进入非生产领域。进入生产领域的资本被看作投资，在资本主义生产方式下为周期性的生产过剩危机做准备，此时资本参与创造利润。进入非生产领域的资本，实际进入了流通机制，或进入虚拟经济或助推流通环节商品、资产价格上涨，由于不充当生产手段，更多体现了投机特征，资本参与利润分配。因此，资本的本性以及在生产领域、非生产领域的分配情况，决定了资本主义社会经济危机的发生形态。资本的先天的投机性也决定了其可以诱发经济危机，而这种经济危机也是周期性生产过剩危机的另一种表现。显然，社会的广泛性资本投机行为在日本泡沫经济膨胀中发挥着十分重要的作用，资本大量涌入非生产领域，更倾向于参与利润分配，而没有实质性创造利润，导致虚拟经济逐渐脱离实体经济基础，产生泡沫经济，而在泡沫经济崩溃后又波及实体经济，造成经济发展的停滞。特别是，日本泡沫经济崩溃后，企业产生的"雇佣""投资""债务"三过剩问题，企业生产效率低下，市场需求萎靡，经济健康发展的循环被打乱。

需要注意的是，如果将马克思经济危机理论直接套用解释日本的泡沫

---

① 王中保、程恩富：《马克思主义经济危机理论体系的构成与发展》，《经济纵横》2018 年第 3 期，第 3 页。

经济，不免有些生硬，相对于 2008 年美国的次贷危机以及引发的全球性金融危机这样典型的经济危机来说，现有文献也很少从马克思经济危机理论去分析日本的泡沫经济。但是，从马克思经济危机理论去理解日本泡沫经济不仅具有理论意义，而且能够更深刻理解日本泡沫经济的实质问题。这是因为，一是马克思经济危机理论本身涵盖内容十分丰富，"马克思经济学著作的整个理论体系都在阐述危机理论，马克思关于资本主义经济的全部理论也就是危机理论"①，资本主义的发展史就是一部资本主义的经济危机史；二是日本泡沫经济生成、膨胀与崩溃并不是简单的经济波动，经济波动周期（即经济周期）与经济危机周期是两个不同的概念。经济波动是十分宽泛的概念，不仅包括经济增速的快慢变化，也可以是经济增长与衰退的转变，从经济波动的波形来看，波动周期中的波谷也就是宏观经济运行收缩阶段，如果出现严重的相对过剩或持续出现负增长，实际上就已经出现了经济危机。在泡沫经济时期，1987~1989 年，日本经济增长率在 5%~6%，但是 1991 年、1992 年随着股票、房地产市场泡沫的先后崩溃，经济增长率便下滑至 2.2%、1.1%，1993 年更是变为负值。而且，泡沫经济崩溃开启了日本经济长期停滞的轨道已经是社会共识，这也就说明，泡沫经济确实对日本来说是一次非常严重的经济危机。鉴于前文已经说明日本泡沫经济并不是传统的生产危机，而且马克思虽然没有在其著作中系统阐述经济危机理论，但是经济危机的资本主义生产资料私有制根源论是马克思主义经济危机理论体系的内核理论，而包括社会生产的无计划论、社会再生产的比例失调论、利润率下降趋势论、固定资本的更新论和资本的过度积累论等在内的经济危机多重理论阐释，是马克思主义经济危机理论体系中包裹着内核的外围理论②，可见马克思经济危机理论内涵之广泛，结合研究需要，下文将重点从虚拟经济理论、利润率下降理论两个相关理论视角进一步探讨日本泡沫经济问题，以期对日本泡沫经济具有新的认识。

---

① 刘明远：《马克思主义经济危机理论的形成与发展》，《政治经济学评论》2005 年第 1 期，第 64~87 页。

② 王中保、程恩富：《马克思主义经济危机理论体系的构成与发展》，《经济纵横》2018 年第 3 期，第 1~11 页。

二　从虚拟资本理论看日本的泡沫经济

（一）虚拟资本的内涵

通常认为资本有两重或多重存在的形式，区别于现实资本的那种形式的资本是虚拟资本。在《资本论》第三卷中，马克思界定了虚拟资本的内涵及其产生发展、形式特点以及运行规律等，在这个经济范畴下形成了虚拟资本理论。马克思的虚拟资本理论提出，虚拟资本是在货币资本化及信用制度催生下的产物，是生息资本或具有这种性质的货币资本的一种特殊表现形式，不同于现实资本的价值及增值，虚拟资本本身是代表了一种收益权或者货币索取权，不具有价值，但是却能够创造剩余价值，其增值是自行完成的，不通过生产过程而只是投在流通过程中，通过借贷获得利润。虚拟资本一定是生息资本，但是生息资本却不见得是虚拟资本。虚拟资本的外在表现形式通常是股票、债券等，马克思将土地也看作是一种虚拟资本，地价是地租的资本化，土地的虚拟资本性质使得地价运用或脱离土地的利用实际而产生价格泡沫。土地的虚拟资本性质使地价运动有可能脱离土地利用实际而产生泡沫。泡沫经济往往是由虚拟资本的恶行膨胀所产生的象征虚拟经济脱离实体经济的现象，其中主要的表现形式为股票、债券等有价证券价格的超常浮动，在短时期严重背离了其所代表的现实价值或价格。对于日本泡沫经济来说，其不是单一的资产泡沫，而是一种全局性的经济泡沫积累的结果，是股票、房地产市场双重资产泡沫膨胀的结果，而且在实体经济中也出现了投资过度、投资无效率的表现。

泡沫经济起源在于虚拟资本的膨胀，而马克思的虚拟资本理论深刻揭示了资本泡沫的生成与膨胀的过程，为探究泡沫经济的运行机理提供了重要的理论基础。

1. 从虚拟资本的特点看资产价格泡沫

关于泡沫经济的理解是脱离不了虚拟资本的经济范畴。虚拟资本的特点可以为理解虚拟资本泡沫提供基础。马克思认为虚拟资本具有以下几方面的特点，首先，虚拟资本具有投机性。马克思通过对有价证券的特点的研究归纳出虚拟资本具有投机性的特点。有价证券是虚拟资本的现实符号，其市场价格与预期相关，这种特殊的定价方式使得虚拟资本具有投机性的特点，虚拟资本的投机性特征为泡沫的生成、膨胀提供了必要的基础条件。其次，虚拟资本具有价格回归性。虚拟资本作为资本化的商品在市场流通，就具有了市场价值，也就是价格，同样遵循价值规律，同样具有价格回归价值的过程，只是相较于一般商品而言，虚拟资本的价格回归过程更加剧烈。① 虚拟资本的价格回归特征也意味着，当资本泡沫恶性膨胀到一定程度，难免崩溃，价格回归价值。再次，虚拟资本具有高风险性的特点。这主要是因为，虚拟资本本身并没有价值，其是虚拟性、模糊性与不确定性的。再加上虚拟资本具有投机性，暴涨暴跌是虚拟资本价格的常态，因此持有虚拟资本的实际收益与购买时的预期所得收益难免产生差距，况且虚拟资本投机者更看重的是买卖的价格差而非收益，那么其在购入虚拟资本时对未来收益的考量难免不够全面，一旦失误便影响资金回流，可见虚拟资本具有较高风险性。虚拟资本的较高风险性意味着，其泡沫崩溃的速度较快而且容易产生连锁性负面影响。最后，虚拟资本具有运动的周期性。这一点与实体资本类似，实体资本的运行周期性是虚拟资本周期性的基础。但是，虚拟资本与实体资本的运行不一定同步，而且两者经常相互影响，这也就意味着虚拟资本泡沫的生成与崩溃都必然影响实体资本，其影响力较大。

　　具体而言，由虚拟资本的投机性及价格回归性特点可知，在投机性的作用下，在对市场预期良好的情况下，虚拟资本的投机者数量及投入资金迅速增加，虚拟资本的价格迅速攀升，因此产生资产价格的泡沫，随后出现某个预期拐点，投资者迅速抽离出虚拟资本投资市场，虚拟资本价格暴跌，在价格暴涨与暴跌之间，虚拟资本投机者牟取利益。同样，归根结底，也由于虚拟资本服从价值规律，所以虚拟资本价格暴涨后最终将下跌。由虚拟资本的运行周期性可知，虚拟资本与实体资本的运行周期是否协调也是解释资产泡沫问题的原因之一。一般来说，虚拟经济泡沫伴随着实体经济的快速发展过程也得以滋生并膨胀，由于虚拟经济的发展往往是具有明显的无序性、投机性、盲目性特点，那么虚拟经济与实体经济的发展通常

---

① 马克思：《资本论（第三卷，中译本）》，人民出版社，1975，第531页。

不平衡，即虚拟经济或脱离实体经济快速发展，愈演愈烈演化为泡沫经济，泡沫破裂即转为经济危机。况且，虚拟资本本身就具有高风险性，因此虚拟资本泡沫的生成、膨胀以及崩溃都应该予以认真对待、密切关注。

2. 从虚拟资本的两重性看泡沫经济

虚拟资本的运行具有两重性，即其既具有正向效应，也容易产生负向效应。从正面效应的角度来说，虚拟资本的出现，通过利用闲置货币，加速了资本的积累与集中，有增加资金融通能力的作用，另外通过对虚拟资本的利用可以直接增加社会财富，减少交易成本，而且有助于资源的合理配置，推动社会化大生产等。从负面效应来看，一方面，虚拟资本本身具有投机性及高风险性，如果缺乏合理运营，那么容易滋生资本泡沫，构设市场的虚假繁荣，资本泡沫得以进一步膨胀产生泡沫经济，资本泡沫不仅阻碍商品与货币以及证券与货币的转化过程，影响货币支付能力，而且会自行膨胀成为泡沫经济，风险进一步剧增，直至泡沫经济崩溃，经济必然滑入低迷的下行轨道；另一方面，虚拟资本的膨胀会侵占实体经济的运营资金，挤压实体经济的发展空间。实体经济是社会经济发展的基石，实体经济的萎缩及空心化势必削减社会财富，引发社会问题，具有不可估计的恶性后果。

3. 从虚拟资本的运行过程看泡沫经济

在上述对于虚拟资本的相关概述中也简单涉及了虚拟资本的运行。下面进而通过阐述虚拟资本的各个运行环节来理解泡沫经济问题。首先看马克思定义的资本流通的一般性公式为"$G\cdots W\cdots G'$"，而且将增值还原到一般性公式中，认为增值发生在"$G\cdots W$"过程，$G<W=G'$。由于虚拟资本是一种生息资本，可以自行完成增值过程，因此虚拟资本的运行公式为"$G\cdots G'$"。[1] 虚拟资本作为生息资本，也是一种意义上的"资本"，同样满足资本运行的实质，马克思认为，利息率部分取决于总利润率，而且"不管怎样，必须把平均利润率看成是利息的有最后决定作用的最高界限"，[2] 即以利息形式存在的实际价值增量实际上是具有上限的。[3] 马克

---

[1]　马克思：《资本论（第三卷，中译本）》人民出版社，1975，第386页。

[2]　马克思：《资本论（第三卷，中译本）》，人民出版社，1975，第405~406页。

[3]　冯维江：《从马克思主义经济学视角反思次贷危机——虚拟经济总量结构与经济稳定性分析》，《中国市场》2011年第20期，第35~43页。

思同样认为，与虚拟资本相关联的现实资本收益也存在"G…W"的上限。不同的是，虚拟资本仅代表一种收益的索取权，故而"W…G'"过程被视为对于物质形态的价值的索取权的再创造过程，因而对于虚拟资本运行，考虑其代表的现实资本及收益，有 G<W<G'，之所以 W≠G'是因为可能存在未行使的索取权。虚拟资本的运行可以分为物质扩张过程（"G…W"）及金融再生扩张过程（"W…G'"），同样地，似乎也可以理解资本主义经济发展分为实体经济扩张与虚拟经济扩张的过程。[1]

（二）从虚拟资本的特点理解日本泡沫经济

马克思认为虚拟资本具有明显的投机性、价格回归性、高风险性以及运动周期性的特点。首先，投机是资本逐利性的结果，但是虚拟资本的投机性表现更为强烈。"债务证券—有价证券—虽不和国债一样纯然代表幻想的资本，但这种纸券的资本价值，也纯然是幻想的，""这种纸券的市场价值，一部分是投机的，因为它不是由现实的收益，而是由期待的收益，计算决定的"。[2] 马克思通过对有价证券的特点的研究归纳出虚拟资本投机性特点。有价证券是虚拟资本的现实符号，其市场价格与预期相关，这种特殊的定价方式使得虚拟资本极易以投机方式逐利。其次，虚拟资本具有价格回归性。虚拟资本作为资本化的商品在市场流通，就具有了市场价值，也就是价格，同样遵循价值规律，同样具有价格回归价值的过程，只是相较于一般商品而言，虚拟资本的价格回归过程更加剧烈。[3] 再次，虚拟资本是高风险性的。虚拟资本由于本身并没有价值，因此是虚拟性、模糊性以及不确定性的。再加上虚拟资本具有投机性，暴涨暴跌是虚拟资本价格的常态，因此持有虚拟资本的实际收益与购买时的预期所得收益难免产生差距，况且虚拟资本投机者更看重的是买卖的价格差而非收益，那么其在购入虚拟资本时对未来收益的考量难免不够全面，一旦失误便影响资金回流，可见虚拟资本具有较高风险性。最后，虚拟资本具有运动的周期性。这一点与实体资本类似，实体资本的运行周期性是虚拟资本

---

[1] 冯维江：《从马克思主义经济学视角反思次贷危机——虚拟经济总量结构与经济稳定性分析》，《中国市场》2011 年第 20 期，第 37 页。

[2] 《资本论》第三卷，第 337~338 页。

[3] 马克思：《资本论（第三卷，中译本）》，人民出版社，1975，第 531 页。

周期性的基础，对于股票等虚拟资本来说，它只是一种所有权证，证明它对于所属的实体资本所实现的剩余价值有要求一个比例部分的权利而已，"如果这种纸券的价值减少或价值增加无关于它所代表的现实资本的价值运动，则在此限度内，国家的富是和它价值减少，或价值增加以前一样"，这意味着股票等这种纸券如果不影响现实资本的增值程度，那么并不实际影响经济发展，只是参与剩余价值分配，那么股票价格暴跌时，"只要这种减价不表示生产之现实的停滞，不表示铁路运输交通之现实的阻滞，不表示已经开始的企业的停止，不表示资本在实在毫无价值的企业上的抛弃，国富就不会因名义上的货币资本的气泡发生破裂而减少一个钱了"，即虚拟资本泡沫的崩溃只有在影响到现实的生产活动时才会对经济运行产生巨大的负面影响。但是，虚拟资本与实体资本运行均存在周期性特点，那么虚拟资本与实体资本的运行不一定同步，因此，两者经常相互影响。

当然，综合来看，虚拟资本的运行具有两重性，即其既具有正向效应，也容易产生负向效应。从正面效应的角度来说，虚拟资本的出现，通过利用闲置货币，加速了资本的积累与集中，有增加资金融通能力的作用，另外通过对虚拟资本的利用可以直接增加社会财富，减少交易成本，而且有助于资源的合理配置，推动社会化大生产等。从负面效应来看，一方面，虚拟资本本身具有投机性及高风险性，如果缺乏合理运营，那么容易滋生资本泡沫，构设市场的虚假繁荣，资本泡沫得以进一步膨胀产生泡沫经济，资本泡沫不仅阻碍商品与货币以及证券与货币的转化过程，影响货币支付能力，而且会自行膨胀成为泡沫经济，风险进一步剧增，直至泡沫经济崩溃，经济必然滑入低迷的下行轨道；另一方面，虚拟资本的膨胀会侵占实体经济的运营资金，因此挤压了实体经济的发展空间，实体经济的萎缩及空心化势必削减社会财富，引发社会问题，具有不可估计的恶性后果。

结合日本泡沫经济时期的情况来看，日本泡沫经济的生成及迅速膨胀与企业、民众的投机心理密切相关，潜存高风险，并且与实体经济的运营周期脱离，同时泡沫经济的崩溃验证了虚拟资本的价格回归性与周期性运行特点。根据虚拟资本的投机性及价格回归性的特点，在投机性的作用下，在对市场预期良好的情况下，日本企业与民众对股票、房地产的投机金额迅速增加，虚拟资本的价格快速上涨，价格泡沫随之膨胀，但是由于股票等虚拟资本服从价值规律，因此在价格暴涨到一定程度，企业与民众开始普遍预期资本价格将下跌，在市场发生流动性收紧或经济发展减速等动向时，虚拟资本的高风险性以及投机性将驱使企业与民众迅速撤离资本市场操作以保全现有收益，资本价格最终必然以迅猛速度下跌这也解释了为什么日本的股票、房地产市场泡沫在短短的一两年间便迅速崩溃。

另外，虚拟资本的周期性运行特点也意味着虚拟资本与实体资本的运行周期是否协调也关系着经济的健康发展，而且虚拟资本运行的两重性特点也说明其对经济影响有利有弊。一般来说，虚拟经济泡沫在伴随实体经济发展过程中也得以滋生并膨胀，自 1945 年至 1973 年，日本在战后的 28 年的年平均经济增长率高达 10%，经济增速比美国快 2 倍，比英国快 3 倍[1]，这时期尽管虚拟经济也迅速发展，但是伴随着实体经济的发展，以其为依托，进入生产领域的资本创造的剩余价值，除了进入非生产领域的资本分去的部分，可以继续回归资本扩大再生产环节，而且，20 世纪 50 年代中期至 70 年代初期，伴随着日本战后经济的恢复与发展，国民收入迅速增加并逐渐均质化，日本国内也发生了一场著名的消费革命，体现了日本从阶层消费向大众消费变革的过程，国内需求的快速扩大刺激了经济的高速增长。但是，80 年代之后，日本实体经济发展速度有所减慢，但是受金融自由化影响，虚拟经济的发展速度明显加快，加之在之前章节已经阐述了当时企业对运营资本投资出现无效率化，自 80 年代中期开始，日本民众的消费呈现新的发展趋势，愈加个性化与多样性，但是却并未涵盖大多数的商品消费领域，这时候的大众消费也没有在高速增长时期那么突出[2]，反而居民财富基于投机目的涌入股票、房地产等资产市场，这就导致虚拟经济的发展与实体经济严重脱钩，虚拟资本的投机性特点越突出，也就越可能阻碍股票等虚拟资本代表的现实资本，换言之，代表投在这诸种企业上并在其上发生机能的资本创造剩余价值或利润，因此无论是生产还是消费，当时日本的经济增长动力已经趋于减弱，在泡沫经济崩溃之时，所营造的"虚假繁荣"也成为泡影，日本经济便陷入长期停滞的泥沼。

---

[1]　王泰平：《日本经济高速增长时期的回顾》，《中日关系史研究》2011 年第 1 期，第 29 页。

[2]　袁仕正、杜涛：《日本经济高速增长时期的消费革命》，《学术探索》2010 年第 8 期，第 127 页。

（三）从虚拟资本的运行过程看日本泡沫经济

下面重点通过阐述虚拟资本的具体运行环节来剖析日本泡沫经济的生成、膨胀与崩溃。

美国著名学者迈克尔·赫德森在《从马克思到高盛：虚拟资本的幻想和产业的金融化》文章中回顾了马克思关于金融资本的基本观点，其认为，马克思已经高度注意到虚拟资本的危害性，马克思的危机理论所重视的产生危机的因素，不单单是工人的收入，也不是资本有机构成的上升，而是虚拟资本强加于债务人（产业和个人）身上的金融收益日益加大，这最终压垮了社会经济，造成经济危害。尽管，马克思对这种危机原因持相对乐观的态度，他认为，工业资本主义使生息资本从属于产业资本，从属于资本主义生产方式的条件和要求，生息资本将像地租一样退出历史舞台，但是，"生息资本是一切错乱的形态之母"，"在银行业者的观念中，债券也可表现成为一种商品"①，几乎没有涉及劳动力与其他成本价值，银行信用似乎像海绵一样可以吸收着来自金融保险、房地产部门之外创造的价值。进而，金融市场愈加发达，使其日益倒退成马克思所谓的高利贷性质的资本，而且其所依赖的基础并不是制造业，而是房地产和其他产出垄断租金的垄断部门。那么，金融资本取代产业资本成为主导力量，"对越来越多的债务征收的利息汲取着商业和个人收入，使得可以用于商品和服务的可支配收入减少，从而使经济萎缩，利润下降，这又阻止了对工厂和设备的新投资"，"由于财富以生息储蓄的形式借贷给政府、商业以及（主要是从马克思那时以来的）房地产和个人；当债务人无法支付这种自我膨胀的'反财富的'金融收费时，危机就爆发了"。②

从虚拟资本的运行过程来看，冯维江认为，"W…G'"过程代表了收益索取权集合的扩大化、复杂化，直接影响"G…W"过程。如果，在"W…G'"过程，收益索取权集合的结构合理、增长规模稳定，那么"W…G'"过程就会对"G…W"过程具有正面激励，以此也可以说明虚

---

① 《资本论》第三卷，第 336~337 页。

② 〔美〕迈克尔·赫德森著《从马克思到高盛：虚拟资本的幻想和产业的金融化（上）》，曹浩瀚译，《国外理论动态》2010 年第 9 期，第 5 页。

拟资本具有正向效应。但是反之，如果收益索取权集合结构不合理，过度集中或者即使平均分散，但是增幅过大，都有可能产生资本泡沫，进而演化为泡沫经济，随之而来虚拟资本的索取收益额度势必严重超出实体经济的支付能力，那么经济秩序必然动荡乃至崩溃。如果从这个角度出发，泡沫经济的早期阶段，日本的股票、房地产等资产价格的增加，民众或企业在股票、房地产领域的投资取得了"W···G′"的正面激励效果，这主要表现为随着股票、房地产价格的提高，资产收益增加刺激消费、投资行为，进而确实带动了经济增长。

从经济增长来看，如表 5-6 所示，随着资产市场的繁荣发展，1980~1988 年，日本的实际经济增长率也震荡提高，其中 1983~1985 年由 1.9%增加到 5.6%，但是之后至 1987 年则持续下降，1988 年达到阶段性峰值 6.9%，之后又再次下滑，1993 年降至 0.4%。与此同时，从国民总支出的构成来看，消费支出、总固定资本行程中的企业设备的占比震荡增加，但是贸易占比有所下滑，政府最终消费支出与公共固定资本形成的占比均出现不同程度的下滑，可见这一时期，日本经济增长的推动力量来自民间需求，这从侧面衬托了资产市场繁荣对实体经济的正面激励作用。

表 5-6　国民总支出的构成比与经济增长率

单位：%

年份	民间最终消费支出	政府最终消费支出	总固定资本形成			货物·服务贸易		实际经济增长率	完全失业率
			民间		公共	出口	进口		
			住宅	企业设备					
1979	58.7	9.7	6.9	14.9	9.9	11.6	12.5	5.6	2.1
1980	58.8	9.8	6.4	15.7	9.5	13.7	14.6	—	2.0
1981	58.1	9.9	5.8	15.4	9.4	14.7	13.9	2.8	2.2
1982	59.4	9.9	5.6	15.0	8.9	14.6	13.8	3.1	2.4
1983	60.2	9.9	5.0	14.6	8.4	13.9	12.2	1.9	2.6
1984	59.4	9.8	4.7	15.3	7.7	15.0	12.3	3.3	2.7
1985	58.9	9.6	4.6	16.2	6.8	14.5	11.1	5.6	2.6

续表

年份	民间最终消费支出	政府最终消费支出	总固定资本形成			货物·服务贸易		实际经济增长率	完全失业率
			民间		公共	出口	进口		
			住宅	企业设备					
1986	58.6	9.7	4.7	16.0	6.6	11.4	7.4	4.7	2.8
1987	58.9	9.4	5.6	16.0	6.8	10.4	7.2	4.3	2.8
1988	58.3	9.1	5.9	17.0	6.7	10.0	7.8	6.9	2.5
1989	58.2	9.1	5.8	18.3	6.5	10.6	9.2	5.2	2.3
1990	58.0	9.0	5.9	19.3	6.6	10.7	10.0	4.7	2.1
1991	52.9	13.0	5.1	20.1	6.6	10.0	8.8	3.6	2.1
1992	53.7	13.4	4.8	18.4	7.4	9.8	7.7	1.3	2.2
1993	54.5	13.8	4.9	16.2	8.2	9.1	6.9	0.4	2.5
1994	54.9	14.7	5.2	15.0	8.3	9.1	7.1	1.1	2.9
1995	55.0	15.1	4.9	15.0	8.3	9.2	7.8	1.9	3.2
1996	55.2	15.3	5.4	14.6	8.4	9.8	9.3	2.5	3.4

资料来源：前揭三和·原『要覧』32頁，转引自村上和光，バブル経済の崩壊と景気変動過程——現代日本資本主義の景気変動。

从企业的投资行为来看，一是如表 5-6 所示，1983~1991 年，总的企业设备投资增长率基本上呈现上升趋势，1991 年更是超过了 20%，但是如果从长期范围来看，相较于 20 世纪 60、70 年代经济高速增长时期，日本企业的设备投资增长率在 80 年代达到的峰值实际并不高，但是持续的时间确实较长。二是分行业类别来看，如表 5-7 所示，在 27 个细分行业中，1988~1990 年，有 13 个行业设备投资年均增长率达到 20% 以上，其中，船舶制造与修理行业投资额增速达 51% 左右，其次是钢铁、矿业行业，增速都在 30% 以上。在设备投资利润方面，如图 5-9 所示，泡沫经济时期，制造业设备投资利润率的波动相对明显，1988 年、1989年更是达到 10% 以上，而非制造业设备投资利润率在 80 年代前期基本上为负，在后期才转为正值，1988 年达到阶段性峰值，却仅有 4% 左右。

表 5-7　分产业类别的日本企业实际设备投资额

单位：百万日元

		1981 年	1982 年	1983 年	1984 年	1985 年	1986 年	1987 年	1988 年	1989 年	1990 年
制造业	食料品	739044	744978	856246	694525	910505	970226	1252973	1330478	1486217	1559489
	纤维工业	283518	269573	316062	355791	389234	344059	514274	654519	598281	705589
	衣服·其他纤维制品	91008	102624	92115	69034	111077	141990	156545	97615	262862	186910
	木材·木制品	118455	123538	91247	109064	86237	166592	124199	152838	230278	195164
	纸浆·纸加工制品	236711	254038	317654	402105	460549	475401	517406	558388	888627	778371
	出版·印刷	415892	319649	415112	592783	567319	570733	656947	739717	855427	985165
	化学	1077041	1133649	1098041	1204621	1316631	1301748	1414613	1679062	1874558	2233261
	石油制品·石炭制品	249065	170841	86897	273666	279092	354932	256868	220468	341773	435201
	窑业·土石制品	526288	425038	437234	489907	532137	520682	476439	738861	850869	797362
	钢铁	952755	1151626	962281	869489	845066	780110	598323	717445	1076516	1470421
	非铁金属	279935	264204	271539	323123	269203	266706	296319	365112	481355	606381
	金属制品	650559	562708	642763	593245	692273	779885	690106	917504	1205841	1285200
	一般机器具	695528	734238	591931	725292	904354	722472	631862	876237	1278150	1543114
	电气机械器具	1511106	1488678	1676074	2992678	2604961	1898992	1989799	3042617	3242842	3715007
	输送用机械器具	1422165	1429911	1303475	1125543	1711677	1762738	1457224	1859750	2361539	2844234
	精密机械器具	240758	255928	335999	304246	438651	296060	258097	306066	440448	494705
	船舶制造·修理	143420	159018	125200	133167	124393	115433	74081	110837	153133	254176

续表

	1981 年	1982 年	1983 年	1984 年	1985 年	1986 年	1987 年	1988 年	1989 年	1990 年
其他制造业	583265	551460	578226	712757	786283	805134	813679	1019460	1123640	1265488
农林水产业	191648	240150	274013	209028	313134	257417	262243	281138	231132	276697
矿业	363819	260413	335545	264615	307602	214889	150605	268364	215742	292651
建设业	1411703	1389415	1167066	1233455	1376187	1249529	1726490	2146907	2374134	2883452
批发零售业	3160240	3599076	2998933	3333983	2903812	3658821	4567789	5269869	6678369	6732749
不动产业	999763	1002455	856209	1159458	1420918	1772287	2279489	2651811	2853920	3136384
运输通信业	2483530	1893171	1887746	2141340	3531324	3774432	2288300	2618059	3824449	3596365
电气业	2956304	2924035	2933661	2609065	2447109	3084799	2740666	2522039	3317220	3846383
煤气业	250096	246487	211216	245082	241380	272265	4111629	4377531	5709389	6325248
服务业	3159208	3941743	4211868	4615069	5728270	5611144	1522447	2342016	2558343	2892122
制造业	10216552	10141738	10198134	11971076	13029681	12273930	12179788	15387010	18752390	21355273
非制造业	14976311	15496943	14876256	15811094	18269736	19895584	23616908	27058810	32546714	35761929
总 计	25192824	25638644	25074351	27782130	31299378	32169478	2795648	2995640	3011905	3269115

（左侧纵向标注：非制造业）

资料来源：花崎正晴，規模別および年代別の設備投資行動［J］．フィナンシャル・レビュー，2002，（62）：60。

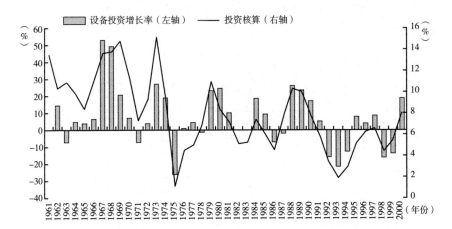

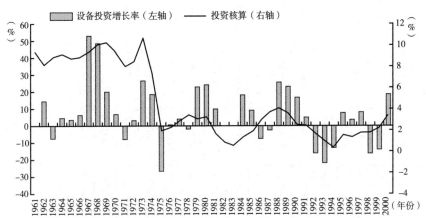

图 5-9 设备投资增长率与投资利润（上图为制造业，下图为非制造业）

注：投资利润率＝［营业利润/期初期末平均值（有形固定资产+库存资产）］－公社债收益率，资料来源于花崎正晴，規模別および年代別の設備投資行動．フィナンシャル・レビュー，2002，(62)：42-43。

从民众的消费行为来看，一是消费倾向、消费态度方面。消费倾向的计算公式为：消费支出/可支配收入，根据 SNA 体系测算的日本民众消费倾向自 1975 年之后基本处于震荡增加的趋势，而根据日本总务省的家计调查，民众的消费倾向基本上是下行趋势，但是 20 世纪 70 年代后期至 80 年代初有相对明显的增加。这两种统计方式得出的结果有较大差异主要是包括的目标群体不一致，家计调查中涵盖了失业家庭的消费统计，而且，尽管总体消费倾向趋势不同，但是 20 世纪 80 年代初均有明显上行趋势，80 年代消费倾向也保持在相对高位。另外，80 年代后期民众的消费态度也达到阶段性峰值（见图 5-10）。二是结合民众可支配收入来看，如图 5-11 所示，1981~1989 年，民众可支配收入震荡增加，其中纯资产所得的贡献度除个别年份外基本上为正，也在 1989 年泡沫经济顶峰时期达到阶段性最大，而且如图 5-12 所示，80 年代之后特别是 80 年代后半期，土地价格攀升，土地资产的收益也大幅增加，因此，一定程度说明随着股票、房地产市场的繁荣发展，金融、土地资产在民众资产中的比重也不断增加，结合当时民众消费支出的攀升，不可否认资产收益的增加对民众消费有一定的刺激作用。

但是，如果"W…G'"过程，收益索取权集合的过度集中或者即使平均分散，但是增幅过大，都有可能产生资本泡沫，进而演化为泡沫经济，随之而来虚拟资本的索取收益额度势必严重超出实体经济的支付能力，那么经济秩序必然发生动荡甚至是崩溃，虽然收益索取权集合在由结构合适、合理向不合适、不合理转变中，仍然有"W…G'"过程对"G…W"过程的正面激励，即由前文分析可知，泡沫经济的膨胀同期，经济发展取得了进步，但是，如果并无规模上限的虚拟经济向实体经济提出的索取回报超过了实体经济带来的支付能力，那么经济秩序混乱的风险便必然增加，直到虚拟经济向实体经济的瞬时索取回报远远高于实体经济自身所能承受与负担的，那么经济秩序便会突然崩溃，虚拟经济以及实体经济都将在这一过程中受到重大打击。尽管虚拟经济向实体经济提出的瞬时索取回报难以确定，但是可以近似由虚拟经济规模替代，这也就是说，虚拟经济规模

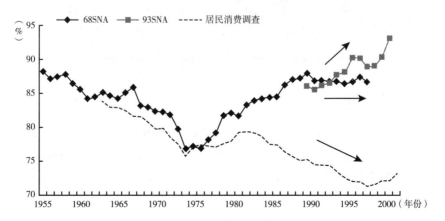

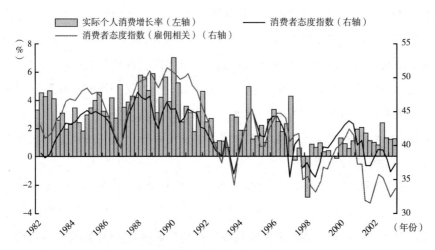

图 5-10　民众的消费倾向与消费态度的统计

资料来源：デフレ下の消費動向，みずほ総合研究所，https：//www.mizuho-ri.co.jp/publication/research/pdf/report/report03-1001.pdf。

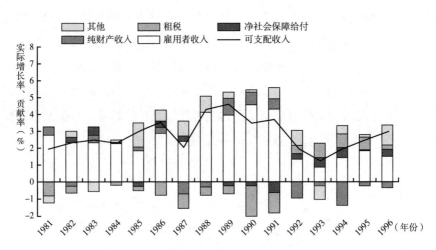

图 5-11　可支配收入增长率与各因素贡献度

资料来源：最近の個人消費動向について，https：//www.boj.or.jp/research/brp/ron_1998/data/ron9805a.pdf。

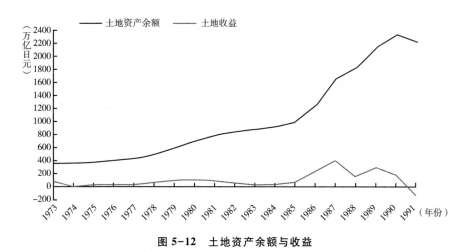

图 5-12　土地资产余额与收益

资料来源：上田隆穂、藤井信之、竹内俊子，バブル経済崩壊後の消費者行動［J］．
学習院大学経済論集，1993，30（1）：8。

与实体经济规模的偏离程度实际上可以近似表征实体经济支付虚拟经济的预期收益回报索取的可能性，换句话说，如果虚拟经济规模远高于实体经济，那么当虚拟经济向实体经济瞬时索取收益回报时，实体经济可以满足的可能性就相对较小。

　　20 世纪 80 年代后期，由于虚拟经济的加速发展而实体经济发展相对减速，日本虚拟经济偏离实体经济的程度则加速明显扩大，因此日本泡沫经济最终崩溃，这从本质上来说依然摆脱不了生产过剩危机的影子，即由虚拟资本索取回报未果引发的一场"资本过剩积累的清算"。日本泡沫经济崩溃的根源可以总结为虚拟经济过度偏离实体经济的发展，而虚拟经济过度膨胀在于：一是虚拟经济内部自行循环、自行增值的加速；二是游离资本大量涌入虚拟经济部门。需要注意的是，资产价格理论上并无上限，虚拟资本的重复交易量、脱离贵金属束缚的货币发行量大幅增加将促使虚拟经济加快自我膨胀，这种膨胀是无限制、无约束的。[1] 但是，由于产品需求、资源以及技术等方面的客观限制，实体经济的实际增长能力或有

---

[1]　刘晓欣、张艺鹏：《虚拟经济的自我循环及其与实体经济的关联的理论分析和实证检验——基于美国 1947~2015 年投入产出数据》，《政治经济学评论》 2018 年第 6 期，第 166 页。

限，如 1988 年，日本实际经济增长率达到阶段性峰值 6.9%，之后至 1993 年逐年递减下降至 0.4%，而股票、房地产市场在 1988~1990 年则是处于加速膨胀时期，这也进一步证明，20 世纪 80 年代后期，虚拟经济与实体经济的脱离加速进行。一方面，虚拟经济部分通过对实体经济提供资本与服务，获取收入与利润，即通过产业资本的循环、周转和全部生产过剩的最终实现，带来的价值增值并转化为利润的一部分将流入虚拟经济部门，但是随着实体经济资本有机构成的提高，不仅产业利润率有可能下降，而且缩短产业资本的周转时间也将产生大量的游离资本，这些资本有可能不再选择进入实体经济部门参与生产，而是涌入虚拟经济部门。另一方面，虚拟经济内部可以形成完整的、能自行增值的循环系统，即虚拟经济为自身提供资本与服务，无须依靠实体经济的生产，而是通过炒作资产差价，依靠资产价格的上涨或资产交易规模的扩张来实现利润获取，这样带来的价值增值脱离了实际生产的过程，因此具有很强的虚拟性质。在之前的研究中已经阐述了 20 世纪 80 年代之后，在实施宽松的金融政策背景下，日本经济体系拥有了十分丰裕的流动性，为虚拟经济膨胀提供了过量货币基础，但是对实体经济中是否存在投资过剩，产业利润率是否下滑导致相对的生产过剩，进而是否导致游离资本流向"以钱生钱"更快更多的虚拟经济部门，在之前的研究中并未过多涉及。因此，下文将进一步基于马克思利润率理论探索日本泡沫经济崩溃的根源。

三　从利润率理论看日本泡沫经济

（一）利润率理论

前文已经阐述泡沫经济的膨胀与资本流向有重要关联，而利润率则对资本在实体经济与虚拟经济部门的流向起决定性作用，当利润率存在差值时，资本往往由利润率低的部门向利润率高的部门流动，在长期，利润率引导着资源的分配。马克思认为，利润率的差别导致了经济不稳定性，也对经济危机负主要责任。在基于马克思主义利润率理论探讨日本泡沫经济问题之前，有必要对相关的利润率理论进行简单梳理。

根据马克思的定义，价值利润率等于生产出来的总剩余价值与总预付资本之比，经过换算，如公式（3）所示：

$$r = \frac{S}{C + V} = \frac{S/V}{C/V + 1} = \frac{m}{C/V + 1}, \quad (3)$$

其中，S 代表总剩余价值，C 代表不变资本，V 为可变资本，m 为剩余价值率，C/V 是资本有机构成。马克思非常重视利润率的研究，在《资本论》第一卷第二十三章论述了资本主义积累的一般规律，在第三卷第三篇详细论述了利润率趋于下降的规律。马克思认为，利润率代表资本家执着追求的剩余价值的利润预期，资本家追求剩余价值的最大化，力图在市场竞争中稳居不败之地，则必然选择不断通过技术进步（如增加先进机器设备应用，增强先进技术研发等）提高劳动生产率，在此过程中机器替代人类劳动，相较于可变资本，不变资本增加，资本有机构成上升。马克思认为，"利润率趋向下降，和剩余价值率趋向提高，从而和劳动剥削程度趋向提高是结合在一起的，"剩余价值率的增加具有上限，而且即使剩余价值率提高，也可能出现利润率下降。利润率周期性下降趋势揭示了经济周期波动的基本机制，而且利润率的长期下降趋势反映出资本积累的内在矛盾，马克思认为，利润率在长期内是趋于下降的，这一规律导致了人口过剩、生产过剩以及资本过剩等问题，进一步地，这也成为引发资本主义经济危机的重要原因。

（二）利润率理论视角下的日本泡沫经济分析

利用利润率理论再考日本泡沫经济问题，以往研究更多从"逆资产效应"出发，认为日本当局的紧缩型金融政策导致泡沫经济崩溃，资产价格下跌，市场萎靡，消费与投资骤降，实体经济陷入停滞。当然，这种原因与经济逻辑符合现实。不可否认，泡沫经济崩溃的导火索是有关于股票、土地市场的紧缩型金融政策，但是，也有研究表明，泡沫经济崩溃或在繁荣中自行消逝，缘何日本泡沫经济崩溃对实体经济产生如此重大的负面影响？其内部根源如何？基于马克思利润率理论再考日本泡沫经济崩溃，有助于从更深层次解释泡沫经济与实体经济的联系以及泡沫经济崩溃的根源。简而言之，日本泡沫经济崩溃是对资本过剩积累的清算，一方面，泡沫经济前期，宽松的金融政策背景下，基准利率下降，产业利润率保持高位，资本流向生产部门，设备投资增加带动实体经济增长，但是产业利润率尽管较高，但有下行趋势，与此同时，游离资本增多并涌入虚拟经济部门谋求快速获取更多的利润，虚拟经济过度膨胀脱离实体经济发展；另一方面，泡沫经济后期，金融政策趋于紧缩，基准利率上升，产业利润率下滑至低位，过剩投资问题彻底暴露，设备投资减少，过剩资本积累得以清算，虚拟资本的预期收益降低，资产价格泡沫破裂演化为泡沫经济崩溃，虚拟经济与实体经济同时陷入衰退。

从利润率理论看日本泡沫经济问题，需要测算这一时期的产业利润率。森本壮亮根据马克思利润率公式测算了日本 1955～2013 年全产业（金融、保险业除外）与制造业利润率，其将员工工资、员工奖金、福利厚生费加总为可变资本，附加价值去掉可变资本的部分为剩余价值，这个剩余价值正如马克思所定义的包括董事报酬、地租、利息、分红、税等。而不变资本则包括原材料·贮存品、有形固定资产、无形固定资产的总和。尽管如此计算出的利润率可能与马克思定义的利润率仍不完全一致，但是已经相对接近，其趋势变化具有一定代表性。如图 5-13 所示，从长期来看，日本的产业利润率确实有下行趋势，特别是制造业利润率的下行趋势更为明显。

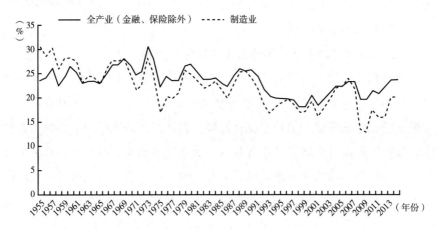

图 5-13　企业利润率的趋势

资料来源：森本壮亮，利潤率の傾向的低下法則と日本経済——置塩定理を中心にして，桃山学院大学経済経営論集，2006，57（3）：248。

在 20 世纪 80 年代前半期，产业利润率基本上是震荡下行，但是在泡沫经济高速膨胀的 1987～1989 年则有所增加，但是，1990 年之后则迅速

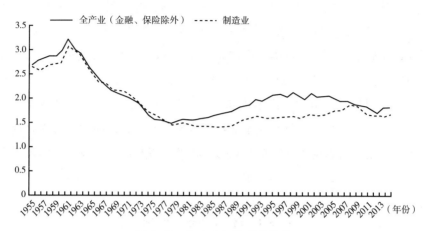

图 5-14　资本有机构成的趋势

资料来源：森本壮亮，利潤率の傾向的低下法則と日本経済——置塩定理を中心にして，桃山学院大学経済経営論集，2009，57（3）：253。

下滑，即泡沫经济崩溃的时间点可以视为利润率快速上升与快速下降的一个"分水岭"。进一步分析，利润率受资本有机构成、剩余价值率等的影响，图 5-14 为资本有机构成的趋势，自 20 世纪 70 年代后期开始，除金融、保险业之外的全产业的资本有机构成便基本上处于平行或上行趋势，但是在 20 世纪 80 年代前期，其提高速度相对较快，但是 1988 年之后逐渐趋于平缓并震荡，而制造业资本有机构成在 20 世纪 80 年代前半期基本上保持平稳，自 1987 年之后趋于增加，1989 年之后再次平稳波动。虽然，资本有机构成的波动可以一定程度解释在 20 世纪 80 年代前半期产业利润率的震荡下行趋势，即随着社会投资的增加，劳动生产率提升，资本有机构成增加，产业利润率下滑。

　　但是，却难以说明 1987~1989 年产业利润率的提高以及之后的大幅下降。而这两点可由工资变化与劳动分配率的变化来解释，如表 5-8 所示，20 世纪 80 年代之后，制造业领域的劳动投入量确实趋于下降，劳动生产率则趋于增加，但是 1985~1990 年，工资成本指数则由 97.1 下降至87.5，这一定程度可以反映劳动在新生产出的剩余价值中的分配比率降低，即这一时期利润率的上升是由于剩余价值率的提高。而 20 世纪 90 年代之后，尽管制造业资本有机构成基本上没有明显提高，但是，工资指数、工资成本指数反而有所提高，进而促使利润率下降。整体来看，20世纪 80 年代前半期的泡沫经济早期，资本有机构成的提高，产业利润率下降，而后半期之后，资本有机构成的提高不再是影响利润率变动的主要原因，而工资成本则成为决定利润率上升与下降的主要原因。在这一时期，存在剩余价值率的提高速度快于资本有机构成，从而导致利润率上升，但是这并不与马克思利润率下降规律相矛盾，这是因为，马克思也已多次说明过劳动剥削程度的提高是抵消或者延缓利润率下降规律的重要因素，而"这个因素不会取消一般的规律。"①

表 5-8 制造业的劳动生产率

年份	产出量指数	劳动投入量指数	劳动生产率指数	工资指数	工资成本指数
1955	10.7	61.1	18.3	10.1	55.2
1960	24.8	89.6	28.3	13.6	48.1
1965	43.3	108.1	40.9	22.0	53.8
1970	91.3	120.7	76.7	43.7	57.0
1975	100.0	100.0	100.0	100.0	100.0
1980	142.9	91.7	156.0	149.9	96.1
1985	174.5	89.1	193.3	187.5	97.1
1990	219.1	84.3	257.1	225.0	87.5
1995	208.4	78.1	264.8	248.0	93.7
2000	219.5	72.4	300.0	257.4	85.8

资料来源：村上和光，バブル経済の崩壊と景気変動過程——現代日本資本主義の景気変動，金沢大学経済論集，2009，29（2）：18。

　　尽管如此，从长期来看，日本产业利润率仍然呈现了下行趋势，日本在泡沫经济时期确实出现了过剩投资问题。结合图 5-15 来看，1988 年，设备投资增长率达到阶段性峰值，之后便趋于下滑，而且结合之前图 5-9 的设备投资与投资利润来看，1988 年，无论是制造业还是非制造业，设备投资增长率与投资利润均达到阶段性峰值，但是之后也趋于下滑。也就是说，1987~1990 年，尽管利润率趋于增加，但是设备投资增长率与投资利润则先提高后下降，这一定程度也印证了泡沫经济加速膨胀时期存在过

①　马克思：《资本论（第 3 册）》，人民出版社，1975，第 261 页。

剩投资的情况，那么之后泡沫经济的崩溃，利润率下跌便成为清算过剩资本积累的一个契机。

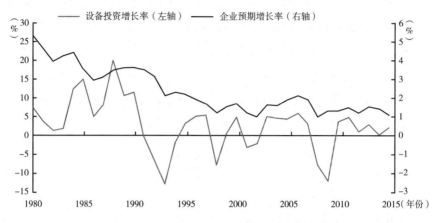

图 5-15　企业预期增长率与设备投资增长率

资料来源：田中賢治，1990 年以降の日本の設備投資——依然残る慎重姿勢と成長期待の弱さ，https://www.mof.go.jp/pri/research/conference/fy2016/inv_01_04.pdf。

当然，仅从设备投资增长率与投资利润的先增后减说明泡沫经济期间的过剩投资问题，显得尤为不足。除此之外，资本系数的变化也表明 1989 年前后，随着泡沫经济加速膨胀，市场已经出现过剩投资、资本积累过剩的问题，资本系数表示资本产出的效率，资本系数高表示生产一单位国民收入（国民生产总值）所需的固定资本较多，资本产出效率较低，投资效果小，反之亦然。如图 5-16 所示，1985 年之后，资本系数便基本上呈现平行或增加趋势，也就是说资本产出效率趋于下降。另外，以 1989 年为界，1989 年之后，资本系数的增长率趋于增加，说明资本产出率下滑加速，而相对于 GDP 增加的原因，资本存量增加是资本系数加速提升的更重要原因，这一定程度证明在 1989 年之后，过剩投资、过剩资本积累问题已经开始暴露。而结合利润率趋势来看，1990 年之后，制造业产业利润率下降幅度明显高于全产业利润率，也就是说，理论上制造业领域的设备投资受产业利润率下降的影响也会越大。结合图 5-9 设备投资增长率与投资利润来看，也确实如此，1993 年制造业设备投资降至 -30% 左右，而非制造业设备投资在 -10% 左右，根据"日本经济新闻"

的调查，1993 年，制造业的 17 类行业中，除了食品、精密机械等保持了设备投资的正增长，其他 15 类行业均为负增长，而非制造业的 16 类行业中，有水产、矿产、不动产等 6 种行业投资仍保持增长，其他则为负增长，可见，制造业的设备投资受泡沫经济崩溃、产业利润率下降的影响更大，而其中在泡沫经济膨胀阶段吸引更多投资的钢铁、非金属以及机械行业的投资下降比率较大，同样，非制造业的金融、建设行业投资下降幅度也较大，一定程度印证了这些行业在泡沫经济膨胀期间积累了过剩投资，在泡沫经济崩溃时期也必然进行过剩资本积累的清理。

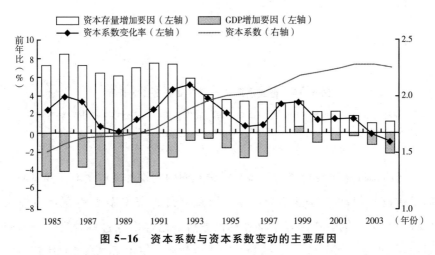

图 5-16　资本系数与资本系数变动的主要原因

资料来源：日本内阁府，平成 18 年度年次经济财政报告，https：//www5.cao.go.jp/j-j/wp/wp-je06/pdf/06-00102.pdf。

基于前文的分析，可以看出泡沫经济膨胀时期，尽管产业利润率有短暂的提高，但是依然不可否认过剩投资问题的存在，这也为之后的产业利润率下降埋好了伏笔。以 1990 年前后为界，产业利润率开始了大幅下降，这与泡沫经济开始崩溃的时间基本吻合，以往研究认为，1989 年之后，日本金融政策趋紧是泡沫经济崩溃的启动点，但是，这只是政策层面的表象分析，如果结合利润率理论来看，村上和光认为，泡沫经济加速膨胀与崩溃是受到基准利率与制造业利润率的变动方向转变的影响。如图 5-17所示，20 世纪 80 年代末与 90 年代初，基准利率与制造业利润率有两处明显的交点，即 1986 年与 1990 年，80 年代之后，随着日本施行宽松的金融政策，基准利率一直处于下降趋势，1986 年之前，制造业利润率仍低于基准利率，而 1986～1990 年，制造业利润率高于基准利率，而这一时期也是制造业设备投资增幅最快的时期，同期，泡沫经济快速膨胀。但是，1989 年之后，金融政策趋紧，基准利率不断上调，制造业利润率则在达到峰值后趋于下滑，至 1990 年之后，制造业利润率低于基准利率。一方面，资本的过剩积累，过剩投资导致产业利润率下滑，另一方面，紧缩型金融政策导致基准利率的上升，20 世纪 90 年代初，基准利率高于产业利润率，导致过剩资本的"暴露"与"强制清算"，因此开启了泡沫经济的崩溃与经济发展的停滞的轨道。但是，这里需要注意的是，村上和光测算的制造业利润率和森本壮亮测算的制造业利润率的数值存在一定差距，这主要是测算口径不同所导致，不过其测算出的利润率的变化方向相似，都可以得出 1986～1989 年前后，基准利率保持低位，而制造业利润率有所提高，而 1990 年之后基准利率趋于上行，而制造业利润率则不断下降的结论，从这一方面讲，无论制造业利润率是否实际高于基准利率，两者的变动方向确实在 1990 年前后发展转变，故而将其视为泡沫经济崩溃的重要内因也是有所依据。

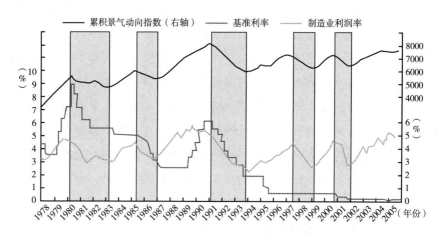

图 5-17 制造业利润率、经济景气动向指数与基准利率变动

资料来源：村上和光，バブル经济の崩壊と景気変动过程——现代日本资本主义の景气变动，金沢大学经济论集，2009，29（2）：80。

整体来看，日本泡沫经济时期的产业利润率下行，不仅一定程度解释了当时存在的过剩资本积累问题，而且有助于解释泡沫经济崩溃的本质。同时，需要注意的是，尽管 20 世纪 80 年代前半期产业利润率便趋于下降，但是泡沫经济崩溃后，90 年代初产业利润率的大幅下滑带来的负面影响更大。这是因为，80 年代前半期，企业的预期成长率处于高位，设备投资的增长率也震荡增加，但是 90 年代之后，企业预期成长率已经持续下降至较低地位，与此同时，设备投资也转为负增长。这一定程度说明，80 年代前半期的泡沫经济的早期，对企业未来成长的预期良好，设备投资不断增加，资本积累导致资本有机构成提高，产业利润率有所下滑，但是还没有对设备投资产生明显的负面影响，不过已经促使游离资本流出实体部门，转而流向虚拟经济部门。而 90 年代之后，金融政策收紧，企业发展的预期不良，此时产业利润率的大幅下滑促使预期加速恶化，设备投资减少，经济恢复动力减弱，导致泡沫经济崩溃对实体经济的影响进一步放大。

综上所述，在马克思经济危机理论视角下，日本泡沫经济与传统意义上的生产过剩危机有所不同，也不是特种货币信用危机，因为日本泡沫经济不局限于金融体系，也对实体经济产生重要影响。反而，其似乎更倾向于是一种由过度投机与信用扩张引发的诱发性经济危机，本质还是脱离不了生产危机的影子，泡沫经济膨胀阶段，过剩投资、过剩资本积累问题逐渐凸显，泡沫经济的崩溃则是对过剩资本积累的整体清算。在虚拟经济理论视角下，结合日本泡沫经济时期的情况，研究发现：一是从虚拟资本的特点来看，日本泡沫经济的生成及迅速膨胀与企业、民众的投机心理密切相关，潜存高风险，并且与实体经济的运营周期脱离，同时泡沫经济的崩溃验证了虚拟资本的价格回归性与周期性运行特点，另外，虚拟资本的周期性运行特点也意味着虚拟资本与实体资本的运行周期是否协调也关系着经济的健康发展，而且虚拟资本运行的两重性特点也说明其对经济影响有利有弊。二是从虚拟资本运行过程来看，在"G…W…G′"中，"W…G′"过程代表了收益索取权集合的扩大化、复杂化，直接影响"G…W"过程。在日本泡沫经济的早期阶段，股票、房地产等资产价格的增加，民众或企业在股票、房地产领域的投资取得了"W…G′"的正面激励效果，这主要表现为随着股票、房地产价格的提高，资产收益增加刺激消费、投资行为，进而带动经济增长。但是，在 20 世纪 80 年代后期，泡沫经济加速膨胀，收益索取权集合过于集中于股票、房地产市场，同时，此类虚拟经济部门不仅自我循环、自行增值，而且吸引了大量的生产部门的游离资本，因此，虚拟经济规模严重脱离实体经济，泡沫经济崩溃风险骤增。为进一步解析泡沫经济对实体经济的影响，以及泡沫经济膨胀与崩溃的深层次原因，同时通过测算泡沫经济时期产业利润率的变化，探讨了利润率下行是否为泡沫经济膨胀与崩溃的重要原因。研究发现：一是在泡沫经济时期，产业利润率整体确实存在一定的下行趋势，但是 1987～1990 年，利润率有所提高，这是因为剩余价值率的增速快于资本有机构成的增速，但同期设备投资增速有所放缓，企业预期成长率也持续下降，加之资本系数增长率提高，一定程度可以验证此时存在过剩投资问题。二是泡沫经济崩溃的本质在于基准利率与产业利润率变动方向的转变，也就是说，1986～1989 年前后，基准利率保持低位，而制造业利润率有所提高，市场投资活动活跃，而 1990 年之后基准利率趋于上行，而制造业利润率则不断下降，导致过剩资本的"暴露"与"强制清算"，开启了泡沫经济崩溃与经济发展停滞的轨道。

第六章

日本泡沫经济对中国的警示意义

党的十九大报告指出，中国经济已由高速增长阶段转变为高质量发展阶段。当前，诸多经济学家形成共识，认为中国经济在快速发展的过程中积累了一定数量的资产泡沫，这加剧了经济发展的局限性，影响了经济发展的质量。2017 年 12 月 18~20 日，中央经济会议提出，将预防和控制风险置于更加突出的位置，强调守住不发生系统性金融风险的底线，打好防范化解重大风险攻坚战，重点是防控金融风险。2020 年 11 月，《中共中央关于制定国民经济和社会发展第十四个五年规划和二〇三五年远景目标的建议》公布，重申维护金融重要基础设施安全，维护金融安全，守住不发生系统性风险底线，在畅通国内大循环方面，提出推动房地产、金融同实体经济均衡发展的要求。整体来看，中国经济有序发展，稳中有进，态势良好，出现的一些问题也在预料之中和可控范围之内。但是，2020年初，新冠肺炎疫情的突发给我国宏观经济带来了不可忽视的冲击与影响，其在全球范围的蔓延更是导致世界经济的深度衰退。新冠肺炎疫情，叠加中美博弈加剧、世界经济恶化等国际形势，促使我国外需面临的不确定性提高、内需的结构性分化明显，政府财政也面临相当大压力，国内外为应对疫情采取宽松的货币金融政策导致社会流动性充裕或引发新一轮泡沫经济危机。当然，在防控新冠肺炎疫情方面，中国走在世界前列，取得了良好成效，复工复产稳步进行，货币政策保持适度宽松，短期来看并不存在产生泡沫经济的可能，但是从房价收入比和其他指标中可以看出，我国房地产市场已经存在泡沫，过去房地产市场价格的快速增长已经给我国经济发展埋下了一定的隐患，在错综复杂的国内外环境下可能带来新的风险。从房价上涨原因来看，当前中国房地产市场泡沫和 20 世纪 80 年代日本的房地产泡沫有一定的相似性。特别是，新冠肺炎疫情突发以来，世界各国大放水，而由于实体经济衰退，大量过剩资金流入股票市场，以美国道琼斯指数为中心，发达国家股市飙升，日经平均股指曾飙升至 30000 点几乎与泡沫经济时期相接近，完全脱离实体经济的股市飙升可能为发生更大规模的泡沫经济留下隐患。为了防止我国出现日本泡沫经济崩溃后的灾难，预防可能出现的国际性泡沫经济，吸取日本泡沫经济的教训，未雨绸缪，防止系统性和区域性金融风险的发生。

第一节　中国经济泡沫态势与中日比较

与日本由于股票、房地产"双重"经济泡沫演化至全面的泡沫经济相比，当前，中国并没有进入泡沫经济时期，而是具有"单重"经济泡沫即房地产资产泡沫。过去 20 余年中，房地产及其关联行业领域的投资、生产与消费是促进中国经济高速增长的重要动力，是驱动经济发展的支柱产业，不过，中国过去经济发展过度倚重房地产市场，出现了房地产价格在短期内的迅猛上涨，不断吸引大量资金涌入房地产市场，故而在一定程度上推动资金"脱实向虚"，危害了实体经济健康发展，同时威胁着金融与宏观经济的稳定发展，这与过去日本的情况有些类似。但是，相较于日本，中国房地产市场发展也具有特殊之处，并面临更加错综复杂的国际局势，一方面，突如其来的新冠肺炎疫情的暴发与全球性蔓延，严重冲击了当前的世界经济秩序，中国经济也受到重大负面影响，外需的不确定性增加，内需的结构性分化特征愈加明显，政府财政同时面临了增收与减支的双重困境；另一方面，中美博弈加剧，美国试图通过强化联盟与伙伴关系对华进行经济、科技、军事安全等全方位围堵，在经济领域，重点从全球价值链层面把中国从区域与全球生产网络中排挤出去，中国实体经济发展面临巨大挑战。这也意味着，当前，对于中国来说，如何有序疏解房地产市场泡沫、引导资金"由虚转实"是亟待解决的重要发展难题。显然，日本在泡沫经济生成、膨胀与崩溃阶段产生了诸多经验教训，日本也是发生泡沫经济的国家中，与中国经济发展轨迹最为接近的国家，其经验教训对我国具有重要参考意义。

一　中国的房地产政策演化与市场情况

中国的经济泡沫主要体现在房地产市场中，而日本的泡沫经济则是由股票、房地产市场共同驱动。之前的章节已经详细地阐述了日本泡沫经济生成、膨胀以及崩溃的过程，这里主要聚焦中国的房地产泡沫情况的分析。由于中国房地产市场更明显地体现了"政策市"特征，其快速发展得益于宏观政策的扶持，因此，需要阐述中国房地产市场相关政策变化以及房地产市场的一些基本情况，在此基础上对比中日情况。

（一）房地产市场政策演变

从中国房地产市场政策演变来看，大体分为三个阶段：20 世纪 80 年代左右开启了房地产商品化改革；20 世纪 90 年代末到 21 世纪初期，房地产迅速成为拉动经济增长的重要支柱型产业；在 2015 年之后，房地产政策转向化解房地产库存、促进房地产市场健康发展，逐渐以回归住宅的居住本质为重点。

自 20 世纪 90 年代后期之后，房地产行业开始扮演"救市"角色时候，也开启了房地产市场泡沫积累的时期。这里比较典型的是两个阶段，一是亚洲金融危机时期，二是全球金融危机时期。

1997 年，亚洲金融危机席卷泰国，之后不久蔓延至马来西亚、新加坡、日本、韩国等国家，给中国经济发展带来负面冲击，当时房地产开发投资规模占 GDP 比重逐年上升，而且由于其产业关联度高、占 GDP 比重大，逐渐成为当时拉动经济增长的动力。2003 年，国务院在《关于促进房地产市场持续健康发展的通知》中明确表示，"充分认识房地产市场持续健康发展的重要意义。房地产业关联度高，带动力强，已经成为国民经济的支柱产业"，并强调推进房地产市场健康发展对促进消费、拉动投资、扩大社会就业等的重要作用，对全面建设小康社会、加快推进社会主义现代化的重要意义。由此可见，房地产商品属性进一步凸显，而满足实际需求的住房社会属性被削弱。在亚洲货币危机期间，经过一系列的宏观政策包括房地产政策调控，相对于其他国家，中国经济很快恢复了快速增长。但是，这一时期，随着针对房地产行业出台的刺激政策的落地，市场资金向房地产市场涌入，住宅平均销售价格大幅增长，房地产企业的数量也加速攀升。之后，针对房地产市场投机现象，政府开始收紧土地政策、信贷政策以及税收政策以稳定房价。

但是，2008 年，美国的次贷危机引发全球性的金融危机，我国外向型经济发展受到重挫，在此背景下，我国快速反应，提出进一步扩大内需、促进经济平稳较快增长的十项措施，大约投资 4 万亿资金，其中地方政府需要承担 1.25 万亿元，带来了巨大的财政负担，各地纷纷成立地方融资平台，以土地为担保向银行借入大量资金，房地产行业再次承担拉动经济增长的"火车头"角色。这一时期，房地产相关的信贷、税收政策也较为宽松。例如，2008 年，中国人民银行连续 5 次下调金融机构人民币存贷款基准利率，财政部发布《继续加大保障民生投入力度 切实解决低收入群众基本生活》，提出"对个人首次购买 90 平方米及以下普通住房的，契税税率暂统一下调到 1%；对个人销售或购买住房暂免征收印花税；对个人销售住房暂免征收土地增值税。地方政府可制定鼓励住房消费的收费见面政策……最低首付款比例调整为 20%"等，除此之外，《促进房地产市场健康发展的政策措施》提出对已贷款购买一套住房但是人均面积低于当地平均水平的，再购买第二套自住房的居民比照执行首次贷款购买普通自住房的优惠政策，《关于促进房地产市场健康发展的若干意见》提出对住房转让环节营业税暂定一年实行减免政策。这些政策从销售、购买、转让各个环节鼓励新房与二手房市场交易的发展，以刺激房产消费来拉动经济增长，这也就再次将房地产价格快速推高，使得房地产市场的发展偏离了健康、稳定的预期轨道。

2009 年之后，房地产市场一直在政策宽松与收紧的交替变化下发展，例如 2009~2011 年是收紧周期，2009 年 12 月国务院常务会议表态要遏制房价快速上涨，2010 年连续提高首付比例和贷款利率，并出台二套房"认房又认贷"，新增限购的政策等。但是 2011 年底之后，各地方出现了对房地产政策的微调，如调整普宅标准等。由于 2011 年第四季度的经济增速下滑，2012 年初开始，中国政府采取了新一轮经济刺激政策，包括两次降准、两次降息，批复大量投资项目等。2013 年 2 月，国务院发布

《关于继续做好房地产市场调控工作的通知》（国办发〔2013〕17 号），提出住房供需矛盾突出、房价上涨压力较大的城市，从严调整限购措施等政策，房地产调控政策再次收紧。2014 年下半年至 2016 年上半年是近年来房地产调控政策最后的相对宽松时期，以化解房地产库存、棚户改造等为目标。2015 年 11 月，我国提出了供给侧改革的政策，同年 12 月，化解房地产库存也被作为 2016 年的五大任务之一。2016 年以后再次强调以"三去一降一补"为主要内容的供给侧结构性改革是 2016 年乃至"十三五"期间我国经济工作的重点任务。2016 年 7 月，中央政治局会议提出"房住不炒、因城施策"，通过限购、限价、限签、限售、租售并举、多主体供给等多种方式稳房价、稳预期。房地产相关调控政策进入新的收紧时期。自 2016 年以来，随着一系列房地产新政策的实施落地，房地产市场价格逐渐得到控制，2019 年是近年来房地产市场表现最为平稳的一年，但是 2020 年初突发的新冠肺炎疫情给中国经济、世界经济都带来巨大的负面冲击。也是由于在疫情这种特殊时期，"十四五"规划建议以及 2020 年、2021 年全国"两会"中的政府工作报告均未提及房地产税相关内容，但是，《中华人民共和国国民经济和社会发展第十四个五年规划和 2035 年远景目标纲要》指出应推进房地产税立法，健全地方税体系，逐步扩大地方税政管理权。可见，房地产税在长效机制和房地产发展中的重要作用。而在 2021 年政府工作报告中，关于房地产市场调控中，解决好大城市住房突出问题被摆在了重要位置，尤其是"尽最大努力帮助新市民、青年人等缓解住房困难"，坚持"房住不炒"仍然是整体导向，并新增了"稳地价、稳房价、稳预期"的表述。这也意味着房地产行业作为中国经济的压舱石地位，相关的宏观政策不会急转弯，房地产行业全面转向去杠杆，但不会像日本那般"硬着陆"。这也就对中国如何保持相关宏观政策连续性、稳定性及可持续性，如何坚守不发生系统性金融风险的政策底线，并有序引导资金向实体经济流动提出了更高的要求。

（二）房地产市场情况概述

中国房地产市场价格的迅速攀升源于工业化、城镇化速度的加快。为进行现代化建设，我国城镇化进程逐渐加快。在城镇化进程和人口向大城市集聚效应下，房屋价格开始普遍上涨。图 6-1 为按用途分的商品房平均销售价格变化，2001~2019 年，商品房平均销售价格基本上震荡上涨，2001~2013 年，办公楼商品房平均销售价格最高，之后被别墅、高档公寓价格反超，其他商品房、商业营业用房等销售价格近年来有所下降，相对于其他商品房，住宅商品房的价格始终稳定上涨。尤其是一线城市房价涨幅明显，如图 6-2 所示。2016 年 12 月，一线城市住宅平均价格已经高达 40000 元/米², 北京市中心城区二手房平均房价早已突破 10 万/米², 其中学区房价格更是上涨迅猛。但是地方城市房屋需求并没有一线城市旺盛。我国城镇化快速发展，地方政府将过多土地用于住宅和办公楼建设，而地方对房屋需求不足，导致大量房屋无法出售。2016 年中央把化解房地产库存作为经济工作的重要任务之一，希望通过一、二线城市价格上涨来带动地方房屋销售。在这种背景下，大城市房价更是上涨迅速，工薪阶层仅通过工资收入已经很难靠一己之力购买房屋。在北上广等地，许多年轻人沦为"房奴"，买房成为年轻人中短期内最大的人生目标。过高的房价也导致一线城市投机风气盛行。以北京为例，大量有闲散资金的居民购买二套、三套房，等待升值，伺机以高价售出。这挤占了房屋为刚性需求人群的供给，也推动了房价的进一步上涨。

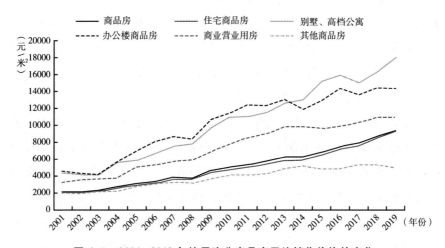

图 6-1　2001~2019 年按用途分商品房平均销售价格的变化

资料来源：根据中国国家统计局数据绘制而成。

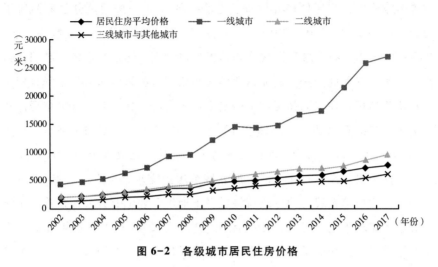

图 6-2　各级城市居民住房价格

资料来源: PEAK CHINA HOUSING [R] . NBER WORKING PAPER SERIES, https: //www. nber. org/system/files/working_ papers/w27697/w27697. pdf。

　　从房价收入比来看，世界银行专家 Hamer 和经济学家 Renaud 都认为房价收入比在 4~6 是较为合理区域，即用五年时间购买一套住房是较为合理的。但是从 Wind 金融数据库公布的房价收入比来看，一线城市房价收入比在 2010 年就已经高达 20。中国二、三线城市房价收入比在近几年有所下降，但是也依然高于 6（见图 6-3）。这表明在一线城市如果仅靠工资来购买住房，要用 20 年才能将房款还清，而在地方普通城市也要花 7~8 年来购买房屋。即使是日本泡沫经济时期的东京，最高房价收入比也仅为 10，远远低于我国目前状况。

　　过高的房价收入比已经从侧面说明了房价偏离其本身具有的价值，意味着我国房地产市场泡沫的存在。如果按照一线城市房价增长率以及 GDP 增长率的比值来看，在 2013 年、2014 年，我国房地产市场泡沫加速集聚。虽然之后有小半年时间房价增速低于 GDP 增长率，但是时间短，而且是政策性作用。2015 年下半年开始，一线城市房价大幅度上涨，房价增速于 GDP 增速之比已经超过 2（见图 6-4），这表明我国房地产市场泡沫已经形成。资产泡沫的存在将导致资源配置扭曲，带动社会不良风气和投机风气盛行。如何挤出房地产泡沫将是未来几年严峻的课题，特别是

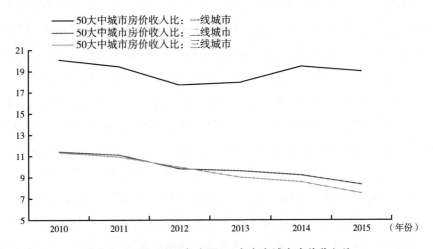

图 6-3　2010～2015 年中国 50 个大中城市房价收入比

资料来源：Wind 金融数据库提供。

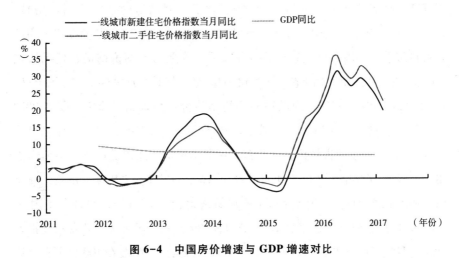

图 6-4　中国房价增速与 GDP 增速对比

资料来源：中国国家统计局。

一线城市房价收入比严重高于合理空间，与中小城市相比，大城市房价居高不下，房价问题十分突出，业已成为影响基础民生的重要问题之一。2020 年 12 月 18 日，中央经济工作会议公报发布，提出要解决好大城市住房突出问题，再次对房地产市场定调。

2020 年初，新冠肺炎疫情突发，这场突如其来的疫情对我国房地产市场产生了多维度的深刻影响。从直接影响来看，由于售楼处的关闭与推迟复工，看房、购房活动难以进行，影响企业的房产项目交付进程与销售，对企业资金链产生负面冲击；对于贷款购房家庭，收入受到疫情影响，导致部分家庭在偿还贷款方面面临的困难增加，对于租房家庭，寻找新的房源、搬家等活动都存在现实困难，租房市场也同样不景气。从间接影响来看，疫情严重地打击了经济的有序发展，引发部分群体的购房观望行为。另外，由于受疫情影响，企业经营不佳，民众收入降低，财富损失的群体的购房意向也下降，这都不利于房地产市场的"稳房价、稳预期"。根据国信房地产信息网与国泰安统计数据，从疫情期间的商品房销售额来看，2020 年 2 月，商品房销售额仅 8203.47 亿元，同比下降了 35% 以上；3 月为 20364 亿元，同比下降 25% 左右；直至 7 月，商品房的销售额均比上年同期降低，但是之后随着我国对疫情的有效防控，有序推进了复工复产，经济增长预期更为稳定，8 月之后，商品房的销售额同比增长，2020 年 12 月销售额共计 173612.66 亿元，同比增长 8.7%。从商品房平均销售价格来看，2019 年 12 月与 2020 年 2 月，商品房平均价格增速仍保持在 6.6%，自 3 月开始大幅下降，4 月仅为 0.8%，但是 5 月之后增速逐渐上升，12 月达到 5.9%。其中，商品住宅平均销售价格涨幅相对稳定，仅在 2020 年 4 月、5 月跌至 5% 以下，分别为 2.7% 与 3.9%，2020 年 12 月涨幅已经达到 7.5%，办公楼销售均价、商业营业用房销售均价涨幅受疫情的负面影响更为明显，2020 年 4 月与 5 月分别为 -8.1%、11.7%，之后逐渐恢复，商业营业用房销售均价自 2019 年 12 月则始终保持了负增长，2020 年 5 月为 -6.1%，之后有所下降，但是 12 月仍为 -2.8%。从全国房地产开发景气指数即国房景气指数来看，2020 年 2 月至 6 月，国房景气指数在 100 以下，之后逐渐增加，2021 年 2 月为 101.41，由此可见，新冠肺炎疫情确实对房地产市场投资与销售产生了负面影响，但是在 2020 年下半年开始，这种负面影响逐渐淡化，即中国房地产市场基本上保持了相对稳定。

二 中日比较

20 世纪 90 年代初，日本在经历泡沫经济崩溃后，经济一蹶不振。现阶段中国房地产市场也存有资产泡沫，却不一定会重蹈覆辙。仍需注意的是，由于当前中国面临更加复杂的国内外环境，更应谨慎对待房地产市场泡沫，除此之外，日本为应对新冠肺炎疫情冲击，不断持续推出超宽松货币政策，股票市值一度高达泡沫经济时期的高点，会否再次快速积累经济泡沫也同样值得关注。

首先，从经济发展来看，我国经济与日本当时经济有相似点也有不同点，因此即使房地产市场存在泡沫，也未必会引发泡沫经济危机。具体见表6-1。第一，中国经济增长依然坚挺，尽管房地产市场存在价格泡沫，基本上可以通过实体经济发展进行有效疏导。例如，如果从股票市场来看，我国的股市在2006~2008年的上涨速度和幅度，实际上是比日本在泡沫经济生成与膨胀时期更为迅猛，但是在股市泡沫崩溃后日本经济遭受到严重打击，而我国经济受到负面影响的时间相对短暂，很快得以恢复。重要因素之一是我国经济增长更为坚挺，经济发展基础面与预期良好，GDP保持较高增速，因此，充满活力的高速经济发展有效地缓冲了股市崩溃带来的损失。第二，相对于日本在泡沫经济期间制定经济政策受"美国因素"的影响，我国经济政策的制定则是完全根据我国现实情况如经济结构调整、经济增长快慢的国情所制定，政策制定的自主性更高，政策持续性也得以保障。第三，中国现在的经济发展与20世纪80年代的日本并不完全处于相同的经济发展阶段，比如说中国现在还处于工业化的中期阶段，（户籍人口的）实际城市化率还有待提高，对住宅的刚需仍旺盛，而日本在80年代已进入后工业化阶段，城市化率达到70%以上，国内市场饱和，对住宅的刚需已经很小。除此之外，即使在新冠肺炎疫情期间，我国房地产市场也基本上保持了相对稳定，可见房地产市场抗压力较强。

表6-1 中日经济情况比较

	相似点	不同点
房地产价格	中国与日本房地产价格在五年内增长迅猛	日本一线城市土地价格增长幅度比中国一线城市房地产价格增长幅度稍大

续表

	相似点	不同点
股票价格	2006~2009 年中国股价大涨大跌；日本在泡沫经济崩溃前后股价也大幅度上涨	中国股价在 2006~2008 年上涨速度和幅度比日本泡沫经济更迅猛，但是在股市泡沫崩溃后日本经济遭受到严重打击，而中国经济受到负面影响的时间较为短暂，很快得以恢复
贸易方面	日本在泡沫经济发生前与美国贸易摩擦严重。目前中美贸易摩擦比当年日美贸易摩擦更激烈、更复杂	日本依附于美国，而中国不依附于美国。日美贸易摩擦深刻影响了日本的汇率政策和货币政策。而我国保持独立的政策制定权。但是中美长期战略博弈对中国经济的负面影响巨大
经济增速	经济增速都在 6% 以上，属于中高速增长	从周期上看，泡沫经济生成与膨胀期间，日本处于经济过热期，而当前我国经济增速较稳定，从高速增长转为中低速增长
货币政策	M2 增速都维持在 10% 以上的高水平，为泡沫扩大提供了条件	日本之所以保持宽松货币政策，一是为了抵消日元升值给国内经济带来的不良影响，二是美国等西方国家对日本的无形控制，政策失误可能性高。 中国是一个独立自主的国家，拥有独立的货币政策，货币政策的制定完全根据中国经济结构调整、经济增长缓慢的国情所制定。政策制定的自主性更高
金融机构的作用	中国和日本的房地产贷款余额占银行总贷款余额的比例都较高，在 20% 以上	日本房地产贷款结构中企业占了相当大的比例，企业是土地投机的主体；我国房地产贷款结构中个人占了相当大的比例，证明个人是房地产投机的主体，而不是企业
房价上涨的原始原因	大城市的集聚效应。日本东京的快速发展和我国目前北上广深城市的发展吸引人口不断流入大城市相似	总体来看经济发展阶段不一样，中国还处于发展中阶段，城市化还在进展中，对住宅的刚需很大，而日本在 80 年代中期进入后工业化时期，对住宅刚需很小

　　其次，尽管中国为"单重"资产泡沫，但是中国当前面临的国内外环境愈加复杂，仍需谨慎对待房地产市场泡沫。从表 6-1 中看出，虽然我国与泡沫经济时期的日本有些相似点，但是在本质上还是有区别的。其

中很重要的一点是，我国现在仅存在经济泡沫，而不存在泡沫经济。按照房价收入比来看，我国房地产市场价格严重虚高，房价收入比远远超过4~6的合理区间。可以确定房地产行业存在经济泡沫。但是按照我国经济增速、投资、消费情况看，我国目前投资、经济增速稍有下滑，不符合泡沫经济的"有效需求受到过度刺激而导致经济过热"的定义。但是，经济泡沫尚未发展为泡沫经济并不意味着经济泡沫没有危害，更不意味着已经不存在转化为泡沫经济的可能。尽管中国只有"单重"经济泡沫，但是这种经济泡沫体量大、关联多，已然影响到其他实体经济。对于房地产泡沫我们仍需谨慎对待，并积极应对，努力消除房价过高对居民生活的影响，消除经济泡沫破灭对经济的可能影响，消除房地产泡沫向泡沫经济发展的可能。除此之外，就经济泡沫来看，相较于20世纪八九十年代日本的房地产市场泡沫，中国房地产市场更明显地体现了"政策市"特征，其快速发展得益于宏观政策的扶持，特别是信贷政策，而且因为中国的金融自由化进展速度相对日本缓慢，金融市场较不发达，衬托出了房地产的投资品属性，引发家庭和企业等的房地产投机行为，进而产生房地产市场泡沫。同时，房价的上涨不仅对其他实体部门的投资挤出效应明显，而且明显加剧了城镇居民家庭之间的收入差距，这相对当时泡沫经济时期的日本来说更为严重。除此之外，与日本当时情况不同，中国当前面临更为复杂的严峻形势，2020年新冠肺炎疫情突发后迅速在全球蔓延，导致世界经济陷入深度衰退，中国外需面临的不确定性提高，内需则出现明显结构分化，疫情也加大了政府财政困境。特别是，对比中日，都是在经济高速增长时期积累了经济泡沫，而当年的日本经济"由实转虚"是受到国际金融危机、石油危机的冲击以及金融自由化的影响，而"美国因素"是其泡沫经济生成和崩溃的重要推手，中国当前也是面临美国不公平竞争的施压，拜登政府试图通过联合盟友与伙伴国家从全球价值链层面把中国从区域乃至全球生产网络中排挤出去。如何保障房地产市场经济泡沫有序疏解、引导资金向实体经济流入等面临更多挑战。

最后，当前中国房地产、股票市场基本维持了稳定发展，而日本为应对新冠肺炎疫情持续推进超宽松货币政策，日经平均股价时隔30年重回

30000 点的高点，会否引发新一轮泡沫经济生成值得关注。前文已经提到，新冠肺炎疫情对中国房地产市场带来了明显的负面冲击，但是基本上在 2020 年 5 月之后，这种负面影响便逐渐减弱，房地产市场基本上保持了相对稳定。同样，中国的股票市场也受到新冠肺炎疫情的短期冲击，但是，之后便较快反弹，进而持续增长，2020 年 3 月，上证指数尚在 2700 多点，自 7 月开始便大幅上涨超过 3000 点。也就是说，尽管全球的新冠肺炎疫情依然严峻，但是对风险格外敏感的资本市场却表现很是亮眼，全球主要股市基本上都出现了大幅上涨的态势。相对而言，中国股票市场的上涨更为合理，这主要表现在：中国是全球主要国家中在防控疫情方面表现最好的国家，也是有效控制疫情后最早实现复工复产的国家，基本上是在最大限度地减少了疫情对经济发展的负面影响。因此，中国也是在疫情下的全球主要国家中唯一实现了经济正增长的国家，根据中国国家统计局的数据，2020 年中国的 GDP 增长 2.3%，GDP 实现了百万亿元的历史性突破。除此之外，在疫情的严峻形势下，中国的居民消费加速回暖，出口保持强韧性，制造业投资逐渐修复，经济增长动力逐渐强劲，经济发展呈现良性循环。但是，相对来说，在新冠肺炎疫情严重冲击实体经济，导致日本经济增长大幅下滑的情况下，日本股票市场的火热带有一定的异常，如图 6-5 所示，2020 年 3 月，日经平均股价跌至 16000 点左右，之后便持续上涨，2021 年 2 月 15 日更是时隔 30 年再次突破 30000 点，尽管距离 1989 年底泡沫经济时期的 38957 点的高点仍有一些距离，而且，截至 2021 年 2 月 15 日，日经平均股价的股价市盈率（PER）在 23 倍左右，高于近 10 年平均水平，但是远低于泡沫经济时期的 60 倍，而且根据日经 QUICK 新闻社对市场参与者的问卷调查结果，认为当前股票价格"合理"与"轻微泡沫"的人数占比相当，认为已经是"泡沫"的人数占比较少。也就是说，当前多数投资者认为日本股票市场的泡沫相对之前泡沫经济时期要小。

日本股价超过 30000 点，与全球主要国家施行宽松的财政、货币政策，日本加码推进超量化宽松货币政策以及 2020 年第四季度的经济增长良好等有关，而实际上日本的经济恢复仍滞后于中国及欧美主要国家，实体经济恢复仍然相对缓慢。根据日本内阁府 2021 年 2 月 14 日发表的初步

图 6-5　日经平均股价的变化

资料来源：日本经济新闻网站，https：//www.nikkei.com/markets/marketdata/chart/nk225/？type＝year。

统计结果，受新冠肺炎疫情影响，2020 年日本实际 GDP 比 2019 年下降 4.8%，降幅明显。根据日本信用卡购买数据，2020 年 4 月下旬，日本消费者支出同比减少 26.4%，10 月上半月回升至减少 0.8%，但是 2021 年 1 月上半月继续回落至减少 18.5%；2020 年日本对外出口下降 11%，继雷曼危机后的 2009 年出口跌幅 33.1%，以及广场协议后的 1986 年下降的 15.9% 之后，创出了历史第三大跌幅；设备投资也同比下降，2020 年第四季度，制造业设备投资同比下降 8.5%，其中食品、金属制品、通用型机械与业务型机械等设备投资同比下降在 30% 左右，非制造业设备投资同比下降幅度收窄，但是服务业、运输业、邮政业、物品租赁业等设备投资同比下滑仍在 10% 以上。可见，日本的消费、出口与投资的不确定性仍在，复苏态势尚不十分明显。这也说明，相较于股票市场的火热表现，日本的实体经济发展仍滞后，新冠肺炎疫情后，日本经济增长也仍然面临诸多结构性难题，日本如何通过财政、货币政策调整市场流动性也是巨大挑战，日本的实体经济是与虚拟经济背离还是协调发展仍有待观察。在新冠肺炎疫情冲击下日本股票市场的持续上涨即使尚未引发泡沫经济，也有可能开启了资产泡沫积累的轨道。

第二节　日本泡沫经济对我国的警示与建议

尽管，时至今日，我国也并没有发生泡沫经济，但是房地产市场存在资产泡沫已是共识，如果其继续扩张或者突然崩溃将给经济带来严重且深远的负面影响。因此，我们仍需从日本泡沫经济中吸取教训，防患于未然，寻找控制房地产泡沫扩张的方法，并且探索减轻房地产价格下降对实体经济伤害的渠道，决不能让日本泡沫经济的灾难在中国重演。

一　注重防范经济的泡沫化倾向

从历史经验来看，泡沫经济的发生更容易出现在一国经济崛起、发展迅猛的阶段。例如，20 世纪 20 年代美国出现的股市泡沫及经济"大危机"。而且，日本泡沫经济生成也正是从其急于从经济大国走向政治大国、军事大国之时开始。现在我国已然成为经济政治大国，虽然经济由高速增长转为中高速增长，但是发展前景良好，市场开放程度也逐步增加，并且金融开放处于关键节点。诸多经济学家已经形成共识，中国经济在高速发展过程中积累了一定的资产泡沫，一定程度加剧了经济发展的局限性。[①] 例如，中国房地产行业存在一定泡沫，虽然房价控制有力，但是房地产库存问题比较严峻，如若单纯为了去库存而缺失对房地产贷款的监管，便有可能产生更多的不良贷款。而且，就金融市场来说，中国不仅一次掀起"全民炒股"浪潮，大量投机资金涌入、流出股市，致使股价上涨、回落幅度较大，不利于股票市场长期健康发展。因此，在房地产、金融市场存在一定泡沫的情况下，如何注重防范其泡沫膨胀，防范经济的泡沫化倾向便成为重要的课题。

一是重视控制货币供应量，避免产生过剩流动性。在日本泡沫经济中，大量的货币供应量是资产泡沫产生的基础条件。而经济过热更给日本资产泡沫的产生加了一把火。虽然我国现在处于经济调整时期，保持宽松

---

① 日暮高则，中国が直面する課題：党幹部の腐敗、少数民族・民主化問題，バブル経済など，有効な打開策見当たらず（特集膨張する中国：成長・発展とその限界），インテリジェンス・レポート＝Intelligencereport，2014（69）：33-54。

的货币环境是结构调整的必要条件，但是也应适度而为。在经济增长速度在 10% 以上时，10% 以上的货币增长速度是适度的，因为货币增长速度要与经济增长速度一致。但是在经济增速下降后，继续保持过于宽松的货币环境不仅对经济增长不会起到明显作用，而且很容易导致资产泡沫的扩大。日本在泡沫经济时期 CPI 同比增速在 2%～3%，我国在货币供应量高达 10% 以上时 CPI 增速在 1%～2%，要低于当时的日本。过低的消费者物价指数间接说明了货币流向了资产领域，这种解释对于日本、对于我国都比较合适。因此，为了防止泡沫进一步扩大，我国应该缓慢、有序地减少货币供应量，慢慢将资金抽出泡沫资产市场。

二是应当注重综合经济指标的考量，在准确判断经济整体泡沫化程度下，针对具体的某种产业泡沫特点，有条理、系统治理泡沫。在日本经济泡沫阶段，日本股票市场中，股票价格一直上涨的同时，股息率及股票收益率变化异常。通常而言，股价与股息率的变化方向应该是趋于一致的，但是在当时日本股价上涨幅度虽然远远超过其他国家，股息率却低于其他发达国家，甚至比世界平均水平还低。同时，股票价格上涨，通常股票收益率便会下降，但是尽管日本股票价格远超其他国家，但是其股票收益率也仍然居于高位，这说明股价与企业收益状况开始互不相关，股票市场慢慢成为投机狂欢的盛宴。[1] 日本政府却未重视股票市场的这一反常现象，只看到股价上涨的繁荣景象，而没有看到股息率、股票收益率指标的异常，[2] 由此可见，只有全面多方位衡量经济指标才能明确经济泡沫，并且针对具体泡沫特点有序有效治理。

三是应当确保资本市场的健康、有序发展。一方面，中国股票市场的开户人数庞大，但是真正炒股者却有限，散户众多。由于诸多散户不具备相关知识而具有从众倾向，如果基于投机目的的散户或者企业所占比重较高，则容易股价震荡，不利于股票市场的长远发展。另一方面，由于诸多政府官员、新闻以及银行从业人员也参与金融投资活动，这部分人职业优势更容易接触到内幕消息，利用金融监管的漏洞牟取暴利，如日本发生的

---

① 周见：《对日本泡沫经济的再思考》，《世界经济》2001 年第 7 期，第 15～29 页。

② 松本和男，高株価時代と日本経済の実力：景気変動から株式市場を読む，PHP 研究所，1989。

里库路特事件。因此，在推进资本市场的自由开放进程中，相关部门应该更加注重完善监管机制，确保资本市场健康有序地发展。

四是应该注重国民收入分配不平等问题，防止其与泡沫经济相互作用。日本经济学家橘木俊诏认为日本泡沫经济引起资产分配的极端不平等化，也就是说有钱人通过炒作股票获得更高收益，利用股票的价格泡沫牟利，但是穷人没有投资资金购买股票和房地产，因此富人与穷人之间的收入差距更大。① 而即使穷人有钱购买股票，那么股票价格下跌的风险也有可能给其带来生存危机。因此，国民收入分配的不平等间接导致泡沫经济的生成及崩溃，泡沫经济也反过来使得收入不平等问题加剧，所以政府应该采取有效措施避免两者的相互作用。因此，应重视加强社会保障体制建设。尽管对于日本来说，在房地产泡沫膨胀及崩溃过程中，房价收入比有所拉大，但是基尼系数较小，贫富差距仍然较小。但是根据经济学理论，资产价格泡沫通过分配效应及财富效应的综合作用，容易引发资产分配的不平等化问题，特别是对于中国来说，2016 年基尼系数为 0.465，相较于2015 年有所提高，虽然从整体上看基尼系数的下降趋势不变，但是由于中国社会保障体系尚不健全，一旦由资产泡沫演化为泡沫经济问题，则将进一步拉大国民间的贫富差距，资产分配不平等也容易引发一系列社会问题，不仅对经济发展不利，也给社会的和谐稳定带来巨大挑战，如果经济问题及社会问题螺旋交织，负面影响将成倍扩大影响社会安定。

二　防止泡沫崩溃向实体经济传导

一是督促金融机构提取足额坏账准备金。日本在泡沫经济崩溃后之所以发生银行危机，很重要的原因是金融机构没有意识到房地产行业的风险，从而坏账准备金计提不足。因此，在泡沫崩溃后，银行没有足额资金弥补不良资产。目前，我国金融机构对房地产行业贷款比例也较高，为了防止资产泡沫崩溃后对银行不良资产增加，金融监管部门应该督促银行针对房地产行业贷款计提高于其他行业的坏账准备金。即使在泡沫经济发生后，产生的不良资产也能够通过坏账准备金进行抵消，减小银行发生危机

---

① 橘木俊诏，日本の経済格差，岩波書店，1998。

的可能性。

二是积极化解地方债务问题。目前，我国地方政府债务依然庞大，地方政府偿付债务的主要方式为通过出让土地获得土地出让金。一旦资产泡沫破灭，土地价格下降，地方政府无法偿还债务而导致债务违约的可能性大大提高。金融机构持有地方政府债务余额较高，地方政府违约有可能导致全社会的金融风险。因此，为防止泡沫崩溃对实体经济造成巨大危害，尽早化解地方政府债务问题。为了解决这一问题中央已经出台债务置换的政策。地方债务置换是指地方政府在利率适度的条件下，通过借新债来还旧债，将所欠的债务顺利地延后的一种方式。这种方式虽然在时间上缓解了地方政府偿还债务的紧迫性，但是并不能从根本上解决问题。由于我国目前财政收入依然保持中央与地方 1∶1 的水平，地方政府财政收入依然有限。要全部偿还所欠债务负担依然很大。如果房价下跌带动土地价格下降，作为地方政府重要收入来源的土地出让金也会出现短缺。这很有可能会引发政府债务违约，导致经济的系统性风险。为此我国应积极进行税制改革，提高地方政府的收入，提高政府偿付债务的能力。同时探索地方政府发行市政债的途径，增加其收入来源。对于地方融资平台，要分类进行清查。对于无法盈利的平台进行清理，能够自主经营的将其独立为企业，减少地方政府通过不正当途径进行融资的可能。

三是预先制定解决不良资产方案。日本不良债权问题之所以影响范围广、持续时间长，是因为日本当局没有意识到问题的严重性，也没有在第一时间拿出最积极的态度解决。吸取日本的教训，我国政府应该尽早估算不良资产的规模，制定可行方案泡沫崩溃后可能形成的金融机构不良资产，避免不良资产进一步扩大。另外，在制定好方案后，如果一旦出现泡沫破灭的情况，应该在第一时间做出反应，倾尽全力解决，防止问题进一步扩散。从日本的教训来看，金融机构和企业的投机行为直接导致了经济泡沫的产生和扩大。过剩的货币供应量为金融机构和企业投机行为提供了足够的资金支持，也支撑了日本土地和股票价格的上涨。更重要的是为经济泡沫向泡沫经济转化提供了重要的货币环境。而预期支撑着金融机构、企业和个人不断地对泡沫资产进行投机，形成了泡沫的资金循环。深入挖掘日本泡沫经济形成的背后原因，会有更多警示。日本货币供应量过剩的背后，是日本政府当局对经济形势宏观把握的失误和美国对货币政策的间接干预。这警示我国政府，制定政策时不能太过片面，要考虑全局。另外一定要保持经济政策的独立性，可能对我国经济有害的政策坚决杜绝。日本金融机构和企业投机行为的推动因素是金融自由化的推进。深入分析和挖掘后也不难发现美国的身影。这再次提醒我国改革要从国内实际需求出发，不因外部压力而改变经济发展和改革的方向，保持政策的独立性。另外，日本在进行金融自由化时相应的金融监管并没有跟上脚步，这警示我国如果要改革就要做好配套措施，防止意外的发生。

三　挤压房地产泡沫，做好去库存工作

一是加强建设保障房的力度。日本和我国房价的上涨最初原因都是居民住宅刚性需求增加，因此，如果想要从根本上消除房地产投机，应该加强居民保障房建设的力度，解决居民刚性需求。以北京为例，应该扩大自住型商品房、两限房、经济适用房、政策性廉租房的土地供给，以低于市场价格出售给名下无房的家庭。同时限制保障房的倒手买卖，防止保障房成为投机的对象。为了保证保障房能够解决居民的刚性需求，应该严格审查申请人的资格，杜绝一切名下有2套房以上的人购买保障房，防止其挤占刚性需求人群的资源。多建设小户型住房，为更多人群提供居所。在居民刚性需求得到解决的情况下，由于需求减小房屋价格将缓慢下降。房屋价格下降后，投机人群也将慢慢散去，直到房屋价格达到正常需求和供给平衡的水平。

二是加强金融监管，严防资金过度向房地产行业流入。日本泡沫经济中泡沫产生的很大一部分原因是日本金融机构和企业将过多资金投向股市和房地产市场，资产泡沫的膨胀。当前我国金融机构也有相当一部分资金投向房地产行业和个人住房贷款，这直接导致了房屋价格的上涨。因此，我国金融监管应该注意以下几点：第一，应加强监管，定期对银行和非银行金融机构的贷款去向进行调查，及时进行控制和指导；第二，对于过度向房地产行业融资的银行或金融机构应当提出批评、警告，或者披露；第

三，告知金融机构房地产行业的风险，提高其风险防范意识。另外，审慎对待金融政策，加强金融市场监管体制建设，警惕过剩的国际资本流动。第一，应审慎对待金融政策的施行，重视资产价格的变动，防止市场流动性泛滥；第二，金融市场开放具有两重性，一方面有助于引入金融市场竞争机制，促进经济增长，另一方面也有可能加剧金融脆弱性，导致资金投资粗放、效率低下，同时过剩的国际资本可能借此机会涌入国内，应加强金融市场监管机制建设，警惕国外资本的流入及抽离。从日本房地产泡沫问题的教训来看，日本长期施行的宽松金融政策、金融自由化进程过快且监管机制落后是导致泡沫膨胀的重要因素，另外，国际资本的涌入也是房地产泡沫膨胀的推手。对于中国来说，由于金融市场的开放进程加速，但是监管体制尚不完善，应审慎对待金融市场开放进程，加速完善金融监管体制建设，警惕过剩的国际资本流动。

三是注重完善土地税收制度，设计合理的房地产税制。重视土地税收制度对调控土地价格的根本性作用，完善中国土地税收制度，设计合理的房地产税制。从日本房地产泡沫生成、膨胀及崩溃的过程中可以看出，在房地产泡沫膨胀的早期，日本未充分重视土地税收制度对调控土地价格的根本性作用，忽视了土地价格的攀升，之后在试图遏制房地产泡沫的时候又过多依赖于行政手段，对土地税收制度的改革落后，导致预期效果不良，而土地税收改革的滞后施行又加重了房地产泡沫崩溃后对经济的负面冲击作用。对于中国来说，应吸取相关经验，在重视运用行政手段清理房地产市场住宅建设及消费环节不合理的收费的同时，也要明晰根本性工作是完善土地税收制度，设计合理的房地产税制，理顺商品住宅价格的构成，为监管房地产价格的异常变动打好坚实的制度基础。

四　自主制定和缓、有效的经济政策并推进人民币国际化进程

一是应审慎施行货币政策，注重综合运用宏观经济政策。从日本泡沫经济的生成、膨胀以及崩溃来看，货币政策是重要的影响因素，由于其是短期政策，因此，并不能倚重货币政策来拉动经济增长，而且如果传导机制不顺畅，这种作用更大打折扣，但是货币政策的施行

却可以一定程度改变市场对经济前景的预期，造成一系列的连锁反应。另外，提防低通胀条件下资产价格的膨胀。虽然理论及实践都表明，通货膨胀较低有利于促进经济的增长与金融稳定，但是日本泡沫经济问题表明，在这种情况下，中央银行容易认为货币供给的增加是因为货币流动速度下降或者货币实际需求增加的结果，因此对于货币供应的管控不严格，实施的货币政策相对宽松，进一步扩大了货币供给。因此，应审慎施行货币政策，注重综合运用宏观经济政策，避免过分倚重货币政策的施行。

　　二是应避免宏观经济政策施行的大起大落，注重及时调整政策施行力度。日本泡沫经济的生成、膨胀及崩溃的重要原因之一就是日本政府施行货币政策缺乏力度管控。从其经验教训来看，泡沫经济崩溃的直接原因之一是过于急促的货币紧缩。虽然货币紧缩是当局考虑物价上涨、M2 增速过快上涨和资产价格过快上涨等多个因素提出的政策，其政策实行有一定的理由。但是政策的急促实行掩盖不了当局过于仓促、考虑不周的失误。贴现率是国家进行宏观调控的一种重要手段，处于牵一发而动全身的地位。而在 1989 年 5 月到 1990 年 8 月连续实行 5 次利率上调，显然过于急促，从而导致经济硬着陆。市场情绪是货币政策的重要参考变量，直接影响资产价格的预期，而不恰当的货币政策为市场情绪的进一步蔓延提供温床。为了保持产出及价格的相对稳定，应加强对市场情绪的监督及管理，货币政策应与市场情绪反向运作。[①] 在民众及企业对经济增长的预期情绪高涨时，应适当稳步采取紧缩货币政策，而在预期情绪不振时，应适当稳步采取宽松货币政策。不过需要注意的是，应避免货币政策等宏观经济政策施行的大起大落，应稳步推进政策的施行，及时调整政策实施力度，这就要求保持货币政策等宏观经济政策调控的灵活性，对于可能出现的经济状况进行全面评估，进行有针对性的政策微调及预调，防止政策调整过快、幅度过大导致资本市场出现较大震荡。

---

① 李稻葵、汪进、冯俊新：《货币政策须对冲市场情绪：理论模型和政策模拟》，《金融研究》2009 年第 6 期，第 1 页。

　　三是把握全球产业转移机遇并且重视实施产业政策。20 世纪 80 年代以来，中国等发展中国家工业化进程加速，同时中国政府施行诸多宏观经济政策助力工业化发展，中国经济增长取得举世瞩目的成绩。[①] 在此过程中，中国也不断面临新的产业转移机遇，中国面临的全球产业转移情况与日本 20 世纪 80 年代有所不同，现在更多的是产业链上的某一环节的转移，而并非当年的全体产业转移，而且中国的产业升级空间巨大，诸多技术水平仍然较低，技术进步空间较大，但是对外开放程度逐步加深，这就为产业升级提供了空间和动力，给中国带来新的机遇，所以应当把握全球产业转移机遇，适应全球产业转移进程并且逐步争取控制产业链的高端环节，同时重视产业政策予以配合，积极推进产业转型升级。[②] 但是需要注意的是，中国人口老龄化现状比较严峻，劳动力供给格局出现变化，劳动力不足将必然影响产业升级的进程。

　　四是积极推进人民币国际化进程。20 世纪 70 年代布雷顿森林体系崩溃，国际货币体制由固定汇率制转变为浮动汇率制，在日元升值的背景下，为规避汇率风险，日本启动日元国际化战略，在 80 年代由于平成景气带来经济繁荣，日元国际化战略顺利推进，但是 90 年代之后日本经济受泡沫经济崩溃影响开始萎靡不振，日元国际化进程出现停滞甚至倒退。这直接切断了利用日元国际化疏导过剩流动性的途径，因而日元国际化进程不畅也是泡沫经济崩溃后经济一蹶不振的原因之一。由此可见，中国经济崛起必然要求有力有效推进人民币国际化进程。如美元取代英镑在世界货币体系中的主导地位，使得美国开始逐步掌握世界金融体系命脉。但是日本经济崛起后，日元国际化进程的推进有所延误，而且日本对美国的特殊依赖导致其始终处于被动的守势地位，日本经济受美元波动的影响较为明显。中国持有天量的美国国债，美元同样在中国货币体系中占有了重要地位，因此美元汇率波动对中国的冲击也不容小觑。但是，全球金融危机以及欧洲债务危机对全球经济产生连锁影响的背景下，各国对于变

---

　　① 大内秀明，ニュー・エコノミーと景気循環の衰減：新型バブル経済への視点，白鸥大学論集，2002，17（1）：109-145。

　　② 鹿朋：《全球制造业转移、内外均衡与货币国际化——日本 20 世纪 80 年代泡沫经济必然性分析与借鉴》，《经济与管理研究》2008 年第 12 期，第 63~68 页。

革目前的货币体系存在共识，当前，随着"一带一路"倡议的有序推进，人民币国际化也迎来发展的重要机遇期，扩大人民币在世界货币舞台上的影响，使人民币国际化与整体经济崛起的进程相匹配，显得尤为重要。其次，就对外贸易而言，应着力推进人民币贸易圈的建立。国际贸易对于一国经济的影响举足轻重，对外贸易不仅依靠技术、生产，而且在很大程度上受汇率波动的影响。推进人民币贸易圈的建立，不仅是推进人民币国际化的重要的进程，而且也有助于分散美元汇率风险对中国贸易的影响。在此进程中，在保持人民币币值的基本稳定下，可以适当扩大资本输出中美元的比重，增加欧元、日元等在中国外汇储备中的比重，分散美元风险。而且，人民币贸易圈的建立势必伴随人民币货币多边稳定体系的建立，与他国共同建立汇率干预体制可以有效稳定人民币币值，缓冲美元汇率风险。整体而言，中国应吸取教训，通过宏观经济政策有效推进人民币国际化的进程，利用货币国际化具有的优势有效化解经济泡沫。

五　重视自主创新能力与实体经济发展

一是重视提高企业的自主创新能力。冷战阶段，美国出于与日本共同对付苏联的需要，以积极的姿态向日本输出先进技术，虽然日本得以节约一大笔基础科员经费，但是也导致日本企业的基础科研能力较弱。冷战结束之后，为保护知识产权而且遏制日本经济发展，美国阻断了向日本低成本输出尖端技术的渠道，日本产业升级速度减慢，产业发展空间变小，企业更多将过剩的资本投资于金融领域。同时，周边新兴经济体如韩国、马来西亚、新加坡、中国香港迅速崛起，双边、多边贸易摩擦频现，将日本经济带入尴尬境地。可见，当时日本企业自主创新能力不足是吹大经济泡沫的原因之一，而自主创新能力的提高对于企业乃至国民经济都有重要影响，必须采取多措并举积极提高企业的自主创新能力。另外，中国经济由高速增长转为中高速增长的同时，面临经济结构转型、产能过剩、人口老龄化等诸多问题，而要解决诸多经济发展难题的主要方式就是贯彻创新驱动发展战略。另外，中国经济增长在很大程度上依靠投资拉动，2013年以来，在固定资产投资总额中，房地产业固定资产投资总额所占比重始终在 25%左右，① 所占比重较大，一旦房地产业出现问题难免影响国民经济的健康发展。因此，应积极调整产业结构，鼓励创新研发及企业的自主创新，丰富产业投资结构，引导资金流向高技术、高附加值的产业投资，加速产业升级，促使产业投资多元化及高效化，为过剩资金的投资利用打开广阔领域。

二是避免投资粗放并引导资金向实体经济转移。避免产业积累过多的资产泡沫，就要避免资本投资的粗放，阻止大量资金涌入低效、无竞争力的产业，引领资金流向具有高研发强度、高技术含量、高效有活力的产业，顺利完成产业升级。而产业升级的重要推动力之一就是创业投资。从深层次来看，日本泡沫经济生成并且崩溃的原因之一就是创业投资动力不足，产业升级失败。首先，在日本许多青年倾向于稳定的生活环境及有保障的工作，但是创业本身具有较大风险，因此在青年中创业激情缺失；其次，日本创业投资基础存在缺陷，如技术进步空间有限、劳动力短缺，而且产业升级失败反过来不利于创业投资的发展，传统行业对资金的需求有限，使得日本创业投资发展滞后。但是与日本不同，中国产业升级空间巨大，虽然受到人口老龄化冲击后劳动力一定程度短缺，但好在人口基数大，技术进步空间大，前景看好，而且当前中美科技竞争加剧，我国更加重视科技产业扶持与投资，创业创新环境不断改善，科技发展势头良好，部分高新技术产业的国产替代进程加速。另外，目前中国虚拟经济发展进程较快，因此，这就要求坚持供给侧结构改革，助力引导社会资金由虚拟经济转移流向实体经济，坚定支持发展实体经济优先的信念，积极支持创新创业型企业的发展，扶持中小微型企业经营，为企业经营与投资创造良好的市场环境，让资本市场真正服务于、助力于实体经济发展，而非脱离实体经济，这样才可以促进经济健康快速地发展。

三是提防产能过剩与僵尸企业问题。近年来，我国部分产业产能过剩，僵尸企业的数量大幅增加，这显然不利于我国金融市场的稳定，阻碍了产业结构升级的步伐。因此，在我国积极推动供给侧结构性改革的背景下，可借鉴日本通过设立产业再生机构处理僵尸企业的经验。在处理僵尸

① 根据中国国家统计局数据计算所得，http：//data. stats. gov. cn/easyquery. htm？cn＝C01。

企业问题时，不应仅着眼于处置企业的资产与负债不平衡问题，而更应着眼于企业所经营的业务，积极发展企业的核心业务，及时处理非核心业务，实现企业的业务重组，从而有助于促进企业在长期中的可持续发展。此外，还应借鉴日本的经验，成立产业再生机构，救活那些技术力量雄厚、经营状况良好，仅仅是因为缺乏流动资金而陷入困境的企业，同时通过加强国际、区域合作化解僵尸企业问题。结合现阶段中国"一带一路"倡议的有关部署，找准国际产业合作的互补点，实现有关企业的产能转移，在提高国际、地区间合作水平的同时，化解国内僵尸企业经营生产矛盾，而且也有助于"稳中有进"宏观经济目标的实现。

四是提高全要素生产率以维持经济稳定增长。当前，中国正处于经济结构转型升级的重要时期，提升全要素生产率，维持经济的稳定增长，是其重要选择，因此日本产业提高全要素生产率的举措值得借鉴。第一，应充分激发企业的创新活力，促进企业的自主创新研发。泡沫崩溃后的日本企业正是通过不断的技术、生产方式创新提高了生产率水平，创造出新的市场需求。中国应汲取日本经验，在促进企业吸收国外先进技术的同时，积极实施自主创新，提高生产技术水平。第二，政府应发挥技术创新引导作用，加强生产要素的资源配置，消除资源配置扭曲，从而提升全要素生产率。泡沫崩溃后，日本政府在促进全要素生产率提升过程中发挥了不可忽视的作用，通过加强官产学联合研究、创设国家级研发计划等方式有效促进了全要素生产率提高。中国应进一步加强对企业创新的引导，发挥政策指导优势，可以降低企业创新风险，带动全要素生产率的向好发展。

六　提防低通胀条件下资产价格的膨胀

一是应重视提防低通胀条件下资产价格的膨胀。在传统经济学理论下，通常认为在一个物价水平低、稳定的环境下，经济更容易健康增长。尽管理论及实践已经表明，通货膨胀较低有利于促进经济增长与金融稳定，但是从日本的泡沫经济案例来看，在低通胀的条件下也有可能发生资产价格的迅猛积累与膨胀，即也有可能生成严重的经济泡沫，而且在这种情况下，资产泡沫破灭可能给经济带来更严重的影响。这是因为，在物价稳定的时期，名义利率下降时，人们容易由于"货币幻觉"误以为实际利率也在下降，因此借贷投资行为密集。而在通货膨胀率较低的条件下，中央银行也容易认为货币供给的增加是因为货币流动速度下降或者货币实际需求增加的结果，因此在对货币供应方面也缺乏严格的管控，反而可能进一步扩大货币供给。而且，由于此时资产价格的调整主要是针对名义价格进行，因此如若经济泡沫破裂，那么资产价格将迅速下跌，直接冲击家庭、企业以及金融机构的资产负债状况，因此可能比正常情况下泡沫破裂产生更大的危害。另外，如果一国的货币政策以稳定物价为主要目标，那么其更有可能忽视此类问题。因此，即使在经济增长、通货膨胀水平较低的情况下，也应该注意提防资产价格的膨胀。

二是密切关注虚拟经济发展与增速。日本泡沫经济问题归根结底是虚拟经济与实体经济发展不平衡导致，这就要求对于虚拟经济的构成及增速需要密切关注，引导虚拟经济健康有序发展。通过对日本泡沫经济生成之前，生成、膨胀以及崩溃的历程分析，可知如果虚拟经济发展速度保持与实体经济发展基本相一致，那么将有助于整体经济的快速发展；如果虚拟经济的发展过快，那么很有可能产生资产泡沫问题，进而引发泡沫经济问题。特别是中国金融自由化进程加速，虚拟经济发展速度较快，更应该注意金融资本的两重性，及时防范资本泡沫化倾向。

主要参考文献

一 中文文献

[1] 冯维江、何帆：《日本股市与房地产泡沫起源及崩溃的政治经济解释》，《世界经济》2008 年第 1 期。

[2] 黄正新：《关于泡沫经济及其测度的几个理论问题》，《山西财经大学学报》2002 年第 1 期。

[3] 刘明：《从国际金融危机看泡沫经济》，《国际问题研究》2011 年第 4 期。

[4] 刘宪：《非生产性资产泡沫与日本经济增长——对日本房地产泡沫的重新诠释》，《日本研究》2010 年第 3 期。

[5] 鹿朋：《全球制造业转移、内外均衡与货币国际化——日本 20 世纪 80 年代泡沫经济必然性分析与借鉴》，《经济与管理研究》2008 年第 12 期。

[6] 陈江生：《"泡沫经济"形成的原因分析》，《世界经济》1994 年第 6 期。

[7] 〔美〕高柏：《日本经济的悖论：繁荣与停滞的制度性根源》，李佳译，商务印书馆，2004。

[8] 〔日〕黑田东彦、王宇：《日本汇率政策失败所带来的教训——以"尼克松冲击"和"广场协议"为例》，《国际经济评论》2004 年第 11 期。

[9] 〔日〕三木谷良一：《日本泡沫经济的产生、崩溃与金融管制》，《金融研究》1998 年第 6 期。

［10］〔日〕岸本重陈：《日本"泡沫经济"的形成机制》，《改革》1993年第4期。

［11］〔美〕加尔布雷斯：《"泡沫"的故事》，《改革》1993年第6期。

［12］〔日〕池田信夫：《安倍经济学的妄想》，机械工程出版社，2015。

［13］〔日〕铃木淑夫：《日本的金融政策》，中国发展出版社，1995。

［14］〔日〕下村恭民：《"压缩型经济发展"和与国际接轨所带来的问题——加入WTO后的中国经济和日本的经验》，《国际经济评论》2002年第3期。

［15］魏加宁：《从日本当年的泡沫经济看中国当前的宏观经济》，《经济界》2007年第4期。

［16］王宇：《国际经济协调中宏观政策的可能失误——日本泡沫经济的形成与破灭》，《经济研究参考》2004年第67期。

［17］王雪峰：《房地产泡沫和金融安全——日本泡沫经济的启示》，《外国问题研究》2006年第4期。

［18］马文秀、马秀英：《日本的金融自由化与泡沫经济膨胀》，《日本问题研究》2004年第3期。

［19］〔日〕竹内宏著《日本金融败战》，彭晋璋译，中国发展出版社，1999。

［20］张若雪：《房地产泡沫国际比较及中国房地产业发展》，《财经科学》2010年第12期。

［21］郑书耀：《从日本房地产泡沫看我国房地产市场的发展》，《经济论坛》2014年第5期。

［22］刘丽：《日本房地产泡沫破裂前后的土地财税政策对比分析》，《国土资源情报》2006年第1期。

［23］张晓兰：《美日房地产泡沫与去库存的启示》，《宏观经济管理》2016年第6期。

［24］冯维江：《从马克思主义经济学视角反思次贷危机——虚拟经济总量结构与经济稳定性分析》，《中国市场》2011年第20期。

［25］周见：《对日本泡沫经济的再思考》，《世界经济》2001年第7期。

［26］高培道、张婧：《日本泡沫经济与金融监管》，《现代日本经济》2009年第2期。

[27] 徐滇庆、于宗先、王金利：《泡沫经济与金融危机》，中国人民大学出版社，2000。

[28] 扈文秀、席酉民：《经济泡沫向泡沫经济的演变机理》，《经济学家》2001年第4期。

[29] 伊特韦尔：　《新帕尔格雷夫经济学大词典》，经济科学出版社，1996。

[30] 张季风：《日本金融体制改革探析》，《世界经济与政治》1998年第7期。

[31] 张季风：《90年代日本经济萎缩与政府的责任》，《日本研究》2000年第2期。

[32] 张季风：《结构性因素并未根除——日本不良债权处理的突破性进展与面临的课题》，《国际贸易》2004年第9期。

[33] 张季风：《日本不良债权处理的突破性进展与课题》，《日本研究》2005年第1期。

[34] 张季风：《挣脱萧条——1990~2006年的日本经济》，社会科学文献出版社，2006。

[35] 张季风：《中日"泡沫经济"生成环境异质性辨析》，《日本学刊》2008年第2期。

[36] 张季风：《日本经济概论》，中国社会科学出版社，2009。

[37] 张季风：《重新审视日本"失去的二十年"》，《日本学刊》2013年第6期。

[38] 张季风：《日本经济陷入长低迷原因新探》，《日本学刊》2015年第4期。

[39] 张季风：《日本经济结构转型：经验、教训与启示》，中国社会科学出版社，2016。

[40] 张季风：《日本平成经济通论》，社会科学文献出版社，2017。

[41] 张季风、田正：《日本"泡沫经济"崩溃后僵尸企业处理探究——以产业再生机构为中心》，《东北亚论坛》2017年第3期。

[42] 〔日〕宫崎义一：《泡沫经济的经济对策——复合萧条》，中国人民大学出版社，2000。

［43］王楠：《日本经济泡沫产生的背景及对我国的启示》，《宏观经济管理》2007 年第 7 期。

［44］邢天添：《反思日本泡沫经济——从国际金融协调视角看中国的选择》，《中央财经大学学报》2015 年第 11 期。

［45］〔日〕清水启典：《货币政策的国际协调与中央银行的独立性》，《财经问题研究》1997 年第 6 期。

［46］赵旭梅：《日本"泡沫经济"的产生与崩溃》，《上海行政学院学报》2002 年第 2 期。

［47］姜学霞、斌杰：《股票的历史》，人民邮电出版社，2012。

［48］《全球历次房地产大泡沫：催生、疯狂、崩溃及启示（上）》，东方财富网，https：//finance. eastmoney. com/a/202104091878518130. html，最后检索时间：2022 年 2 月 16 日。

［49］葛新权：《泡沫经济理论与模型研究》，首都经济贸易大学博士学位论文，2004。

［50］凯塞·沃尔夫：《美英如何诱导了日本的泡沫经济和银行危机》，《当代经济科学》1998 年第 2 期。

［51］〔日〕吉川元忠：《日本金融战败》，袁英华、孙晓燕译，中国青年出版社，2000。

［52］乌旸丹丹：《引发日本泡沫经济的金融因素及其启示》，《日本研究》2003 年第 3 期。

［53］李新：泡沫经济形成机制研究，《经济与管理研究》2007 年第 7 期。

［54］周爱民：《股市泡沫及其检验方法》，《经济科学》1998 年第 5 期。

［55］潘国陵：《股市泡沫研究》，《金融研究》2000 年第 7 期。

［56］袁志刚、樊潇彦：《房地产市场理性泡沫分析》，《经济研究》2003 年第 3 期。

［57］丰雷、朱勇、谢经荣：《中国地产泡沫实证研究》，《管理世界》2002 年第 10 期。

［58］刘琳、郑思齐、黄英：《房地产泡沫测度系数的编制方法》，《房地产市场》2003 年第 6 期。

［59］蒋南平：《中国房地产泡沫测度指标的分析与建立》，《当代财经》

2009 年第 10 期。

[60] 张川川、贾珅、杨汝岱:《"鬼城"下的蜗居:收入不平等与房地产泡沫》,《世界经济》2016 年第 2 期。

[61] 《如何衡量房地产市场泡沫程度》,华尔街见闻,https://wallstreetcn. com/articles/230545,最后检索时间:2022 年 2 月 16 日。

[62] 《透视日本经济:"广场协议"与形势误判》,新华网,http:// news. xinhuanet. com/world/2003 - 10/14/content_ 1122282. htm,最后检索时间:2022 年 2 月 16 日。

[63] 王丹林:《关于日本"住专"问题的研究》,《中国房地产金融》1996 年第 2 期。

[64] 钱荣堃:《论 80 年代英国、美国对通货膨胀的治理》,《南开经济研究》1990 年第 2 期。

[65] 孔凡昌:《1985 年美国对外贸易》,《国际贸易》1986 年第 7 期。

[66] 〔日〕五百旗头真:《战后日本外交史:1945~2010》,吴万虹译,世界知识出版社,2013。

[67] 王允贵:《"广场协议"对日本经济的影响及启示》,《国际经济评论》2004 年第 1 期。

[68] 任东波、李忠远:《从"广场协议"到"卢浮宫协议":美国敲打日本的历史透视与启示》,《当代经济研究》2015 年第 6 期。

[69] 吴廷璆:《日本史》,南开大学出版社,2013。

[70] 董少东:《广场协议——导致日本"失去十年"的日元升值始末(上)》,《北京日报》2016 年 5 月 17 日。

[71] 马克思:《资本论(第三卷)》,中译本,人民出版社,1975。

[72] 和丽芬、王传彬、朱亮峰:《我国财务困境公司重组选择及恢复研究》,西南财经大学出版社,2014。

[73] 颜秀春:《我国上市公司财务困境成本管理研究》,知识产权出版社,2010。

[74] 〔日〕青木昌彦、〔日〕金滢基、〔日〕奥野-藤原正宽:《政府在东亚经济发展中的作用比较制度分析》,张春霖等译,中国经济出版社,1998。

［75］张玉来：《产业政策与企业创新——日本汽车产业成功的启示》，《南京航空大学学报》2008 年第 2 期。

［76］张玉来：《模式困境与日本半导体产业的战略转型》，《日本研究》2012 年第 3 期。

［77］薛敬孝、白雪洁：《当代日本产业结构》，天津人民出版社，2002。

［78］余金中：《日本半导体光电子器件研究与开发新进展》，《半导体光电》2000 年第 5 期。

［79］李稻葵、汪进、冯俊新：《货币政策须对冲市场情绪：理论模型和政策模拟》，《金融研究》2009 年第 6 期。

［80］张季风主编《日本经济蓝皮书》，社会科学文献出版社，2008~2020。

［81］邓美薇、张季风：《日本泡沫经济生成与货币政策效果的内在关联——机遇货币政策传导机制的实证分析》，《日本问题研究》2017 年第 3 期。

［82］张季风、田正：《日本如何处理僵尸企业？》，《瞭望》2017 年第 17 期。

［83］田正：《日美贸易摩擦经验与教训再审视》，《日本研究》2018 年第 4 期。

［84］田正：《"日美半导体协议"冲击下的日本半导体产业发展研究——基于日本高科技企业经营业绩的分析》，《日本学刊》2020 年第 1 期。

二 日文文献

［1］松本和男『高株価時代と日本経済の実力：景気変動から株式市場を読む』，PHP 研究所，1989。

［2］橘木俊詔『日本の経済格差』，東京：岩波書店，1998。

［3］竹村弘「バブル経済の研究——「GDP ファンダメンタルズ理論」と「バブル経済」早期警戒指標」，『愛知淑徳大学現代社会学部論集』，2002。

［4］増尾賢一「日本の株式所有の歴史的構造（6）：バブル経済崩壊後における株式所有構造の変化」，『中央学院大学商経論叢』，2011。

［5］ 増尾賢一「日本の株式所有の歴史的構造（5）：バブル経済期における株式所有構造」,『中央学院大学商経論叢』, 2010。

［6］ 田中史郎「戦後70年日本経済の軌跡──日本経済の歩みとこれから」,『人文社会科学論叢』, 2016。

［7］ 佐野誠，Sano M「日本経済の新自由主義サイクル（1）起点：バブル経済とその崩壊」,『新潟大学経済論集』, 2011。

［8］ 佐山展生、清水通徳、知野雅彦「日本はバブル経済とその処理から何を学んだか　バブル処理を急いだ当局，経験・ノウハウが無かった金融機関──問われる作為・不作為の責任，いつまでも「坂の上の雲」でいいのか」,『M&A review』5 号, 2009。

［9］ 山口義行「信用創造と金融仲介──バブル経済を理解するための理論的基礎」,『立教経済学研究』, 2015。

［10］ 丸尾直美「金融・資産市場化・グローバル化への戦略的対応：資産ベースの不況対策と資産ベースの福祉政策の提言」,『尚美学園大学総合政策研究紀要』, 2002。

［11］ 神野照敏「「不在所有制」を超えて：T・ヴェブレンの所有権理論再考」,『経済研究＝Economic journal of Chiba University』, 2015。

［12］ 目篤「バブル経済崩壊後の大規模小売業における会社再生の考察：ダイエーの成長と再生過程における経営行動を中心に」,『経済科学論究』, 2012。

［13］ 野口旭「平成経済政策論争（6）バブル経済の貨幣的条件──国際政策協調下の金融政策」,『経済セミナー』, 2005。

［14］ 塩崎恭久、五十嵐文彦、滝田洋一「日本のバブル経済崩壊とその処理　政治，経済は何を学んだか　不良債権を認識していても先送りした大蔵省──銀行・企業経営者との三すくみの不作為」,『M&A review』, 2010。

［15］ 島津秀典「バブル経済崩壊後の金融破綻・財政危機とその政策対応（上）」,『三重大学法経論叢』2 号, 2003。

［16］ 高増明「日本のジレンマ：なぜ日本は経済停滞から脱出できないのか?」,『関西大学社会学部紀要』2 号, 2014。

［17］ 矢野光「わが国消費の過剰反応の分析」,『尚美学園大学総合政策論集』, 2013。

［18］ 関川靖「バブル経済崩壊後の家計行動：消費飽和説の検証を中心に」,『名古屋文理大学紀要』4 号, 2004。

［19］ 大澤佳雄「バブル経済崩壊からゼロ成長時代へ　日本産業 60 年の歩み（下）グローバルとニッチ（適所）の選択」,『産業新潮』12 号, 2012。

［20］ 野間修「わが国で 1980 年代後半に起きたバブル経済を振り返って：先進諸国で囁かれている "Japanization" への教訓」,『SBI 大学院大学紀要』2 号, 2014。

［21］ 廣重剛史「いま、なぜバブル経済の反省か！――80 年代バブルの意味」,『経済復興』, 2006。

［22］ 奥田高士「バブル経済が破綻してからの失われた 10 年」,『日本応用磁気学会誌』4 号, 2003。

［23］ 村上和光「バブル経済の崩壊と景気変動過程：現代日本資本主義の景気変」,『金沢大学経済論集』2 号, 2009。

［24］ 矢ヶ部 慎一「市街地再開発事業の公的支援策に関する課題と今後方向性　バブル経済崩壊以降の　歴史的評価と低容積型再開発事業事例分析を通して」,『PPP 研究センター紀要』5 号, 2015。

［25］ 田靡裕祐、宮田尚子「仕事の価値の布置と長期的変化：「日本人の意識」調査の 2 次分析」,『社会学評論』1 号, 2015。

［26］ 宮野三千子、黄仁相「1990 年代の日本の製造業 TFP 測定：産業構造，規模の経済，不完全競争，そして稼働率を考慮して」,『三田学会雑誌』3 号, 2011。

［27］ 鈴木淑夫『金融自由化と金融政策』, 東洋経済出版社, 1985 年 1 月。

［28］ 野口悠紀雄『バブルの経済学――日本経済に何が起こったのか』, 日本経済新聞社, 1992 年 11 月。

［29］ 翁邦雄、白川方明、白塚重典「資産価格バブルと金融政策：1980 年代後半の日本の経験とその教訓」,　『IMES Discussion Paper

Series』，2000－J－11，http：//www.imes.boj.or.jp/japanese/jdps/
2000/00-J-11.pdf。

[30] 武藤博道、河井啓希、佐野美智子「消費と逆資産効果〔含コメント〕（バブル・資本市場と日本経済）」,『日本経済研究』，1993。

[31] 岩田規久男『ストック経済の構造』，岩波書店，1992。

[32] 中村純一、福田慎一「いわゆる「ゾンビ企業」はいかにして健全化したのか」,『経済経営研究』1号，2008。

[33] 岡田拓之、後藤亜由美、永江兆徳、東芳彦、広瀬絢子「「ゾンビ企業」の再生と淘汰を促す新税の導入」，http：//www.isfj.net/articles/2010/i01.pdf，2010-12-11/2017-01-03。

[34] 「金融再生法開示債権の状況等について」，http：//www.fsa.go.jp/status/npl/index.html，2016-08-12/2017-01-05。

[35] 岩本康志、二神孝一、太田誠、松井彰彦『現代経済学の潮流2006』，東洋経済新報社，2006。

[36] 通商産業政策局『新世代の鉄鋼業に向けて』，通商資料調査会，1987。

[37] 星岳雄、アニル・カシャップ『何が日本の経済成長を止めたのか—再生への処方箋』，日本経済新聞出版社，2013。

[38] 株式会社産業再生機構法，law.e－gov.go.jp/htmldata/H15/H15HO027.html，2003-04-09/2017-01-07。

[39] 産業再生機構『産業再生機構事業再生の実践（第1巻）デューデリジェンスと事業再生計画の立案』，商事法務，2006。

[40] 産業再生機構『産業再生機構事業再生の実践（第2巻）債権者調整と債権買取手続』，商事法務，2006。

[41] 産業再生機構『産業再生機構事業再生の実践（第3巻）事業再生計画の実行』，商事法務、2006。

[42] 参議院「産業再生機構の実績と事業再生の課題」，www.sangiin.go.jp/japanese/annai/chousa/.../20096419.pdf，2009-04-19/2017-01-10。

[43] 預金保険機構「株式会社産業再生機構」，http：//www.dic.go.jp/IRCJ/ja/，2007-09-01/2017-01-05。

［44］ 経済産業研究所「JIPデータベース2015」，http：//www. rieti. go. jp/jp/
database/JIP2015/index. html，2015-12-08/2017-01-05。

［45］ 翁百合「産業再生機構の活動と日本金融の正常化」，『ファイナン
シャルレビュー』10号，2006。

［46］ 森澤竜也「日本における過剰債務の推計と分析」，『流通科学大学
論集』18巻第2号，2010。

［47］ 小林慶一郎「長期的な低成長と過剰債務者の出現」，http：//
www. rieti. go. jp/jp/columns/a01_ 0472. html。

［48］ 米山、秀隆「過剰設備・過剰雇用問題の再考——問題の本質は何
だったのか」，『Fri研究レポート』，2000。

［49］ 秦英夫「産業の構造転換と新たな雇用展望——電機連合・第5次
産業政策をめぐって（日本型経営システムの変化と雇用・処
遇）」，『労働経済旬報』，1995。

［50］ 山家公雄「鉄鋼業の国際競争力をめぐる課題について」，『日本開
発銀行「調査」』，197号，1995。

［51］「住友金属工業、産業再生法の適用を申請へ」，『毎日新聞』，1999
年10月27日。

［52］ 通商産業省「21世紀高度自動車社会をめざして-自動車問題懇談
会とりまとめ」，『通商資料調査会』，1989。

［53］ エンジニアリング振興協会「我が国エンジニアリング産業の21世
紀ビジョン」，1994。

［54］ 製造産業局国際プラント推進室「プラント、エンジニアリング産
業懇談会が中間報告をとりまとめ」，『経済産業公報』，2002年7
月23日。

［55］ 吉森崇「国内理論系半導体産業の分析と将来戦略」，『現状認
識』，2000。

［56］ 村田泰隆「特集　日本の電子部品産業の概況と業界の活動」，
『Jeita Review』，2005。

［57］ 大内秀明「ニュー・エコノミーと景気循環の衰減：新型バブル経
済への視点」，『白鴎大学論集』，1号，2002。

三 英文文献

[1] Stiglitz, J. E. , "Symposium on Bubbles," *Journal of Economic Perspectives*, 1990.

[2] Martin, A. , J. Ventura, "Economic Growth with Bubbles," *American Economic Review*, 102 (2012).

[3] Blanchard, O. J. , Watson, M. W. , "Bubbles, Rational Expectations and Financial Markets," *Nber Working Papers*, 1982.

[4] Diba, B. , Grossman, H. , "Rational Asset Price Bubbles," *Nber Working Papers*, 104 (1983).

[5] Santoni, B. G. , "The Great Bull Markets, 1924–1929 and 1982–1987: Speculative Bubbles or Economic Fundamentals," *Review of Federal Reserve Bank of St Louis*, 69 (1987).

[6] Blanchard, Fisher, "Lectures on Macroeconomics," MIT Press, 1989.

[7] Minsky, PhD. , Hyman P. , "The Financial Instability Hypothesis: Capitalist Processes and the Behavior of the Economy," *Working Paper of the Confederazione Generale dell' Industria Italiana*, 1979.

[8] Tirole, J. , "Asset Bubbles and Overlapping Generations," *Econometrica*, 1985.

[9] Delong, J. B. , AShleifer, LHSummers, RJWaldmann, "Noise Trader Risk in Financial Markets," *Journal of Political Economy*, 98 (1990).

[10] Olivier, Jacques, "Growth - Enhancing Bubbles," *International Economic Review*, 41 (2000).

[11] Ventura, J. , "Bubbles and capital flows [J] . Journal of Economic Theory," 147 (2012).

[12] Farmer, K. , Schelnast M. , "Economic Growth With Bubbles," *SSRN Electronic Journal*, 102 (2003).

[13] Carvalho, V. , Martin A. , Ventura J. , "Bubbly Business Cycles," *Host. uniroma3. it*, 23 (2012).

[14] Grossman, Yanagawa, Noriyuki, "Asset Bubbles and Endogenous

Growth," *Journal of Monetary Economics*, 31 (1992).

[15] King, I., Ferguson D., "Dynamic inefficiency, endogenous growth, and Ponzi games," *Journal of Monetary Economics*, 32 (1993).

[16] Futagami, K., Shibata A., "Welfare effects of bubbles in an endogenous growth model," *Research in Economics*, 53 (1999).

[17] Kingleberger, C. P., Manias, "Panics and Crashes: A H istory of Financial Crises," New York: Basicbooks, 1978.

[18] Lindgren, C., G. Garcia, M. Saal, "Bank Soundness and Macroeconomic Policy," Washington, D. C: International Monetary Fund, 1996.

[19] Hoshi, T., Kashyap A., "The Japanese Banking Crisis: Where Did It Come From and How Will it End," *Nber Macroeconomics Annual*, 14 (1999).

[20] Obstfeld, M., "International Macroeconomics: Beyond the Mundell-Fleming Model," *Imf Staff Papers*, 47 (2003).

[21] Miyajima, H., Y. Yafeh, "Japans' Banking Crisis: Who Has the Most to Lose," *Working Paper*, 2003.

[22] Tsutsui, W. M., Mazzotta S, "The Bubble Economy and the Lost Decade: Learning from the Japanese Economic Experience," *Journal of Global Initiatives*, 9 (2015).

[23] Mackay, "Extraordinary Popular Delusions and the Madness of Crowds (Reproduction)," New York. The Noonday Press, 1932.

[24] Futagami, K., Shibata A., "Growth Effects of Bubbles in an Endogenous Growth Model," *Japanese Economic Review*, 51 (2000).

[25] Warren, Buffett, Warren Buffett, "On The Stock Market," *FORTUNE Magazine*, http://blog. sina. com. cn/s/blog_ 69c977cf0101piu1. html.

[26] Obstfeld, M., Rogoff K, "Risk and Exchange Rates," *General Information*, 16 (1998).

[27] Obstfeld, M., Rogoff K., "New directions for stochastic open economy models," *Journal of International Economics*, 50 (2000).

[28] Fujiki, H., Kaihatsu S, Kurebayashi T, et al, "Monetary Policy and Asset Price Booms: A Step Towards a Synthesis," *International*

Finance, 19 (2016).

［29］Farhi, E., J. Tirole, "Bubbly Liquidity," *Review of Economic Studies*, 79 (2012).

［30］Caballero,R. J., Hoshi T., Kashyap A. K., "Zombie lending and depressed restructuring in Japan," *The American Economic Review*, 5 (2008).

［31］Hoshi,T., Kim Y., "Macroprudential Policy and Zombie Lending in Korea," http：//abfer. org/docs/track1/track - 1 - macroprudential - policy-and-zombie-lending-in-korea. pdf, 2012-10-15/2017-01-02.

［32］Tett, G., "Saving the Sun：Japan's Financial Crisis and a Wall Stre," New York：Harper Collins, 2009.

［33］Stiglitz, J. E., Weiss A., "Credit rationing in markets with imperfect information," *The American economic review*, 71 (1981).

［34］Kang, J. K., Shivdasani A, "Corporate restructuring during performance declines in Japan," *Journal of Financial economics*, 46 (1997).

［35］Eberhart, A. C., Altman E I, Aggarwal R, "The equity performance of firms emerging from bankruptcy," *The Journal of Finance*, 54 (1999).

［36］Diamond, D., P. Dibvig, "Bank Runs, Deposit Insurance, and Liquidity," *Journal of PoliticalEconomy*, 91 (1983).

四　主要资料来源网站

［1］日本内阁府：www. cao. go. jp/。

［2］日本经济产业省：http：//www. meti. go. jp/。

［3］日本厚生劳动省：http：//www. mhlw. go. jp/。

［4］日本总务省统计局：http：//www. stat. go. jp/。

［5］日本财务省：https：//www. mof. go. jp/。

［6］日本中小企业厅：http：//www. chusho. meti. go. jp/。

［7］日本消费者厅：http：//www. caa. go. jp/。

［8］日本外务省：http：//www. mofa. go. jp/mofaj/。

［9］日本独立行政法人经济产业研究所（RIETI）：https：//www. rieti. go. jp/cn/。

图书在版编目（CIP）数据

日本泡沫经济再考／张季风等著.--北京：社会
科学文献出版社，2022.10
国家社科基金后期资助项目
ISBN 978-7-5228-0402-6

Ⅰ.①日… Ⅱ.①张… Ⅲ.①泡沫经济-研究-日本
Ⅳ.①F131.344

中国版本图书馆 CIP 数据核字（2022）第 120115 号

国家社科基金后期资助项目

日本泡沫经济再考

著　　者／张季风 等

出 版 人／王利民
责任编辑／薛铭洁
责任印制／王京美

出　　版／社会科学文献出版社·皮书出版分社（010）59367127
　　　　　地址：北京市北三环中路甲 29 号院华龙大厦　邮编：100029
　　　　　网址：www.ssap.com.cn
发　　行／社会科学文献出版社（010）59367028
印　　装／三河市龙林印务有限公司

规　　格／开本：787mm×1092mm　1/16
　　　　　印张：20.75　字数：326 千字
版　　次／2022 年 10 月第 1 版　2022 年 10 月第 1 次印刷
书　　号／ISBN 978-7-5228-0402-6
定　　价／128.00 元

读者服务电话：4008918866

▲ 版权所有 翻印必究